ハイデッガーとキリスト教

黙せる対決

ディディエ・フランク 著
中 敬夫 訳

DIDIER FRANCK

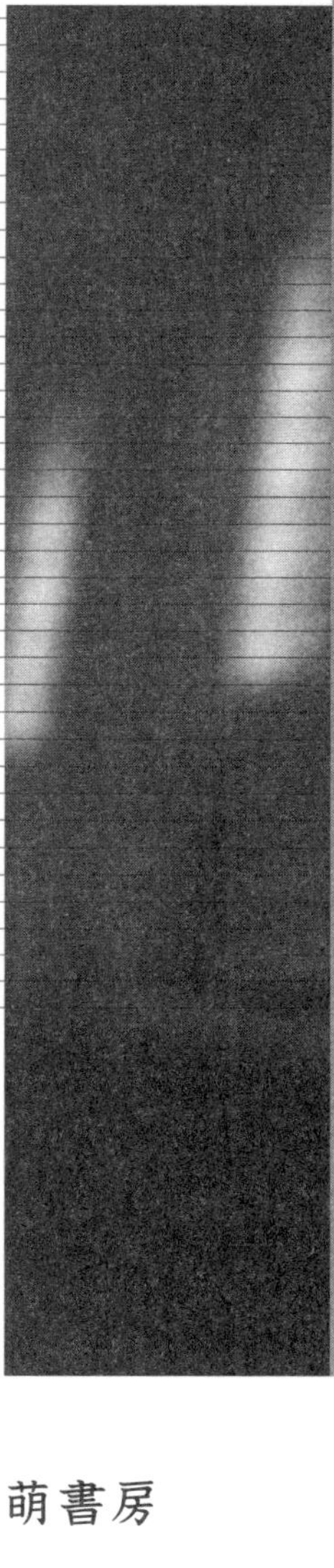

萌書房

Heidegger et le christianisme:
L'explication silencieuse
by Didier Franck

Japanese translation published by arrangement
with Presses Universitaires de France
through The English Agency (Japan) Ltd.

凡　例

1　本書は Didier Franck, *Heidegger et le christianisme. L'explication silencieuse*, Paris, P. U. F., coll.《Épiméthée》, 2004 の全訳である。

2　原文にはもともと、各章の初めに、Ⅰ、Ⅱ……といった記号しかつけられていなかった。表題は、訳者による補足である。ただしこの補足は、訳者による提案に対して、著者ディディエ・フランク本人が若干の修正を加えて再提案してきたものを、忠実に翻訳し直したものであり、そしてフランク自身は、あくまでそれを訳者の責任において行うことを望んでいるのだということを、ここに附記しておきたい。

3　本書がフランクのハイデッガー論であるということを考慮して、ハイデッガーからの引用は、原則として、ハイデッガーの独語原典から直接訳すこととし、フランクの仏訳との間に目立った齟齬が生じる場合には、逐一訳註で指示することにした。

4　フランクの原文中に用いられている独語、ギリシア語、ラテン語等は、原則としてそのまま原語で記し、〔　〕内に訳語を補うことにした。ただし場合によっては、「アレーテイア」「レーテー」「ピュシス」「イデア」「ロゴス」等のように、頻出し、かつ専門用語として日本語に定着していると思われる語に関しては、原語を示す代わりに、カタカナで表記したケースもある。

5　フランクの原文中の引用符《　》は、「　」で示したが、欧文論文の題名を示す《　》には、原則として、そのまま《　》を用いた。《　》は、外国語をそのまま訳さずに引用する場合に用いたケースもある。また、引用文中の引用を表す“…”は、〝……〟で示した。

6　〈　〉は、フランス語原文中の大文字で強調されている語を示すほか、訳文の文意を理解しやすくするために用いることもある。ただし、初めから大文字で用いるのが通例となっている単語に関しては、〈　〉を省略したケースもある。

7　原文中の著者自身による補足［　］は、そのまま［　］で示す。訳文中の〔　〕は、すべて訳者による補足である。

8　（　）は、原則として、原文中の（　）を、そのまま示す。ただし、原文中の1／、2／、3／等の記号も、訳文では、㈠、㈡、㈢等で示した。訳文の本文中に用いられている／は、引用箇所において、原典中に改行があることを示したものである。

9　原文中のイタリックや、引用文の原典中に用いられているゲシュペルト等による強調は、訳文では、原則として傍点を振って示す。ただし、著書名を示すイタリックに関しては、傍点は振らずに『　』で示す。

10　＊は、比較言語学の通例の用法に基づいて、フランク自身が推定語の語頭に用いているものである。

11　原註に関しては、章ごとに通し番号（1）（2）……を用いて、すべて巻末に収めた。

12　訳註に関しても、章ごとに通し番号〔1〕〔2〕……を用いて、すべて巻末に収めた。

ハイデッガーとキリスト教——黙せる対決——◎目次

凡例

ハイデッガーとキリスト教

——黙せる対決——

「真有[1]の思索は、言葉‐使用のための慮《おもんぱかり》である[1]」

はじめに――形而上学との対決、キリスト教との対決

ハイデッガーは、これまで歩みきたった道を振り返りつつ、そこから新たなる跳躍を行おうとする。『有と時』が未完成に終わったために、彼は、唯一にして同じ一つの運動によって、有への ***Dasein***〔現有〕の関わり合いを有の真性の方から思索し直すようにも、また、アナクシマンドロスからニーチェに至るまでの西洋哲学の歴史の総体を思索し直すようにも、導かれたのである。そしてハイデッガーは、いかにしてそのように導かれたのかを説明した後で、以下のように続けていた。「そしてこれまでのこの道全体の途上において、キリスト教との対決が黙せるままに同行したのだということを、誰が誤認しようとするだろうか――この対決は、取り上げられた〝問題〟であったのでも、あるのでもなく、最も固有の――父母の家、故郷、青年時代の――由来の守りであるような――そしてそれと一つとなって、そこからの痛ましき剝離であるような――一つの対決なのである。或る現実的な、生きられたカトリック的[1]世界のうちに、そのように根差した者だけが、私の問いのこれまでの道に地下地震のようにして作用してきた諸々の必然性の中から、何かを予感するかもしれないのである。マールブルク時代には、それに加えてなお、或るプロテスタント的なキリスト教についての、いっそう近しい経験がもたらされた――しかし、一切はすでに、取り壊されなければならないものとしてではないにしても、根底から超克されなければならない〈かのもの〉としてである。／この最も内的な対決について語るのは、適切ではない。この対決は、教義学や信仰箇条についての諸々の問いをめぐって旋回しているのではなく、ただ、神がわれわれから逃亡[2]しているのか否か[3]、そしてわれわれ自身が、まだ真に、すなわち創作者として、このことを経験しているのかどうかという、〈一なる〉問いをめぐってのみ、旋回しているので

ある。／しかし〔4〕、問題とされているのは、哲学の単に〝宗教的な〟一背景なのでもなく、有の真性への〈一なる〉問いなのであって、この問いによってのみ、西洋とその神々との歴史の内部で、われわれに歴史的に取っておかれている〝時〟ならびに〝場所〟について、決定が下されるのである（1）」。

哲学の歴史との卓越せる対決、有の真性の方からの哲学の歴史の検討、こうしたことについては、『有と時』の公刊以降の諸講義の総体が、証してくれているのだが、してみると、こうした対決や検討は、キリスト教の伝統との、或る一つの痛ましくもまた黙せる対決を、伴ったきたわけなのだし、キリスト教の現前において、つまりは結局のところ、何らかの仕様でキリスト教の神それ自身の現前において、生じてきたわけなのである。しかしそれは、話しかけられたり陳述されたりするようないかなる言葉もない、沈黙せる現前である。そしてこの沈黙を打ち破ったとしても、さらにいっそう確実に、再びこの沈黙へと導かれるだけである。というのも、ハイデッガーは、この沈黙に内密に固有であるものを露呈することを、ぶしつけな、その上みだらなことと、見なしているからである。もちろん、ユダヤ‐キリスト教の啓示によって記された或る一つの西洋の只中において、われわれがなおも神を経験しうるのかという問いを、そのようなもの〔すなわちぶしつけで、みだらなもの〕と見なしうると、想定してのことではあるが。したがって、おそらくは次のようにしてというのでないなら、いかにしてこの沈黙とその言語とを、あらゆる保留に背くこともなく、それらがそれら自身において現成するがままに、聞けばよいというのだろうか。次のようにしてというのは、それら〔沈黙ならびにその言語〕と同時に生起した言葉や言語の方から、そしてそのような言葉や言語のうちに、それらを反響させる、ということによってであり、したがって、キリスト教の記憶が有と有の真性との歴史の回想のうちに介入しえた仕様を吟味する、ということによってである。

それゆえ、形而上学との対決〔explication〕と、キリスト教との討論〔débat〕とは、同じ思索の道に属している。それでは双方とも、お互いへの影響なしに、留まりうるのだろうか。あるいはまた、前者の言語は、決して後者の言語から借りてくることなしに、済ませられるのだろうか。おそらく形而上学の解釈を活性化している運動は、キリスト教との対質〔confrontation〕が服従しなければならない運動と、異なってはいる。しかし、これら二つの運動の配列と分節とは、〔同じ思索の道の〕歩みそれ自身によって、要求されているのである。それでは、これら二つの運動を現出せしめることは、どこで、またいかにして、可能であり、とりわけ必然的なのだろうか。

　哲学の歴史との対決から出発しなければならないということは、きわめて明証的なことなのだが、この対決は、哲学の歴史の総体を考察しなければ、とりわけ哲学の歴史の始源と終末とを考察しなければ、空しいとは言わないまでも、不十分であろう。始源とはすなわち、アナクシマンドロスの箴言であり、それは「西洋の思索の最古の箴言と見なされている」。また、終末とはすなわち、ニーチェの思索である。というのも、この対決は「ニーチェ諸講義において終結する[2]」からである。しかし、キリスト教に関する限り、形而上学の始源の状況と終末の状況とは、決して比較しうるものではない。けだし、アナクシマンドロスの箴言は、ギリシア世界にのみ属するというのに、ニーチェの作品は、〔ギリシア精神について扱う〕『悲劇の誕生』によって開かれ、『反キリスト者』において完成するからである。換言するなら、ニーチェの思索と近世哲学全体とについての解釈が、キリスト教との或る一つの討論を伴いうるということを認めるのに、原理上、何の困難もないのだとしても、ギリシア哲学についての、特異的にはアナクシマンドロスの箴言についての解釈に関しては、事情はまったく異なる。両者〔ギリシア哲学とアナクシマンドロスの箴言〕とも、キリスト教の啓示には疎遠だというだけではない。それだけではなく、ギリシアの思索が始源的にはそこから出発して現成したところの次元に接近しつつ、ハイデッガーが倦むことなく努力し続けてきたのは、ギリシアの思索をそれ自身に返すことであり、ということはつまり、それだけに返すことだったのである。

　それでもやはり、キリスト教との討論は、ハイデッガーが一九三二年以来身を捧げてきた「ソクラテス以前の思索についての広大な〔5〕解釈[3]」に同伴してきたのであり、そしてこの解釈からは、ハイデッガー自身の思索が、切り離せないのである。それでは、後二者〔ソクラテス以前の思索とハイデッガー自身の思索〕に対する前者〔キリスト教〕の重みとは、どのようなものなのだろうか。そしてハイデッガーの思索にとって、それがキリスト教との間に保っている暗黙の関係の意味を、明晰に浮かび上がらせる可能性が最も高いのは、それ自身によってはキリスト教的なものを何一つ絶対に持たない或る思索を、試してみることによってではないだろうか。あるいはまた、そしていっそう正確ではあるが、しかし決していっそう狭くはない仕様で〔問うなら〕、アナクシマンドロスの箴言についての、すなわちギリシア的始源についての解釈は、何らかの仕様で、キリスト教の啓示の光を要求しているのではないだろうか。

I　現前と現前者

シムプリキオスがアリストテレスの『自然学』についての註解の中で引用して以来、伝統的に受け入れられているところによれば、アナクシマンドロスの箴言のテクストは、以下のようになっている。*ἐξ ὧν δὲ ἡ γένεσίς ἐστι τοῖς οὖσι καὶ τὴν φθορὰν εἰς ταῦτα γίνεσθαι κατὰ τὸ χρεών· διδόναι γὰρ αὐτὰ δίκην καὶ τίσιν ἀλλήλοις τῆς ἀδικίας κατὰ τὴν τοῦ χρόνου τάξιν*〔ところで、諸々の有るものにとって、生成がそこからであるところのもの、そのものへと、消滅もまた、必然にしたがって生じる。なぜなら、それらは、時の定めにしたがって、互いに不正の罰を受け、償いをするからである〕。ニーチェとディールスによるこのテクストの翻訳を喚起した後で、〔また〕このテクストの伝達の歴史をたどった後に、ハイデッガーは、その最初の逐語訳を提示する。「ところで、諸物にとって、生成がそこからであるところのもの、このものへと、消滅もまた、必然的なものにしたがって生ずる。つまり、それらは、時の定めにしたがって、不正に対して、正当と償いを、相互に与え合うからである[1]」。次いで、一般にその解釈を規定している主たる諸前提が、一たび斥けられると、ハイデッガーは、この箴言がそれについて語っているところのもの〔箴言が話題にしているもの〕を、つまびらかにすることに専念する。「文法的に解されるなら、箴言は、二つの文章から成り立っている。最初の文章は、*ἐξ ὧν δὲ ἡ γένεσίς ἐστι τοῖς οὖσι...*〔ところで、諸々の有るものにとって、生成がそこからであるところのもの……〕から始まっている。話題とされているのは、*ὄντα*〔諸々の有るもの〕である。τὰ ὄντα〔諸々の有るもの〕は、逐語訳するなら、有るものを意味する。中性複数は、τὰ πολλά〔多くのものども〕を、有るものの多様性の意味での数多性を、名指している。しかし、τὰ ὄντα〔諸々の有るもの〕は、任意の多様性や限界のない多様性を、意味しているのではなく、τὰ πάντα〔すべてのものども〕を、有るものの全体を、意味している。それゆえ、τὰ ὄντα〔諸々の有るもの〕は、多様に有るもの全体を意味している。第二の文章は、διδόναι γὰρ αὐτὰ...〔なぜなら、それらは……与えるからである〕から始まっている。αὐτὰ〔それら〕は、最初の文章の τοῖς οὖσι〔諸々の有るもの〕を、再び取り上げている。／箴言は、多様に有るもの全体について、語っているのである[2]」。

　しかし、箴言がそれについて語っているところのもの〔箴言が話題にしているもの〕を指し示すことと、それについて箴言が述べているところのもの〔箴言がその話題について述べている内容〕を理解することとは、別のことである。そして「われらが母国語の対応する諸語において[1]」[3]、われわれが正確に、しかし盲目的に、「有るもの」や「有」と訳している諸語たる、ὄν〔有るもの〕や εἶναι〔有ること〕が、何を意味しているのかを尋ねることから始めることなしに、この箴言が、その有における有るものについて、何を述べているのかを、いかにして理解することができるというのだろうか。その上、そしてとりわけ、ギリシアの思索の諸々の箴言の中でも最古のものの場合、この箴言がそれについて語っているところのもの〔箴言が話題にしているもの〕は、この箴言がそこにおいて、またそれにしたがってそれについて語っているところの言語そのもの〔すなわち当時のギリシア語〕によって、あらかじめこの箴言に、開かれていたにちがいない。それゆえ、何よりもまず τὰ ὄντα〔諸々の有るもの〕の意味を探し求めなければならないのは、後者〔当時のギリシア語〕の用法においてであり、アナクシマンドロスの箴言には外的に、である。この最初の外在性が、箴言それ自身の範囲画定によっても、等しく要求されている。実際、シムプリキオスがアナクシマンドロスを引用している仕様によっては、引用の始まりと終わりとを、確実に特定することができない。ハイデッガーがここで、F・ディールマイアーに続いて助けを求めている、歴史家にして文献学者たるJ・バーネットは、

ἐξ ὧν δὲ ἡ γένεσίς... 〔ところで……生成がそこからであるところのもの〕から引用を開始させるディールスに反対して、こう記していた。「引用をテクストに織り合わせるというギリシアの慣習〔用法〕が、そのことに反対している。一人のギリシアの著述家が、突然に或る逐語的な引用を始めるなどということは、きわめて稀なのである。その上、γένεσις〔生成〕と φθορά〔消滅〕という表現を、それらがプラトンにおいて termini technici〔専門用語〕として有している意味において〔2〕、アナクシマンドロスには帰せしめない方が、いっそう確実である(4)」。γένεσις〔生成〕と φθορά〔消滅〕という諸語が、すでにホメロスによって知られているということを喚起しつつ、それゆえハイデッガーは、テクストを、κατὰ τὸ χρεών〔必然にしたがって〕から開始させる。しかし、もし κατὰ τὸ χρεών〔必然にしたがって〕に先立つ文章が、その調性とその構造とに関して、古風というよりいっそうアリストテレス的なのだとすれば、このことは、テクストの最後の諸語たる、κατὰ τὴν τοῦ χρόνου τάξιν〔時の定めにしたがって〕にも当てはまる(5)。したがって、真正なのは、以下の諸語のみであろう。κατὰ τὸ χρεών· διδόναι γὰρ αὐτὰ δίκην καὶ τίσιν ἀλλήλοις τῆς ἀδικίας〔必然にしたがって。なぜなら、それらは、互いに不正の罰を受け、償いをするからである〕。……必然にしたがって。なぜなら、それらは、不正に対して、罰と償いを、相互に支払い合うからである。「それらはまさしく」と、そこでハイデッガーは、こうした文献学的諸註記に結論を下すために、また、彼の最初の翻訳をいささか変様した後で、こう述べている。「それらはまさしく、それに関してテオフラストスが、アナクシマンドロスはむしろ詩的な仕方で語っている、と書き留めている諸語である。数年前、私が、私の諸講義でたびたび取り扱ったことのある問いの全体を、もう一度思索し抜いて以来、私は、これらの諸語のみを、アナクシマンドロスの直接真正〔3〕の語と見なす、という考えに傾いている。もちろん、以下の前提の下にではあるが。つまり、先行するテクストは、単に排除されるのではなく、その思想の厳密さと発言の力とに基づいて、アナクシマンドロスの思索の間接的な証言として堅持される、という前提である。それとともに要求されるのは、われわれがまさしく γένεσις〔生成〕と φθορά〔消滅〕という諸語を、それらが前概念的な語であろうと、プラトン－アリストテレス的な概念語であろうと、ギリシア的に思索されている通りに理解する、ということである」[6]。

しかしながらわれわれは、たとえ暫定的にではあっても、「ギリシア的に思索するということ」が何を意味するのか、そしてこの〔ギリシア的という〕形容詞が、本来哲学的ないかなる意味をここでまとっているのかを、あらかじめ規定しておくことなしには、γένεσις〔生成〕とφθορά〔消滅〕という諸語が、アナクシマンドロスにしたがってではなく、アナクシマンドロスにとって持ちえた意味を、理解することなどできないだろう。「われわれの語り方では」と、ハイデッガーは詳述している、「ギリシア的ということは、或る民族的もしくは国家的な特性や、文化的な特性、人類学的な特性を、意味しているのではない。ギリシア的であるのは、歴運の早朝であり、このような歴運として[4]、有それ自身が、有るものにおいて、自らを明け開き、人間の或る本質を要求するのである。その人間本質は、歴運的なものとして、それが〝有〟のうちに守られ、そして[5]〝有〟から解任されはするが、しかしそれでも決して〝有〟から切断されない、というようにして[6]、そのうちに自らの歴史の歩みを有している[7]」。しかし、もし「ギリシア的」ということで、有そのものの始源的な微光としての、有るものを前にしての有の消去のことを、われわれの思索の仕様を凍えさせてしまうような消去のことを、理解しなければならないのだとするなら――しかし、もし「ギリシア的」なものが、有の真性についての問いから出発して理解されなければならないのであって、反対に、有の真性についての問いが、「ギリシア的」なものの方から理解されるのであってはならないのだとするなら――しかし、もし「ギリシア的」なものが、ここでこの表現が呼び求めうる諸々の留保にもかかわらず、文献学的にして歴史学的な一調書である以前に、一つの「現象学的な構築[8]」であるとするなら――それならば、「ギリシア人たちの思索をギリシア的に思索する[9]」ということとは、何であろうか。それはまず、後代の、例えば近世の諸概念に、あるいは直接間接キリスト教的な、ローマ的な諸表象に、訴えることなく思索することであり、続いて、そしてとりわけ、有の開蔵の始源的な仕方としてのアレーテイア〔真性〕と有の覆蔵性との方から、思索することである。「ギリシア的なもの、キリスト教[7]、近世的なもの、惑星的〔＝地球的〕なもの、そして示唆された意味において夕べの-国的〔Abend-

Ländisch, 西洋的」[8]なものを、われわれは、有の或る根本動向から思索するのだが、有は、〈アレーテイア〔真性〕〉として、この根本動向を、〈レーテー〔忘却〕[9]〉のうちで、露開するというよりも、むしろ覆蔵してしまう[10]。それでも、有の本質と本質由来とのこの覆蔵は、有が自らを始源的に明け開く動向であり、しかもその際、まさしく思索は、有にしたがってはいないのである。有るものそれ自身は、有のこの光のうちには、歩み入らない。有るものの非覆蔵性（*Unverborgenheit*）、有るものに認与された明るさが、有の光を、昏くしてしまうのである[10]」。

「キリスト教」と、アレーテイア〔真性〕以来「近世的なもの」や「惑星的〔＝地球的〕なもの」において「キリスト教」の管轄に属しているものとを、思索する可能性については、あらゆる留保をなしつつ、また、〔当時の〕言語の用法が思索に提供する τὰ ὄντα〔諸々の有るもの〕の意味をつまびらかにする以前に、習慣的には「生成」と「腐敗」と訳されている γένεσις〔生成〕と φθορά〔消滅〕という諸語に、立ち返ることにしよう。いずれにせよ γένεσις〔生成〕と φθορά〔消滅〕は、なおもアリストテレスがそのことについて証しているように、ピュシス〔自然〕への関わりにおいて理解されなければならない。それでは後者〔ピュシス〕の始源的な意味とは、どのようなものなのだろうか。φύσις κρύπτεσθαι φιλεῖ〔自然は自らを隠すことを好む〕、自然は自らを脱去せしめることを好む、あるいはむしろ、立ち現れは自らを覆蔵することにその愛顧を恵与する、というヘラクレイトスの断片を解釈することによって、ピュシス〔自然〕に接近しつつ、ハイデッガーは、次のように強調する。すなわち、自らを覆蔵すること（*Sichverbergen*）が、没落すること、もしくは沈むこととして、つまりは覆蔵（*Verbergung*）のうちに入ることとして解される限りは、立ち現れとしてのピュシス〔自然〕は、本質的に、自らを覆蔵することに結びついている、ということである。「ピュシス〔自然〕、立ち現れ（*Aufgehen*）は、自らを閉鎖することに対して、すなわち覆蔵のうちに入ることに対して、それゆえ、ギリシア的に思索された〝没落すること〟（*Untergehen*）に対して、或る本質関係のうちに立っている。本質関連は、断片一二三（φύσις κρύπτεσθαι φιλεῖ〔自然は自らを隠すことを好む〕[11]）においては、φιλεῖ〔好む〕という語で名指されている[11]」。アレーテイア〔真性〕からは不可分に、そこでピュシス〔自然〕は、

「開けのうちへ立ち現れること（*Aufgehen*）[12]、そのうちへと総じて何かが現出し、その輪郭のうちに立てられ、その“見相”（エイドス〔形相〕、イデア）において自らを示し、そのようにして、そのつどこのもの、あのものとして現前しつつ有ることができるような、そのような明け開けを明け開くこと[12]」として、思索されなければならない。あらゆるあらわれを統べ尽くす、二重の運動ないし動きの統一として、ピュシス〔自然〕とは、「自らを明け開きつつ、立ち現れ・没落すること[13]」である。それでは γένεσις〔生成〕と φθορά〔消滅〕は、前者が覆蔵されたものの外への、開けのうちへの立ち現れを、後者が覆蔵されたものの方への、開けの外への立ち去りを意味するというのでないなら、何を意味しうるというのだろうか。「γένεσις〔生成〕とは、覆蔵されないもののうちへ、現れ来たって・到来すること（*das Hervor- und Ankommen*）である。φθορά〔消滅〕が意味するのは、そこに到来したものとして、覆蔵されないものから、覆蔵されたもののうちへ、去り行き・立ち去ること（*hinweg- und abgehen*）である。……のうちに現れることと、……へ去ること（*das Hervor in... nd das Hinweg zu...*）は、覆蔵されたものと覆蔵されないものとの間で、非覆蔵性の内部で現成する（wesen）。それらは、到来することと、到来したものから立ち去ることとに、関わっているのである[14]」。

もし、最終的に真正と見なされるテクストに先立つものが、端的に排除されるのではなく、反対に、アナクシマンドロスの思索の間接的な証言として、把持されるのだとするなら、それならば以下のことは、認めなければならない。つまりアナクシマンドロスは、ピュシス〔自然〕とアレーテイア〔真性〕との間の本質的な関係の方から理解されうるがままに、γένεσις〔生成〕と φθορά〔消滅〕という諸語によって名指されているものについて、語ったにちがいない、ということである。換言するなら、アナクシマンドロスの箴言は、「現れ来たりつつ、覆蔵されないもののうちに到来し、ここに到来して、そこから去り行きつつ・立ち去るものについて、語っている[15]」のである。だからといって、問題とされているのは、τὰ ὄντα〔諸々の有るもの〕だろうか。「第二の文章の中の αὐτά〔それら〕は、それが語る広がりにおいて、また、κατὰ τὸ χρεών〔必然にしたがって〕への第二の文章の再帰的関係にしたがって、前概念的に経験された有るもの全体、つまり、*τὰ πολλά*〔多くのものども〕、*τὰ πάντα*〔すべてのものども〕、〝有るもの〟以外の何ものをも、名指しえない[16]」。しかしギリシア人たちは、その境域において彼らが *γένεσις*〔生成〕と *φθορά*〔消滅〕を、……のうちへの到来と……からの立ち去りを、手短に言うなら、まだ有に対置されていない生成を経験するところの「有るもの」、そのような「有るもの」の有を、どのように理解しているのだろうか。*τὰ ὄντα*〔諸々の有るもの〕と言いつつ、彼らは、何を思索しているのだろうか。あるいは、アナクシマンドロスの箴言以前に、またこの箴言には外的に、*τὰ ὄντα*〔諸々の有るもの〕は、何を意味しているのだろうか。

ホメロスの一節によって、われわれは、そのことを理解することができる。問題とされているのは、『イリアス』第一歌の、第六八－七二節である。トロイアを前にして、アポロンの送った悪疫が、九日前からアカイア人たちの野営を荒らしている。一〇日目に、アキレウスが、輝ける《ポイボス》アポロンの怒りが何に由来するのかを知るために、戦士たちの集会を招集し、一人の占い師、神官、あるいは夢占い者に問いかけるよう、彼らを促す。

… *τοῖσι δ᾽ ἀνέστη*
Κάλχας Θεστορίδης οἰωνοπόλων ὄχ᾽ ἄριστος 〔13〕
ὃς ᾔδη τά τ᾽ ἐόντα τά τ᾽ ἐσσόμενα πρό τ᾽ ἐόντα
καὶ νήεσσ᾽ ἡγήσατ᾽ Ἀχαιῶν Ἴλιον εἴσω
ἣν διὰ μαντοσύνην, τήν οἱ πόρε Φοῖβος Ἀπόλλων·

〔……そしてそこに立ち上がったのは
カルカス、テストルの息子で、鳥占師たちの中でも群を抜いて最も優れし者、
彼は、諸々の有るものをも、諸々の有るであろうものをも、諸々の以前に有ったものをも、知っていた、

そしてアカイア人たちの船団を、イリオンのうちへと先導した、
輝《ポイボス》けるアポロンが彼に与えた卜占術のおかげで。」

「……そしてここに立ち上がるのは
カルカス、テストルの息子で、占い師たちの中でも群を抜いて最も優れし者、
彼は有るもの、有るであろうもの、以前に有ったものを、知っていた、
彼はアカイア人たちの船団を、イリオンまで導いていた、
輝《ポイボス》けるアポロンから受け取った占いの術のおかげで」。

カルカスは、どこからその卓越性を得ているのだろうか。カルカスは、占い師たちの中でも、最も優れた者である。なぜなら彼は、「有るもの、有るであろうもの、以前に有ったものを、知っていた」からである。彼は何を知っていたのだろうか。あるいはいっそう正確に言うなら、もし *ᾔδη*〈彼は知っていた〉が、完了形 *οἶδεν*〈彼は見た〉の大過去〔過去完了〕であるとするなら、彼は何を見ていたのだろうか。占い師とは、模範的な仕様で、見ることとは見たことであるような者、あるいはまた、常にすでに見てしまったので、予見することができるような者のことである。カルカスの視は、常にすでに、何に専心したのだろうか。「ただ彼の視が通過する明るいものの中で、現‐前する（*an-west*）もののみ」である。換言するなら、「このような見ることによって見られたものは、覆蔵されないもののうちで現前するもの（*das Anwesende*）でのみありうる」(17)、すなわちここでは、そしてホメロスにしたがうなら、*τά τ᾽ ἐόντα τά τ᾽ ἐσσόμενα πρό τ᾽ ἐόντα*〔諸々の有るものも、諸々の有るであろうものも、諸々の以前に有ったものも〕、有るもの、生起せんとする‐有るもの、かつての‐有るものでのみありうる。しかし、もし有るもの、来《きた》るべき有るもの、もしくは過去の有るものが、覆蔵されないもののうちで等しく現前するというのであれば、いかにしてそれら

を、相互に区別すればよいというのか。τὰ ἐόντα〔諸々の有るもの〕は、現在的（gegenwärtig）な有るものを、τὰ ἐσσόμενα〔諸々の有るであろうもの〕と πρό ἐόντα[14]〔諸々の以前に有ったもの〕は、非‐現在的（ungegenwärtig）なものという意味での有るものを、指し示している。そのことによって、何を理解しなければならないのだろうか。そして現前するもの（das Anwesende〔現前者〕）と、現前するものの現在的ないし非‐現在的な性格との間には、あるいはまた、das Anwesende, 現前者と、das Gegenwärtige, 現在的なものとの間には、いかなる差異が存在しているのだろうか[18]。

しばしホメロスに、立ち返ることにしよう。『オデュッセイア』第一歌において、テレマコスは、或る異国の人を迎え入れるのだが、彼はその相の下に、アテネを認める。彼女を座らせたのち、彼は彼女に、食事をするよう申し出る。その時にこそ「威厳に満ちた女中頭が、パンを運びつつ進み出た、そして惜しげもなく彼らにその蓄えを供与した、εἴδατα πόλλ᾽ ἐπιθεῖσα χαριζομένη παρεόντων〔多くの食物を卓上に置きつつ、手許にあるものどもを恵与しつつ[19]」。蓄え、τὰ παρεόντα〔手許にあるものども〕とは、意のままになって近くにあり、手の届くところにあるもののことである。「現在的に現前するものを、ギリシア人たちは、判明化しつつ、τὰ παρεόντα〔手許にあるものども〕とも名づける。παρά〔〜の傍らに〕が意味しているのは、〝〜の許に〟ということであり、すなわち、非覆蔵性のうちに〔傍らに〕やって来たことである。gegenwärtig〔現在的〕の中の gegen が意味しているのは、或る主観への対向（Gegenüber）ではなく、非覆蔵性の開けた方面（Gegend）のことであり、その方面のうちへと、またその方面の内部で、やって来たものが逗留する（verweilt）のである。したがって〝現在的〟は、ἐόντα〔諸々の有るもの〕の性格として、非覆蔵性の方面の内部で滞留のうちに（in der Weile）到来した、というほどのことを意味している。差し当たり、またそのことによって強調されて言われた ἐόντα〔諸々の有るもの〕は、それとともに προεόντα〔諸々の以前に有ったもの〕や ἐσσόμενα〔諸々の有るであろうもの〕に対してことさらに区別されるのだが、そのような ἐόντα〔諸々の有るもの〕は、それが解明された意味で非覆蔵性の方面の内部で滞留のうちへと到来した限りにおいて、ギリシア人たちにとっては、現前者を名指している。このような到来性が、本来的な到来であり、本来的に現前するものの現前なのである」[20]。

カルカスは、有るものを見るのみならず、有るであろうものや、有ったものをも見る。しかしながら、カルカスは、双方とも彼の視を通過して現前するということなしには、そのようなことをなしえないだろう。それでは、τά ἐσσόμενα〔諸々の有るであろうもの〕と πρό ἐόντα〔諸々の以前に有ったもの〕を、τά ἐόντα〔諸々の有るもの〕から区別するのは、何であろうか。「過去的なものや将来的なものも、現前者である、すなわち、非覆蔵性の方面の外部で現前しているものである[15]。非現在的に現前しているものは、不‐在者（*das Ab-wesende*）[16]である[21]」。しかし、その動詞的意味に返されるなら、不在者は、非覆蔵性の方面のうちに現れ来《きた》るものや、非覆蔵性の方面から立ち去るもの以外のものを、指し示しえないだろう。換言するなら、不在者は、非覆蔵性から不在するものとして、非覆蔵性のうちに現前するのであって、その場合には、現在的と非‐現在的の間にある差異を捨象しつつ、「ἐόν〔有るもの・有りつつ〕が意味するのは、非覆蔵性のうちへと現前しつつ、ということである[22]」と、言うことができるのである。

このように ἐόν〔有るもの・有りつつ〕を規定することによって、今からすでに、いくつかの註記が呼び求められる。㈠有るもの（ἐόν）は、有るものとしては、もっぱらその現前化の次元としてのアレーテイア〔真性〕、もしくは非覆蔵性の方から、理解される。㈡前者〔有るもの〕と後者〔その現前化〕の間の関係は、あらかじめ固定された諸項の間に介入するのではなく、もっぱら一つの運動として、考えられなければならない。この運動は、他のいかなる運動とも比較できない。というのも、問題とされているのは、動体なき或る運動のことだからであり、いかなる線《ライン》をも移動させることなく、空間も時間もその尺度を与ええないような、或る運動のことだからである。それは有の運動ではなく、有という運動なのであって、それが有そのものなのである。㈢現前者の意味は、両義的である。τά ἐόντα〔諸々の有るもの〕が指し示しうるのは、現在的な現前者か、あるいはいっそう広義には、現在的な仕様であれ非‐現在的な仕様であれ、現前するあらゆるものである。だからといって、つまりは前者〔現在的な現前者〕が、後者〔現前するあらゆるもの〕の一種だということなのだろうか。決してそうではない。なぜなら「事柄においては、非現在的に現前するものとしての不在者の本質を統べ尽くしているのが、まさしく現在的に現前しているものと、そのうちで統べている非覆蔵性とである」[23]からである。

それでは、見る者と彼が見るものとの関係は、どのようなものなのだろうか。見者の有り方とは、どのようなものなのだろうか。そして見者の知は、何に由来するのだろうか。現前するあらゆるものを見者が見ることができるのは、非覆蔵性から出発して、である。実際、有るところのものを見ることとは、それをその真性において、非覆蔵性において見ることであり、不在するものの覆蔵性も、やはり非覆蔵性の方から、見るようにさせられているのである。「見者が見るのは、彼が一切を、現前者として見てしまっている限りにおいてである。*καὶ*〔そして〕、またそれゆえに初めて、*νήεσσ' ἡγήσατ'*〔彼は船団を先導した〕、彼はアルカイ人たちの船団を、トロイアの前まで導くことができた。彼はこのことを、神から授かった *μαντοσύνη*〔卜占術〕によって、なし能うのである」[24]。*μαντοσύνη*〔卜占術〕ということによって、何を解さなければならないのだろうか。*μαντοσύνη*〔卜占術〕、予言の才能は、*μάντις*〔予言者〕、易者、予言者に由来し、この名詞の語基は、動詞 *μαίνομαι*〔私は気が狂う〕、怒り狂っていることの語基と、同じものであり、それは、神性によってわれを忘れさせられた〔逆上した〕人間たちについて言われる[25]。いかなる意味において、易者は、本質的にわれを忘れているのだろうか。われを忘れていること〔être hors de soi, 自己の外にいること〕とは、去ってしまっていることである。「荒れ狂った者は、われを忘れている〔außer sich sein, 自己の外にいる〕」。彼は、去ってしまっている（*er ist weg*〔彼は、去っている〕）[26]。しかし、どこから、またどこへ、易者は去ってしまっているのだろうか。彼は「前に横たわっているもの、ただ現在的にのみ現前しているものの、単なる殺到から去って、不在者へと去り、それとともに同時に、現在的に現前しているものが、不断に、或る立ち去るものの到来的なもの（*das Ankünftige eines Abgehenden*）でのみある限りにおいて、現在的に現前しているものへと去っている。見者は、各々の仕方で現前しているものの現前の、一致せる広がりのうちへと、われを忘れている〔自己の外にいる」。それゆえに見者は、この広がりのうちへの〝去り〟から（*aus dem "weg" in diese Weite*）、同時に、ちょうどたけり狂う悪疫がそうであるように、まさしく現前するものへと近づき来たり、帰り来ることが、できるのである。見者的な去 - 有〔weg-Sein〕の荒れ狂いは、荒れ狂った者が暴れ、白目をむき出し、手足を脱臼させるということのうちに、存しているのではない。見ることの荒れ狂いは、身体的な集中の目立たぬ安らいと、両立しうるのである[27]」。

現前の、換言すれば有の、一致せる広がりのうちに移し置かれて、易者は、有るものをその有において、その真性において、非覆蔵性において、見ることができる。そしてもし現在的な有るものが、非覆蔵性のうちに現前するものであるのだとするなら、非覆蔵性の方から現在的な有るものを見ることとは、現在的な有るものを、〈覆蔵から去りつつ非覆蔵性のうちに到来し、そしてそれがそこから去って到来するところの覆蔵のうちに同時に回帰することによってのみ、非覆蔵性のうちに到来しうるもの〉として見ることでもある。去り、到来、回帰がここで意味するのは、現在的な有るものの有そのもの以外の何ものでもなく、現在的な現前者の現前以外の何ものでもない。通りすがりに次のことは、注意しておくことにしよう。われわれがすでに出くわし、われわれが絶えず出くわすことになるであろう翻訳の諸問題、しばしば痛々しいまでにもわれわれの〔＝本書の〕言語がその烙印を担っているところの翻訳の諸問題は、フランス語とドイツ語の間にある諸々の統辞論的、語彙的な差異にのみ起因する以上に、というのではないにしても、〔少なくとも〕同じほどには、もっぱらこれらの諸運動にしたがって、またこれらの諸運動のうちで思索する際に存在する困難に、起因しているのである。あるいは、おそらくは別様に述べるのであれば、有の動詞的意味を強調することによって、ここでは両言語の間の隔たりが変様され、増加してしまうのである。なぜなら、このように強調することによって、両言語が相互に疎遠になる以前に、まずもって両言語の双方が、それら自身に対して疎遠になってしまうからである。

〈現在的な仕方においてであろうとなかろうと、現前するあらゆるもの〉を、非覆蔵性の方から見てしまっているのでーーまなざしのこの方向づけのうちにこそ、*μαντοσύνη*〔卜占術〕が存している――それゆえ、単に前にあるものだけに満足する者たちとは別様に見ているので、易者は、彼がその*μαντοσύνη*〔卜占術〕を負っているところの輝ける《ポイボス》アポロンの怒りを、説明することができるのである。そこでハイデッガーは、「見者にとって、あらゆる現前者ならびに不在者は、一つの現前のうちに集摂され、そのうちに守られて（*gewahrt*）いる」[17]と述べ、ただちにこう続けるのである。「われわれの古語“*war*”は、護りを意味している。われわれは、いまだにそれを、“*wahrnehmen*〔知覚する〕”のうちに、すなわち*in die Wahr nehmen*〔見守る〕のうちに、“*gewahren*〔気づく〕”や“*verwahren*〔保管する〕”のうちに、知っている。守ること（*das Wahren*）は、明け開きつつ‐集摂しつつ蔵すること（*das lichtend-versammelnde Bergen*）として、思索すべきである。現前は、現前者を、現在的な現前者と非現在的な現前者を、非覆蔵性のうちへと守る。現前者の守り（*Wahr*）から、見者は言う（*sagt*）。見者とは、守りを‐言う者〔易‐者〕のことなのである（*er ist der Wahr-Sager*）[28]。」

　或る一つの有るもので有ること、それは、何らかの仕方で非覆蔵性に属することである。したがって、有もしくは現前は、あらゆる有るもの、もしくはあらゆる現前者を、非覆蔵性のうちに守る。後者〔非覆蔵性〕の方から見つつ、そこで必ず易者は、あらゆる現前者を守り・統べ尽くす、この唯一なる現前の方から、あらゆるものを見る。そしてこのようにして見ることは、現前それ自身を見守ることであり、現前それ自身を保管することである。つまり易者とは、有の番人のことなのである。しかし易者は、もし一にして唯一なる現前が、彼の有全体を規定しているというのでないなら、この現前を見守ることなど、できないだろう。換言するなら、見者の荒れ狂いが、身体的な集中と両立不可能ではなく、易者がわれを‐忘れて‐いること〔自己‐の外に‐いること〕によって、彼の身体が切断されないのは、身体の統一性が、現前の統一性のうちに、有の明け開けそれ自身のうちに、安らっているからである。「見ることは、眼から規定されているのではなく、有の明け開けから規定されている。有の明け開けのうちでの内立性が、すべての人間的諸感官の、接合構造なのである[29]」。

しかしながら、このようにして見者を有の番人として規定することには、ドイツ語と、その固有の表現力とを通過することなしには、接近しえないだろう。[18]実際ハイデッガーは、〈見者は、あらゆる現前者とあらゆる不在者とを、唯一なる現前のうちに集摂し、守る（*gewahrt*）〉と主張した後でのみ、中高ならびに古高ドイツ語の *war* に遡るために *wahr* という語基を強調しつつ、易者（*Wahrsager*）を真性（*Wahrheit*）に割り当て、続いて真性を、有の守り（*Wahr*）として理解することができるのである。換言するなら、テストルの息子〔カルカス〕が、すでに見て知ってしまっているがゆえに、知っている者であるからには、カルカスを見者として特徴づけることは、直接ホメロスから生じたのだとしても、ギリシア語テクストのただ一つの文字のうちにさえ、見者を〈その言葉が有を保管するところの者〉として直接解釈させてくれるようなものは、何もないのである。それゆえ、ここでハイデッガーがアレーテイア〔真性〕に接近し、〈ギリシア的で有るものがそれにしたがって現成するところの次元〉に接近しているのは、〈ドイツ語の方から、そしてドイツ語にしたがって、思索すること〉によってなのである。そのことについて、一つの確証が必要であろうか。見者もしくは易者を、守りを言う者として理解した直後に、ハイデッガーは、こう詳述している。「われわれは、ここで守りを、明け開きつつ－蔵する集摂（*der lichtend-bergenden Versammlung*）という意味で、思索している。そのような集摂として示唆されているのは、現前の、すなわち有の、これまでは包み隠されてきた一つの根本動向である。いつの日かわれわれは、真性（*Wahrheit*）というわれわれの使い古された語を、守り（*die Wahr*）から思索することを学び、また、真性とは有の守り（*Wahrnis*）のことであり、現前としての有が有の守りのうちに属しているのだということを、経験することを学ぶようになるであろう。有の護りとしての守り（*Der Wahrnis als der Hut des Seins*）には、牧人（*der Hirt*）が呼応している。牧人は、牧歌的な牧羊や、自然の神秘主義とは、いささかの関係もないので、それは、無の座席確保者に留まる限りにおいてのみ、有の牧人となりうるのである。両者〔有の牧人と無の座席確保者〕は、同じものである。両者を人間は、ただ *Da-sein*〔現－有〕の覚－悟性の内部でのみ、なし能うのである」[30]。ここでは一人称複数〔われわれ〕が、その言語へと *Wahrheit*〔真性〕という使い古された語が属しているところの人々〔すなわちドイツ人〕を指し示しているというだけでなく、さらにはまたハイデッガーは、或る段落から別の段落にかけて、〈明け開きつつ‐集摂しつつ蔵すること〉として理解された守ることから、〈明け開きつつ‐蔵する集摂〉という意味での守りへと、移行したのである。ドイツ語がその可能性を開いてくれている、この強調《アクセント》移動は、何を意味しているのだろうか。或る意味では、この可能性そのもの以外の何ものでもない。なぜなら、「蔵すること」を「集摂」に置き換え、「集摂しつつ」を「蔵する」に置き換えることによって、ハイデッガーは、言を守りに、言語を有に、ロゴス〔言語、理〕をアレーテイア〔真性〕に、結びつけているからである。実際、数頁先で「思索の早朝以来、〝有〟は、明け開きつつ‐蔵する集摂という意味での現前者の現前を、名指している」と喚起した後で、彼は、単に「〈ロゴス〉は、このような集摂として思索され、命名されている」[19]と詳述するのみならず、とりわけ「〈ロゴス〉〈λέγειν〔言うこと、集めること〕、摘み集める、集める〉は、〈アレーテイア〔真性〕〉から、開蔵しつつ蔵することから、経験されている」[31]と、詳述していたのである。

それゆえ、ドイツ語を通過することは、ここでは、ギリシア語をドイツ語に翻訳したり、ドイツ語をギリシア語に翻訳したりすることに、存しているのではなく、「われらが母国語」を横断して、〈有るところのあらゆるものに、その始源的な刻印を授けている次元〉に到達しうることに、存しているのである。始源的とはすなわち、ギリシア的ということである。というのも、有の歴史に関する限り、始源的なものであるのが、ギリシア的なものであるのではなく、ギリシア的なものであるのが、始源的なものだからである。同時にこの横断、この通過が、一方の言語と他方の言語の間のあらゆる翻訳の可能性を、開いてくれる。ギリシア語のアレーテイア〔真性〕を、ドイツ語の *Unverborgenheit*〔非覆蔵性〕によって翻訳する折に、翻訳するということが本来意味するものについて熟慮しつつ、ハイデッガーは、こう書いていた。「差し当たりわれわれは、この過程を外的に、技術的‐文献学的に、捉えてしまう。ひとは、〝翻訳すること〟[20]とは、或る言語を別の或る言語に、外国語を母国語に、あるいは逆にも、移転させることだと思念している。しかしながら[21]われわれは、われわれが立て続けに、すでにわれわれの固有の言語、母国語を、その固有の語へと翻訳してもいるのだということを、誤認している。語ることや言うことは、それ自体において、一つの翻訳なのである。そしてこの翻訳の本質は、翻訳する語と翻訳される語が、異なる言語に所属しているということのうちには、決して埋没しえない。各々の対話や、独り言において、或る根源的な翻訳が、統べているのである。その際われわれは、われわれが或る言い回しを、同じ言語の別の或る言い回しによって置き換え[22]、〝言い換え〟を利用するという過程を、まず思念しているのではない。語の選択における変化が、すでにして、言うべきものがわれわれにとって、或る別の真性と明晰性とのうちに、さらにはまた問いに値することのうちに翻訳され[23]（*übergesetzt*〔移し置かれ〕、移し置かれ[24]）たということの、帰結なのである。この翻訳は、言語的な表現が変更されることがなくても、性起しうる。或る詩人の詩作、或る思索者の論攷は、彼らの固有の、一回限りの、唯一的な語（*Wort*）のうちに、立っている。それ〔詩作、論攷〕は、この語を再三再四、あたかもわれわれがこの語を初めて聞いたかのように認取するよう、われわれに強制するのである。語のこのような初物たちが、或る一つの新しい岸へと、そのつどわれわれを移し置く（*setzen uns über*）。いわゆる翻訳（*Übersetzen*〔翻訳、移し置き〕）や言い換えは、常にただ、われわれの本質全体を、或る変遷した真性の境域のうちへと翻訳すること（Über*setzen*〔翻訳すること、移し置くこと〕）から、帰結するにすぎない。ただわれわれが、すでにしてこのような翻訳〔移し置き〕に、自性的に譲渡〔übereignen, 固有的に引き渡〕されている場合にのみ、われわれは、語を慮っているのである。そのように根拠づけられた〈言葉への留意〉から、初めてわれわれは、異国の語を固有の語に翻訳するという、たいていはいっそう容易で[25]、いっそう限定された課題を、引き受けうるのである[32]」。

　それゆえ、ギリシア語からドイツ語への翻訳は、ドイツ語からドイツ語への翻訳を、前提としているのだということになる。しかし、どのようにして後者を、解さなければならないのだろうか。或る外国語を自国語に翻訳することより、自国語をその最も固有の語に翻訳することの方が、いっそう困難であると主張した後で、ハイデッガーは、こう続けていた。「それだから、例えば或るドイツの思索者の語を、ドイツ語に翻訳することは、ここでは頑な先入見が主張されるがゆえに、特に難しい。つまりそれは、ドイツ語は確かに固有の言語〔自国語〕に所属しているのだから、われわれは自ずからドイツ語を理解するのだが、しかるに他方、ギリシア語を翻訳する際には、さらにはわれわれは、外国語を初めて学ばなければならない、という先入見である。しかし、いかなる限りにおいて、また何ゆえに、あらゆる対話や各々の言うことが、固有の言語の内部での或る根源的な翻訳であるのかということ、そしてここでは〝翻訳する〟ということが、本来何を意味しているのかということ、そのことは、ここではいっそう立ち入っては究明されえない(33)」。もし、根源的な翻訳の難しさが、われわれの固有の言語〔自国語〕と、そこで言われる有るものとに対して、われわれが保っている親密性に由来するのだとするなら、それならばこのような翻訳は、われわれの言語がわれわれに疎遠〔異他的〕になってしまっていて、同時に、有るものとの親密性が断ち切られているということなしには、生じえないだろう。しかし、有と有の真性との忘却でないとするなら、この親密性ということによって、何を解さなければならないというのだろうか。したがって、われわれの固有の言語を異他的〔疎遠〕なものとして学ぶよう、われわれに強制するということによって、詩的もしくは哲学的な諸作品がその管轄に属しているところの根源的な翻訳は、われわれを、真性の或る境域から、別の或る境域へと移送し、またこのようにしつつ、われわれを、真性それ自身の境域へと、境域としての真性へと、導き入れるのである。しかし、境域としての真性とは、そこから出発してギリシア的なものとしてのギリシア的なものが現成するところの有の真性でないとするなら、ギリシア的なものとしてのギリシア的なもので有るところのアレーテイア〔真性〕でないとするなら、何だというのだろうか。この意味で、また、もし或る言語から別の言語へのあらゆる翻訳が、多かれ少なかれ真性へと向かう指令を受けているのだとするなら、それならばギリシア的なもの〔ギリシア語〕は、翻訳の境位《エレメント》を構成しているのだということになる。すでにしてシェリングは、ギリシア神話は「残りのすべての神話の完全なる鍵(26)と説明とを(34)」含んでいると、述べていたのではなかったか。

根源的翻訳についてのこのような規定は――このことは喚起しておこう――アレーテイア〔真性〕を*Unverborgen-*

heit〔非覆蔵性〕と翻訳することを導きの糸とした、アレーテイアの究明から生じたものなのだが、この規定は、もしドイツ語が、あらかじめ自己自身に対して一つの外国語になってしまっているというのでないなら、〈有の思索にとって始源的、ギリシア的であるもの〉への接近は、不可能であろうということを、含意している。手短に言うなら、現象学的な構築という資格においては、あるいはおそらくはいっそう適切に言うなら、現象学的な再構築という資格においては、ギリシア語は、ドイツ語という別の言語においてしか可能ではないのだが、しかしそれは——これが本質的なことである——あらかじめそれ自身から翻訳された一つのドイツ語なのである。つまりこのことは、ギリシア語〔一般〕はドイツ語〔一般〕においてしか可能でないと言うことには、特には帰さないのである。そしてあらゆる比較研究を超えて、もしくはあらゆる比較研究の手前で、「（思索の諸可能性を見るなら）[27]ギリシア語は、ドイツ語と並んで、最も強力、かつ最も精神的な言語である[35]」と主張するのが可能なのは、もっぱらこの観点からであり、有の思索がギリシア的と見なすものの地平においてなのである。

　すぐさまアナクシマンドロスの箴言に着手する前に、手短に、*τὰ ἐόντα*〔諸々の有るもの〕に立ち返ることにしよう。すでに見たように、*τὰ ἐόντα*〔諸々の有るもの〕は、現在的な現前者をも、現在的ではない現前者をも、同様に指し示しており、そしてもし後者〔現在的ではない現前者〕が、前者〔現在的な現前者〕から出発して理解されるのだとするなら、*τὰ ἐόντα*〔諸々の有るもの〕は、現在的な現前者をも、不在者をも、まったく同時に意味しているのだということになる。しかし、両者の関係を、どのように理解すればよいのだろうか。現在的な現前者は、不在者から分離されたり、切り離されたりなどしない。「現前者が前もって[28]視のうちに立つ時、一切がともに現成し（*west*）、或るものが他のものを必然的に伴い、或るものが他のものを走らせる。現在的に非覆蔵性のうちに現前するものは、開けた方面としての非覆蔵性のうちに、滞留する（*weilt*）。現在的に方面のうちへ滞留するもの（滞留的なもの）は、覆蔵性から方面のうちへ現れ来たり、非覆蔵性のうちに到来する（*das gegenwärtig in die Gegend Weilende*（*Weilige*）*kommt in sie aus der Verborgenheit hervor und kommt in der Unverborgenheit an*）。しかし、到来的に滞留しつつ、現前者が有るのは、すでにして現前者が、非覆蔵性から去り行き、覆蔵性へと立ち去ってもいる限りにおいてである。現在的に現前するものは、そのつど滞留する（*weilt jeweils*）。それは、現れ来たりと去り行きのうちへ、逗留する（*es verweilt in Hervorkunft und Hinweggang*）。滞留することは、来から行への、移行である（*das Weilen ist der Übergang aus Kunft zu Gang*）。現前者とは、そのつど－滞留的なもの（*das Je-weilige*）〔29〕のことなのである。移行的に滞留しつつ、現前者は、まだ由来のうちへ滞留し、すでに去り往きのうちに滞留する。そのつど現前するもの〔30〕、現在的な現前者は、不在から現成する。これがまさしく、われわれの月並みな表象があらゆる不在から分離したがっている〈本来的に現前するもの〉について、言うべきことなのである[36]」。

　このような記述の統辞法は、有それ自身に固有の往復運動と合体しており、そしてこの記述は、ここに翻訳されるなら、その単純性をも、その柔軟性をも、同時に失ってしまうのだが、われわれはこのような記述から、次のことを把持しなければならない。つまり、もし現前者（*ἐόν*〔有るもの〕）が、一続きに、継起なしに、覆蔵性から非覆蔵性への移行（*γένεσις*〔生成〕）、かつ、非覆蔵性から覆蔵性への移行（*φθορά*〔消滅〕）で有るのだとするなら、それは不在からは不可分だということである。覆蔵性と非覆蔵性とによって規定されて、してみると現前は、常に不在によって住みつかれ〔habitée par l'absance〕、不在を宿している〔habitée d'absance〕のである。

II　アナクシマンドロスの箴言——至当、不‐当、有論的差異

アナクシマンドロスの箴言がそれについて語っているところのもの〔箴言が話題にしているもの〕の意味を、このように究明した後では、箴言がそれについて述べているところのもの〔箴言がその話題について述べている内容〕を吟味することが、以後、可能となる。もう一度、この箴言を読んでみることにしよう。「… *κατὰ τὸ χρεών· διδόναι γὰρ αὐτὰ δίκην καὶ τίσιν ἀλλήλοις τῆς ἀδικίας*〔……必然にしたがって。なぜなら、それらは、互いに不正の罰を受け、償いをするからである〕……必然にしたがって。なぜなら、それらは、不正に対して、罰と償いを、相互に支払い合うからである」。第二の文章から、始めることにしよう。*αὐτὰ*〔それら〕という代名詞がここで指し示しうるのは、何らかの仕様で非覆蔵性のうちに現前するもののみ、すなわち、「そのつど‐滞留的なものという仕方で現成[1]するあらゆる現前者、つまり、神々と人間たち、神殿と街々、海洋と大地、鷲と蛇、樹木と灌木、風と光、石と砂、昼と夜[1]」のみである。とはいえ、結合されたこれらの諸事物のいずれもが、〈一方のものたちも他方のものたちも、非覆蔵性のうちへのそれらの共通の滞留をそれに負っているところの、唯一なる現前〉に属することなしには、現前〔現成〕しえないことだろう。「現前者は、各々が各々に対してその滞留において、他のものとともに滞留的に現前するということによって、現前という一なるものに共属する」。そしてハイデッガーは、こう続ける。「この多〔*πολλά*〔多くのものども〕〕とは、諸対象を総括的に包括する何かがその背後に立っているような、区切られた諸対象の並列の

ことなのではない。むしろ、現前としての現前のうちには、或る覆蔵された集摂の、相互へと〔一致した〕-滞留することが、統べているのである[2]」。

それではアナクシマンドロスは、真性のうちで一致協力して滞留している諸現前者の総体を、どのように理解しているのだろうか。各々の現前者が、他の諸現前者とともに、非覆蔵性のうちに滞留しているのであるからには、各々の現前者をすみずみまで特徴づけているのは、何であろうか。あるいはまた、そしていっそう正確に〔問うのであれば〕、決して単独ではない諸現前者——神々と人間たち、神殿と街々、等——は、それら固有の現前そのものであるところの共通の現前を、いかなる仕方で完遂するのであろうか[3]。文の最後の語 *ἡ ἀδικία*〔不正〕が、回答を与えてくれる。つまり、あらゆる現前者は、不正にしたがって有るのである。もし *ἀδικία*〔不正〕が、*δίκη*〔正義〕の剝奪を意味するのであれば、それならば *δίκη*〔正義〕は、何を言わんとしているのだろうか。この語は、ギリシア語の *δείκνυμι*.〈示す〉や、ラテン語の *dico*.〈言う〉のうちに現在している印欧語の語根、**deik* に由来する。それでは、最終的に *δίκη*〔正義〕によって取り込まれた正義という意味を、どのように説明すればよいのだろうか。**deik* は、言葉によって示すこと、権威をもって示すこと、有るべきもの、正義の諸行為のうちで働いているすべての諸事物を、示すことを意味している[4]。そしてもし、もともとはいかなる法律的な、もしくは倫理的な意味をも持ち合わせてはいない *δίκη*〔正義〕という語が、或る命令的な価値を所有して、有るべきものを指し示しているのだとするなら、反対に *ἀδικία*〔不正〕は、何かが申し分なく進行してはおらずに、*aus den Fugen*.[5] 接合から外れて有るということを、意味しているのだということになる。

ἀδικία〔不正〕という仕方で現前しつつ、現前者は、現前者に接合されているものから外れて、それへと現前者が接合されているところのものから外れて、有る。そしてもし箴言が明晰に述べているのが、「現前者は、それがそれであるところの現前者として、接合から外れて有る」ということだとするなら、その場合、〈現前それ自身に本質的に属している或る接合〉から外れているということが、現前者には本質的に可能なのだということを、認めなければ

ならない。現前の管轄に属している接合とは、どのようなものなのだろうか。それは、現前と不在とを、接ぎ合わせるものである。実際、もし現前者が、非覆蔵性に関して、現れ来たりと去り往きとであるとするなら、現前者の現前は、二重に不在に接ぎ合わされているのであって、不在の外では、現成しえないことだろう。「滞留者の現前は、由来の〈そこから〉のうちへと押し進められ、退去の〈そこへ〉のうちへと押し進められる（*Anwesen des Weilenden schiebt sich vor in das Her von Herkunft und schiebt sich vor in das Hin von Weggang*）。現前は、両方向で、不在のうちへと接合化されて（*verfugt*）いる。現前は、このような接合（*Fuge*）において、現成するのである」[6]。

しかし、もし現前者がこの接合で有るとするなら、いかなる意味において *ἀδικία*〔不正〕は、アナクシマンドロスの言うように、現前者の根本動向を構成することができるのだろうか。そのつど-滞留的なもの、現前者は、現前から不在への二重の接合の方から、またこの二重の接合にしたがって、現成する。しかし、現前者として、「そのつど-滞留的なもの（*das Je-Welige*）、まさしくそれが、そしてそれのみが、同時に、その滞留において逗留する（*in seiner Weile sich verweilen*）ことができる」[7]。つまりは、どういうことなのだろうか。現前者は、現前者がそれで有るのではないところの現前なしには、有らない。しかしながら、いかにして現前者は、現前を構成するものを、すなわち不在への現前の二重の接合を、つまりは現前の移行的な性格を、断ち切ることなしに、現前者がそこから湧き出ているところの現前で有らぬことが、できるというのだろうか。そして、いかにして現前者は、本質的に通りすがりで移行的なその滞留が、停止、立ち止まり、恒常性になるということなしに、そのようなことをなしうるというのだろうか。「到来したものは、その滞留に拘泥して存立する（*bestehen*）ことさえできるのだが、唯一それは、そのことによって、存立的なもの〔das Beständige, 恒常的なもの〕という意味において、いっそう現前的に留まるためである。そのつど-滞留的なものは、その現前に、固執する。そのようにして、それは、その移行的な滞留から、自らを引き出す。それは、固執するという我意のうちに、反っくり返る。それは、もはや他の現前者のことを、顧みない。それは、あたかもこのことが逗留することであるかのように、存立し続けることの存立性〔Beständigkeit, 恒常性〕に、こだわるのである」。現前者は、現前のうちにいく度も立ち、存立的〔恒常的〕にそこに立ち止まりつつ、〈その現前そのものがそれへと二重に接合されているところの不在〉への接合から、外されている。「あらゆるそのつど‐滞留的なものは、非‐接合（*Un-Fuge*）のうちに、立っている」[8]――立っている、*steht*〔立っている〕とハイデッガーは書き、*ist*〔有る〕や*anwest*〔現前する〕とは、〈有る〉や〈現前する〉とは、書いていない。しかし、もし非‐接合が、現前者の一貫性そのものであるとするなら、「非‐接合‐のうちに‐立っていること」が、あらゆる現前者の、あらゆる有るものの本質であると、そこから結論しなければならないのだろうか。そしてそれこそが、まさしく端的に、アナクシマンドロスの箴言の述べていることなのだろうか。

いかなる地平において、後者〔アナクシマンドロスの箴言〕は、*ἀδικία*〔不正〕を名指しているのだろうか。非‐接合とは、そのために諸々の現前者が「罰を支払い合う」、*διδόναι δίκην*〔罰を受ける〕ところのものである。この後者の諸語を、どのように解さなければならないのだろうか。この問いに答えるために、ハイデッガーは、非‐接合に立ち返って、あらためてその生起を記述し、現前者の意味をつまびらかにすることから始める。「非‐接合は、そのつど‐滞留的なものが、単に存立的〔恒常的〕なものという意味での滞留に、こだわろうとするという点に存している。固執することとしての滞留することは、滞留の接合の方から思索されるなら、単に永続することのうちへの、蜂起である。そのつど現前者を非覆蔵性の方面のうちへと逗‐留させる現前それ自身のうちで、存立化〔恒常化〕が、蜂起する。滞留のこの蜂起的なものによって、そのつど‐滞留的なものは、単なる存立性〔恒常性〕に拘泥して存立する。その時現前者は、滞留の接合なしに、また滞留の接合に反して、現成する〔3〕。箴言は、そのつど現前するものが、非‐接合のうちへと失われる、と言っているのではない。箴言が言っているのは、そのつど‐滞留的なものが、非‐接合に関して、*διδόναι δίκην*〔罰を受ける〕、接合を与える（*Fuge gibt*）、ということなのである[9]」。

後を続ける前に、いくつかの註記をしておくべきである。㈠このように現前性と存立性〔恒常性〕を差異化しつつ、ハイデッガーは、有の真性それ自身のみの方から、有論的差異を規定し直す。それゆえ後者〔有論的差異〕は、それが基礎的有論の企投から出発して思索されるのか、それともアレーテイア〔真性〕とレーテー〔忘却〕との方から思索されるのかにしたがって、同じ意味を持たなくなる。㈡存立性〔恒常性〕は、現前性が持つ本質的なものではなく、現前性のうちで、そして現前性に反して生起しつつ、現前性には本質的に非本質的なものである。「存立性とはまさしく、現前化の非本質ではないだろうか。存立性は、現前化から、その本質的なものを奪い取ってしまうのではないだろうか」。このような問いに対して、ハイデッガーは、「もちろん」(10)と答えている。したがって、そしてもし形而上学ということで、有の忘却のことを解するのであれば、形而上学は、決して現前性としての現前性を、思索してきはしなかったのであり、あるいはまた、現前性の形而上学などというものは、決して存在しはしなかったのであって、せいぜいのところ、存立性〔恒常性〕についての或る一つの形而上学が、その上同じことに帰するが、現前者についての或る一つの形而上学が、存在しただけなのである(11)。㈢現前者がそこに由来するところの現前に、現前者が背く仕様を記述するために、ハイデッガーは、その意味が「魂のない主体」よりもむしろ「魂のある主体」を呼び求めるような諸動詞に、訴える。換言するなら、〈～しようとすること〉、〈こだわり〉、〈反っくり返り〉、〈蜂起〉が、まずもって人間的諸行為として呈示される時に、いかにして現前者としての現前者は、われわれがそれであるところの現前者と、われわれがそれでないところの現前者との間の分割からは独立して、〔つまり〕いかにして現前者一般は、「こだわろう」とし、「反っくり返り」、あるいは「蜂起する」ことができるのだろうか。そしてもし、原理上これらの諸動詞を、それらの流通する意味に対して疎遠にすることを禁ずるものが、何もないのだとするなら、なぜ、他のあらゆるケースとは比較にならないこのケースにおいて、また、他の多くの諸ケースとはちがって、そのようなこと〔これらの諸動詞を、それらの流通する意味に対して疎遠にすること〕を明示的に行うよう、気を配らなかったのだろうか。あるいは、問いをいっそう正確に定式化するなら、いかなる経験境域の方から、ここでハイデッガーは、これらの諸動詞の黙せる翻訳を、行っているのだろうか。

　いかにして、そのつど‐滞留するものが、非‐接合に関して、*διδόναι δίκην*〔罰を受ける〕、接合を与えるのか、を吟味するために、この問いをたたき台にすることにしよう。ここで「与える」とは、何を意味しているのだろうか。そして δίκη〔正義〕ということによって、何を解さなければならないのだろうか。与えるとは、「或る別のものに、属するもの〔ふさわしいもの〕としてそれに固有であるものを、属せしめる」[12]ことである。接合を与えつつ、現前者は、或る別の現前者に、それに固有に帰するものを与える。ところで、現前者としての現前者に属する、もしくは固有に帰するのは、現前それ自身ではなくて、すなわち、存立性〔恒常性〕のうちへと伸長することなき或る滞留の接合ではなくて、何だろうか。しかし、もし接合が、そのつど－滞留するものに属しているのだとするなら、反対に、そのつど滞留するものは、接合のうちに席を占めるために、接合に属している。換言するなら、〈有るものに、それに固有に帰するものを与えること〉とは、〈有るものを、その有へと、至当に適合させること〉であり、〈有へと、至当に適合させること〉である。そこでハイデッガーは、彼がギリシア語の δίκη〔正義〕をそう訳しているところの語〔至当〕に訴えつつ、「接合とは、至当である（*Die Fuge ist der Fug*）」[13]と述べるのである。

しかしこの翻訳は、δίκη〔正義〕についてのいかなる理解の刻印を、帯びているのだろうか。δίκη を「正義」（*Gerechtigkeit*〔正義〕）と訳すのではなく、*Fug*〔至当〕と訳すことによって、ハイデッガーは、彼が権利や道徳から奪い取っているものを、有に返す。それでは、δίκη〔至当〕が浮き彫りにしている有の動向とは、どのようなものなのだろうか。有は、有るものを統べ、そして有の至高の統べは、その総体における有るものに、自らの秩序を課す。自らの秩序とはすなわち、まったく一度に同時的に、この統べそれ自身が自らを秩序づける仕様でも、現前への現前者の接合でも、諸々の現前者相互間の接合構造でもある。δίκη を *Fug*〔至当〕と訳した後で、ハイデッガーは、こう詳述していた。「われわれは、ここで *Fug*〔至当〕を、差し当たり、接合ならびに接合構造（*Fuge und Gefüge*）の意味で理解していた。それから至当を、摂理（*Fügung*）として、圧倒的に統べるものがその統べに与えるところの指令として、理解している。最後に至当を、嵌め込みと適合とを強要する、接合する接合構造（*das fügende Gefüge, das Einfügung und Sichfügen erzwingt*）として理解している」[14]。換言するなら、有は、自らをそれ自身に調和させつつ、有るものを自らに調和させつつ、諸々の有るものを相互に調和させつつ、現成し、そしてこれら三つの諸契機のいずれもが、他の諸契機からは、乖離せしめられえない。「有は、*δίκη*〔至当〕として、その接合構造における有るものへの、鍵である」[15]。それゆえ有は、*δίκη*〔至当〕、*Fug*〔至当〕、秩序、調和であり、あるいは同じことに帰するのだが、*δίκη*〔至当〕とは、〈その総体的命令における有るものの有〉を表す語である。そしてもし「*δίκη*〔至当〕が、現前としての有から思索されるなら、継ぎ合わせ‐接合する至当（*der fugend-fügende Fug*）である」のだとするなら、反対に、「*ἀδικία*〔不正〕、非‐接合とは、[4]不‐当（*der Un-Fug*）である[16]」。

もっと直接的に、アナクシマンドロスの箴言に立ち返ることにしよう。現前者の現前化に関して、*διδόναι δίκην*〔罰を受ける〕」、「至当を与える」とは、何を意味しているのだろうか。現前者が現前するのは、それがそのつど‐滞在する限りにおいてであり、したがって、それが由来と去り往きとの間を通過することに存して〔存立して〕いる限りにおいてである。このように過ぎ去ることに存して〔存立して〕（*bestehen*）いること、かかるものが、「現前者の適合せる存立性（*die fügliche Beständigkeit*）」であり、現前化へと接合されるために、固執へと転じずに、固執の可能性と、それとともに*ἀδικία*〔不‐当〕とを、克服するような存立性である。それゆえ、「その滞留を滞留しつつ、そのつど‐滞留的なものは、現前としてのその本質に、至当を属せしめる」[5]のであり、*διδόναι*〔与える〕という動詞が指し示しているのは、属‐せしめるということなのである。したがって、各々の現前者の現前は、単に*ἀδικία*〔不‐当〕、非‐接合、もしくは不‐当だけのうちに存しているのではなく、*διδόναι δίκην… τῆς ἀδικίας*〔不‐当の……至当を属せしめる〕ことのうちに、「不‐当の（克服における）至当を属せしめる」[6][17]ことのうちに、存しているのである。あるいは換言するなら、あらゆる現前者は、それが固有に、かつ存立性の危険を冒して、継ぎ合わせ・接合する至当を属せしめる限りにおいて、現前するのである。

しかし現前者は、誰に、もしくは何に、至当を固有に属せしめるのだろうか。箴言が、それ自身から答えているように思われる。*διδόναι γὰρ αὐτὰ δίκην καὶ τίσιν ἀλλήλοις*〔なぜなら、それらは、至当と償いを、互いに属せしめるからである〕、諸々の現前者は、至当を、ἀλλήλοις〔互いに〕、相互に、属せしめる。「一般的には、ひとは、よくそのようにテクストを読む」と、ハイデッガーは記し、こうつけ加えている。「ひとは、ἀλλήλοις〔互いに〕を、δίκην〔至当〕と τίσιν〔償い〕とに関係づける〔……〕。しかしながら私には、ἀλλήλοις〔互いに〕を、διδόναι δίκην καὶ τίσιν〔至当と償いを属せしめる〕に直接関係づけることは、言語的に必然的でもなく、とりわけ、事柄的に正当化されもしないように思われる。それゆえ、まず事柄の方から、ἀλλήλοις〔互いに〕が、直接 δίκην〔至当〕にも関係づけられなければならないのか、むしろそれは、単にすぐ前の τίσιν〔償い〕にのみ関係づけられなければならないのではないかが、どこまでも問われるべきである。これについての決断は、われわれが、δίκην〔至当〕と τίσιν〔償い〕との間に立つ καί〔と〕を、どのように翻訳するのかに、ともにかかっている。しかるにこのことは、τίσις〔償い〕がここで何を言っているのかということから、規定される(18)」。

τίσις とは、いったい、何を意味しているのだろうか。τίσις は「贖罪」、「罰」を意味するが、しかしハイデッガーによれば、それは語の本質的で、根源的な意味ではない。「τίσις とは、尊重することである。何かを尊重することは、それに留意し、そしてそのようにして、尊重されるものを、それがそれであるところのものにおいて、満足させることを謂う。尊重することの本質帰結、〔つまり〕満足させることは、善においては善行として、しかし悪に関連するなら贖罪として、生起しうる。しかしながら、もし、すでにしてわれわれが、ἀδικία〔不‐当〕や δίκη〔至当〕においてのように、箴言のうちで言葉に至っている事柄から思索する、というのでないなら、語の単なる解明は、箴言における語の事柄へと、われわれをもたらしてはくれない(19)」。

それゆえ、事柄そのものに立ち返ることにしよう。その滞留を引き伸ばしつつ、そのつど‐滞留するもの、現前者は、そこに逗留し、そこに身を支え、そして同時に、非‐接合と不‐当のうちに立つ。ハイデッガーはそのことを、あらためて、そして相変わらず奇異でもある、すなわちそれ自身に対して疎遠な、或る言葉で述べている。「そのつど‐滞留的に現前するものたちは〔……〕拘執する。なぜなら、由来から去り往きへの移行において、それらは、ためらいつつ（*zögernd*）滞留を通過するからである。それらは拘執する。つまりそれらは、自らにおいて立ち止まる（*sie halten an sich*）。そのつど‐滞留的なものたちが、滞留しつつ拘執する限りにおいて、それらは拘執しつつ、同時に、このような拘執のうちに固執し・その上このような拘執に固執する、という傾向性にしたがう。それらは存立的〔恒常的〕な永続にこだわって、*δίκη*〔至当〕を、滞留の至当を、顧みない[20]」。

それでは、このようなこだわりの帰結とは、どのようなものなのだろうか。このように一貫性〔存立性〕を得ることによって、現前者たちは、現前化の接合から外れて、現前化が現前者たちに課し・現前者たちの間で統べさせているところの秩序を、免れてしまう。「各々の滞留的なものは、他の滞留的なものに対して、すでに反っくり返っている。いかなるものも、他のものの滞留的な本質に、留意しない。そのつど‐滞留的なものは、各々がそのつど、滞留する現前それ自身において統べ・その現前によって抱かされた、固執するという病的欲望から、相互に対して仮借ない〔rücksichtslos, 顧慮を欠く[21]〕」。したがって、また、もしあらゆる現前者が、不‐当を克服することによって至当を与える限りにおいて、現前するというのであれば、いかにしてそのつど‐滞留するものは、その現前を、至当に属せしめるのだろうか。あるいはまた、滞留するものたちは、固執するという病的欲望を克服するためには、いかなる仕方で滞留しなければならないのだろうか。非覆蔵性のうちに閉じこもることなく、非覆蔵性のうちにそのつど‐滞留すること、それは、自己自身のうちに閉じこもることなく、他の滞留者たちを顧慮することである。「それゆえ、そのつど‐滞留的なものたちは、単なる仮借無さ〔顧慮の無さ〕のうちへと、解消されるのではない。仮借無さそれ自身は、それらを、固執することへと急き立て、そのようにして、それらは、なおも現前者として現前する。現前者全体は、単に仮借なく個別化されたもののうちに分割されるのではなく、存立無きもののうちに分散させられるのではない。むしろ、今や箴言は、こう言う。／*διδόναι… τίσιν ἀλλήλοις*〔互いに尊重を……属せしめる〕／それら、そのつど‐滞留的なものたちは、相互に属せしめる。すなわち、相互への顧慮（*die Rücksicht*）を[22]」。

しかしひとは、このようにして *τίσις* を、***Rücksicht***〔顧慮〕と訳すことができるのだろうか。実存論的分析論によれば、この語〔「顧慮」〕は、〈共に‐有ること〉の一つの仕方を指し示しているというのに[23]。現前者たちの間の関係を、実存者たちの間だけの関係の方から理解することは、可能なのだろうか。明らかに否であり、そしてただちにハイデッガーは、こう予防線を張る。「*Rücksicht*〔顧慮〕という語は、われわれにとって、あまりにも直接的に、人間的本質を名指してしまうのだが、他方、*τίσις* は、中立的に、なぜならいっそう本質的に、あらゆる現前者について、すなわち、*αὐτά*〔それら〕（*τὰ ἐόντα*〔諸々の有るもの〕）について、言われる。われわれの語 *Rücksicht*〔顧慮〕は、箴言内部の *τίσις* に対する訳語として語るには、また、至当としての *δίκη* に呼応しつつ語るには、必要な広がりを欠いているのみならず、とりわけ重みを欠いている[24]」。したがって、もし *τίσις* という語が、現前化それ自身の方から、また現前化それ自身にしたがって、すべての現前者たちが相互間に保つ関係を、名指さなければならないのだとするなら、どのように *τίσις* を訳せばよいのだろうか。しかも現前者たちが、神々と人間たちであろうと、神殿と街々であろうと、海洋と大地であろうと、どのようなものであろうとも。このことをなすために、ハイデッガーは、或る語に訴える。この語は、久しい以前から消失してしまっているとはいえ、意味の或る拡大を、容れうるものである。*Ruoche*〔思慮、配慮〕は、中高ドイツ語においては慮を、すなわち、「他のものがその本質〔7〕のうちに留まるよう、心を向ける」ことを、指し示していた。「このような、そこに心を向けることが、そのつど‐滞留的なものの方から、現前への関係において思索されるなら、*τίσις* であり、*der Ruch*, 敬意なのである[25]」。*Ruch*〔敬意〕という語は、*Rücksicht*〔顧慮〕にならって、すでにして或る人間的な行為や、或る人間的な状況を意味していたのだが、この語は、それがその只中でこのように捉え直されているドイツ語に疎遠になれば、その場合、それがそこからその疎遠性を得るところの消失〔すなわち人間的文脈の消失〕のまさにそのゆえに、その新しさとその広がりとが、その本質的な中立性に、そのもっぱら人間的な次元の還元に由来するところの、或る一つの意味を受け取りうるのである。

それゆえ、滞留するものたちが「同じ病的欲望において、互いを現在的に現前するものから押しのける、というのではない[26]」時、あるいはまた、それらが「非覆蔵性の開けた方面の内部で[27]」相互に敬意を表して譲り合う時、滞留するものたちの間に、至当が存在するのである。相互に、すなわち、ἀλλήλοις〔互いに〕。「われわれが、そのつど‐滞留的なものの多様性を、ἀλλήλοις〔互いに〕のうちにいっそう厳密に思索すればするほど」と、そこでハイデッガーは、ἀλλήλοις〔互いに〕をδίκην〔至当〕に関係づけなければならないのか、それともτίσιν〔敬意〕に関係づけなければならないのか、という問いを解決しつつ、第二の文章についての解釈を約説して、こう述べる、「ἀλλήλοις〔互いに〕が必然的にτίσις〔敬意〕に関係づけられるのだということが、ますます明瞭になってくる。この関係が、いっそう明瞭に歩み出れば出るほど、ますます明晰に、われわれは、以下のことを認識する。つまり、διδόναι[8]... τίσιν ἀλλήλοις〔互いに敬意を……属せしめる〕、相互に敬意を表することは、そのつど‐滞留的なものたちが、そもそも現前者として滞留する、すなわちδιδόναι δίκην〔至当を属せしめる〕、至当を与える仕方なのだ、ということである。δίκην〔至当〕とτίσιν〔敬意〕の間のκαί〔と〕は、空虚な、単につなぎ合わせるだけの〝と〟ではない。それは、本質帰結を意味している。現前者たちが至当を与える時、その時、そのことは、それらがそのつど‐滞留的なものたちとして、相互に敬意を表すという仕方において、生起するのである[9]。不‐当の克服は、敬意を属せしめるということによって、本来的に生起する。それは、次のことを言う。つまり、ἀδικία〔不‐当〕のうちには、不‐当の本質帰結として、不‐敬が、敬意の無さが、横たわっているのである[28]」。

　このようにアナクシマンドロスの箴言の第二の文章についての解釈の最終局面に来着して、ただちに、以下のような諸註記をなすことができる。(一)滞留者たちが滞留の接合に自らを対置する仕様を記述しつつ、ハイデッガーが記述しているのは、有るものが有から差異化される仕様である。この差異化は、現前性が存立性に変様されるということに、〔すなわち〕有の覆蔵に、依拠している。それゆえ有論的差異は、現前化それ自身の冒険であるというよりも、存立性もしくは固執の冒険なのであって、存立性もしくは固執は、現前化それ自身の、一変様でしかない。(二)一方で滞留者たちは、「いっそう現前的」に留まるために、滞留の接合に自らを対置するのだと、そして他方では、「同じ病的欲望において、固執しつつ、それらは、互いを現在的に現前するものから」、非覆蔵性から、「押しのける」のだと説明しつつ、ハイデッガーは、形而上学の有－神－論的体制を、*in statu nascendi*〔生まれ出ずる状態において〕捉えている。というのも、形而上学の神とは、至高の有るもの、すなわち、〈その存立性が、他のすべての有るものの存立性を、凌ぐところの有るもの〉のことだからであり、また、この理由ゆえに、〈すべての有るもの中で、最も真であるところの有るもの〉のことだからである。それゆえ有－神－論的体制は、プラトンやアリストテレスに始まるのではない。それは有の覆蔵性と同じほど、古いのである。㈢自らの滞留を引き伸ばしつつ、存立的でありつつ、現前者たちは、それら自身を固守する。したがって、滞留者たちは、もはや相互に隣接する[10]のではなく、自己のうちに閉じこもりつつ――この閉じこもりが、それらの同一性そのものなのであって、現前性から存立性への変異がなければ、同一性は、有の一動向ではないであろう――それらは、相互から分離され、すべての滞留者たちが、有から分離される。孤立せしめられて、それらはその時、そしてその時にのみ、それらがそれら自身においてあるがままに、自らを示すことができ、同時に、もし〈現象〉ということによって、〈自己自身において自らを示すもの〉のことを、*das Sich-an-ihm-selbst-zeigende*〔それ－自身－において－自らを－示すもの[29]〕のことを解するというのであれば、それらは、現象になることができる。それゆえ現象性は、不在へのその二重の接合における現前化に対する、存立性の蜂起とともに始まるのであって、現象学よりいっそう根源的に形而上学的なものなど、何もないのである。

Ⅲ　敬意の問題、アレーテイアとレーテー

今までわれわれは、ほとんど中断することなく、アナクシマンドロスの箴言の第二の文章の運動を、たどろうと試みてきたのだが、この第二の文章についての解釈によって、今からすでに、二つの本質的な問いが提起される。一つは敬意に及び、もう一つは、それによってハイデッガーが現前者と現前との非‐接合を、〔つまり〕有論的差異の生起を、そしてそれとともに形而上学の生起を記述しているところの、諸動詞や言語に関わっている。敬意から始めることにしよう。諸々の現前者が、互いに敬意を表するということによって、至当を与えるのだとしても、しかしながらハイデッガーは、このようにしてそれらがともに滞留する仕様を、つまびらかにしてはいない。そのことを行うのは、可能なのだろうか。そしてもし敬意が、慮とは似ても似つかぬものであるとするなら、敬意を完遂する仕方とは、どのようなものなのだろうか。この同じ第二の文章の究明の端緒において、ハイデッガーは、そこで問題とさるべきは、そのつど‐滞留するものすべて、「神々と人間たち、神殿と街々、海洋と大地、鷲と蛇、樹木と灌木、風と光、石と砂、昼と夜」なのだと、喚起していた。それでは、敬意を完遂する仕方をわれわれがつまびらかにすることができるのは、この目録において等位接続詞〔すなわち「と」〕が意味する出来事を、規定することによってではないだろうか。

そのために、もう一つの枚挙から、出発することにしよう。この枚挙は、部分的には同じ言葉を取り上げ直しつつ、

その上、一つの記述である。芸術作品は、真性を、作品のうちに立置する〔mettre en œuvre, 活動させる〕のだということを示した後で、また、真性が芸術作品のうちに到来する様を見えるようにするために、ハイデッガーは、或る一つのギリシア神殿を、記述しようと企てる。「それは、峨々たる岩石の渓谷の只中に、無造作に、現に立っている。建築作品は、神の形態を取り囲み、この覆蔵の中で、神の形態を、開かれた柱廊広間を通して、聖なる区域のうちへと、立ち出させる。神殿によって、神が、神殿のうちに現前する。このように神が現前することとは、それ自身において、その区域を、一つの聖なる区域として拡張し、区切り出すことである。しかし、神殿とその区域とは、不確定なもののうちへと、立ち消えてしまうわけではない。神殿作品は、そこにおいて誕生と死、災いと祝福、勝利と屈辱、堅忍と頽落が——人間本質にとってその歴運という形態を得る、かの諸行路ならびに諸関連の統一を、自らのまわりに初めて接合すると同時に、集めている。これらの開けた諸関連を統べている広がりが、この歴史的民族の世界である。その世界から、そしてその世界において〔1〕初めて、この歴史的民族は、自己自身に還って、自らの使命をまっとうするに至るのである。／現に立ちつつ、建築作品は、岩石土台の上に安らう。作品がこのようにのしかかりつつ安らうことによって、岩石から、その粗野な、しかしそれでも何ものへも急き立てられることのない〔2〕、担うことの暗さが、取り出される。現に立ちつつ、建築作品は、その上を過ぎ去る荒れ狂った〔3〕嵐に持ち堪え、そのようにして初めて嵐それ自身を、その威力において示す。岩の煌めきと輝きとは、外見上はそれ自身、太陽のおかげでのみそう見えても、それでも昼の明け開けたもの、天空の広がり、夜の暗闇を、初めて輝き現れ‐出でにもたらす。〔4〕〔神殿が〕確として聳え立つことは、大気の目に見えない空間を、見えるようにする。作品の揺るぎなさは、海潮のうねりに抗して突出し、自らの安らいから、海潮の荒れ狂う様を、現出せしめる。樹木と草、鷲と雄牛、蛇とコオロギは、初めてそれらの際立った形態のうちに入り、そのようにして〔5〕、それらがそれであるところのものとして、輝き現れ出る。このような出来《しゅったい》と立ち現れそれ自身全体とを、ギリシア人たちは、早期に、〈ピュシス〔自然〕〉と名づけた。それ〔ピュシス〕は、同時にその上に、そしてそのうちに、人間が、自らの住まうことを建立するところのものを、明け開く。われわれは、それを大地と名づける」[1]。

この記述においては、本来的に語るなら、何一つ自己自身を示すものはなく、それにもかかわらず、一切が示され、間接的なものの光輝から光り輝いているのだが、このような記述からは、もし各々の現前者が、或る別の現前者を示すというのであれば、滞留者たちの相互への敬意は、或る一つの〈あらわれ‐させること〉として理解されなければならないということが、浮かび上がってくるのではないだろうか。然りであり、否である。然りというのは、嵐の威力を示すのは、まさしく嵐に対する神殿の持ち堪えであり、昼の明け開けたものや夜の暗闇をあらわれさせるのは、まさしく岩が光を受ける仕様だからである。しかし、否というのは、何でもよい現前者や滞留者こそが、何でもよい他の現前者や滞留者を示すのではないからであり、換言するなら、ここでは作品たる限りでの神殿のみが、「或る一つの世界を空け開」き、「諸事物にはそれらの相貌を、人間たちには自己自身への展望を、与える」[2]のだからである。それでは、滞留者たちの相互に対する敬意が完遂される仕様を、それを芸術作品のみに〔限定〕することなしに規定することは、可能だろうか。そして〈芸術作品を、芸術作品があらわれさせるところの諸現前者や諸滞留者と親縁化するもの〉から、すなわち、ハイデッガーが芸術作品の「物的なもの」[3]と名づけているものから出発することなしに、どのようにしてそのことに成功するというのだろうか。

『芸術作品の根源』においては、諸物の物性についての問いが、最終的に芸術作品についての問いに従属せしめられる以前に、芸術作品についての問いに道を開き、またこの問いを介して、アレーテイア〔真性〕に道を開いているのだが[4]、この『芸術作品の根源』の冒頭において、ハイデッガーは、われわれが「物」という語によって指し示しているものの境域を、画定することに専念する。いかにして諸物の有についての伝統的な諸解釈（〔一〕諸特性の支えとしての、〔二〕感性的諸所与の多様性の統一としての、〔三〕形相化された質料としての）が、諸物に固有の「自らのうちに安らうこと」や「常立性」[5]に、その上、それらが持つ「自ずから成長する」[6]――植物や動物が自ずから成長しうるという意味において――ものに到達することができずに、諸物の物性を思索することに座礁するのかを示した後に、手短に言うなら、思索が形而上学的である以上、「目立たぬ（*unscheinbare*）物が、最も頑に、思索から脱去する」[6]のだということを示した後に、ハイデッガーは、「最も近く、本来的な」諸物の境域を、「われわれの回りの使用物」[7]に限定する。物は、常に近くにあり、そしてそのことが理由の一つとなって、この表題〔＝『物』〕を持つ講演は、あらゆる距離の技術的撤去と、諸物の立つ近さとを区別することから始め、続いて、後者〔諸物〕の一つから出発して、前者〔近さ〕の本質に接近しようとする。[8]物とは、いったい、何であろうか。そしてひとは、物性に問いかけることによって、敬意が完遂される仕方を、つまびらかにすることができるのだろうか。

もし瓶が、一つの物であるとするなら、それでは瓶とは、何であろうか。その側面とその底との間で、自己のうちに、自己とは別の物を含み、取っ手によって摑まれうるような、一つの容器である。「容器として、瓶は、自らのうちに立つ何かである。自らのうちに立つことが、瓶を、何か自立したもの（*etwas Selbständiges*〔何か自立したもの〕、何か独立したもの）として特徴づける」[9]。しかしながら、瓶の姿勢、もしくは立ち（*Selbststand*〔自立〕）は、或る対象（*Gegenstand*〔対象、対向的に立つもの〕）のそれではない。両者の間には、いかなる差異があるのだろうか。自己‐自身‐によって‐立つことは、瓶にしか、瓶のみにしか、起因しないが、他方、対象は常に、何らかの仕様で、われわれの前に立てられている（*vor uns gestellt*〔われわれの前に立てられている〕）、すなわち、表象されている（*vorgestellt*〔表象されている〕）。手短に言うなら、もし、自己自身によって立つ何かとしての瓶が、或る表象の対象になりうるのだとしても、それでもやはり、瓶は、われわれがそれを表象しようがしまいが、それがそれであるところの瓶であり続ける。それゆえ、物の物性は、対象性から出発しては、思索されえない。そしてもし、対象性の地平においては、物は常に対象以下であるとするなら、同時に解雇されるのは、物についてのカント的解釈である。

しかしながら、瓶が自らのうちに立つことは、瓶を一つの物たらしめるのに、十分だろうか。本来それは、瓶の一特徴なのだろうか。それともそれは、他所から瓶にやって来るのだろうか。「瓶は、容器として、それが或る一つの立つことへともたらされた[8]限りにおいてのみ、立っている。それでもこのことは、或る一つの立てること（*Stellen*）

によって、すなわち、制作すること（*Herstellen*）によって生起したのだし、生起している」[9][10]。或る陶工が、意図的に選ばれた土で、この瓶を製作したのであって、そのことのうちに瓶は存し、そのおかげで瓶は、地面やテーブルの上に立つことができる。「このような制作によって存立しているものが、自らのうちに立つものである」[11]。しかし、瓶を一つの制作された容器として理解し、瓶が自らのうちに立つことを制作の方から理解することは、結局は瓶を、対象として思索することではないだろうか。制作されたものは、確かに表象の一対象ではない。「しかしそれは、或る一つの制作することが、われわれの方へ、われわれに対向して、われわれに立ち向かって立てる、対象である」[12]。それゆえ、自らの存立性を、その自らのうちに立つことを、制作それ自身から受け取っているところの、制作された瓶は、一対象に留まる。なぜなら対象性、あるいはむしろ対向立性〔obstance, 対向的に立つこと〕は、表象に対して相対的である以前に、制作することが一つの到来‐せしめることである限りにおいて、もしくは一つの立ち向かって・前に・対向して‐立てることである限りにおいて、制作することに対して、相対的だからである。そこでハイデッガーは、「自らのうちに立つことが、瓶を物として特徴づけるように思われる」と述べつつ、次のように詳述する。「とはいえ、本当のところわれわれは、自らのうちに立つことを、制作から思索している。自らのうちに立つことが、制作の目指しているものなのである」[13]。しかしながら、自らのうちに立つことが、制作の目指しているものとして、制作の方から思索されうるのは、それがこの同じ制作に属している場合のみであろう。それゆえ、自らのうちに立つことは、物の一特徴なのではなくて、単に物制作の、制作の一特徴であるにすぎない。

しかしながら瓶は、陶工の手から出たのではなかったか。それは、制作されたのではなかったか。そしてそれは、制作されなければならなかったのではなかったか。おそらくそうではあろうが、「しかし陶工によって制作されたということは、瓶が瓶としてある限りにおいて瓶に固有であるものを、決してなさない。瓶は、制作されたから容器であるのではなく、瓶は、この容器であるからこそ、制作されなければならなかったのである」[14][10]。それでは、制作への瓶の関連を、どのように理解すればよいのだろうか。瓶を制作することとは、瓶に固有であるものへと、瓶を生起せしめることである。しかし、瓶に固有であるものは、この制作のうちで製作されるのではない。それゆえ陶工は、あらかじめ瓶の見相を見てしまっていたというのでなければ、瓶を制作することなどできないだろう。そして、相変わらずやはり制作の地平においてというのでなければ、いかなる地平において、陶工は、その見相を見るというのだろうか。「自らを示すもの、見相（エイドス〔形相〕、イデア）は、容器が制作されるべきものとして、制作者に対向的に立つような観点にしたがってのみ、瓶を特徴づける[15]」。

それゆえ、瓶をその制作に関して、そのイデアの方から経験することは、瓶がそれで有るところのものを経験することでも、瓶がこの物‐瓶として有る仕様を経験することでもない。ここで問題とされているのは、瓶ないしそのイデアと、この瓶とを区別することではなく、いっそう深く、制作が瓶に付与する有と、瓶のみに固有であるものとを、区別することなのである。しかしながら、いかにして制作は、有の意味そのものであることなしに、瓶に有を授けることなどできるのだろうか。あるいはまた、あらかじめあらゆる現前者を、一つの制作されたものとして理解することなしに、いかにして瓶を、制作という視角のうちで規定すればよいというのだろうか。それでは、有についてのこのような理解は、どこからその起源を得、そして制作することとは、何を意味しているのだろうか。「産‐出は、覆蔵性から、非覆蔵性のうちへともたらす（*das Her-vor-bringen bringt aus der Verborgenheit her in die Unverborgenheit vor*）。産‐出は、ただ覆蔵されたものが、覆蔵されないもののうちに来る限りにおいてのみ、性起する（*sich ereignet*）。この来ることは、われわれが開蔵と名づけているものに依拠し、そのうちで振動する。ギリシア人たちは、それを表すのに、アレーテイア〔真性〕という語を有している[16]」。この後者〔アレーテイア〕は、ここでは、どのような意味をまとっているのだろうか。答えるためには、産‐出的な運動が取る方向に注意を向ければ、十分である。産‐出は、覆蔵性から生じて、非覆蔵性の方へと向かい、非覆蔵性によって完全に磁化されて、決して何らかの仕様で覆蔵性へ帰ることがない。換言するなら、有と現前とが、産‐出〔制作〕[〔11〕]として思索される時、アレーテイアは、もっぱら開蔵として理解されていて、アレーテイアがそこから生ずるところのレーテー〔忘却〕は、それ自身、覆蔵されたままに、思索されざるままに、留まっている。産‐出〔制作〕としての有の理解、ならびに、産‐出〔制作〕されたもの（*ἔργον*〔作品〕）[17]としての有るものの理解、そこからしては物が本来接近しえないままに留まるところの理解は、してみると、〈レーテーから乖離しえない限りでのアレーテイア〉の忘却を、その二重の限界における非覆蔵性の方面の忘却を、起源としているのだということになる。ということはつまり、有を産‐出〔制作〕として規定することは、現前が不在の接合から外されるということを、現前性が、現前性に対する存立性の蜂起によって、存立性へと変様されてしまったということを、あるいはまた、有論的差異が、それ自身、産‐出されてしまったということを、要求するということではないだろうか。反対にそれは、物を思索するためには、少なくとも、その只中においてアレーテイアとレーテーとが互いに自性化〔適合〕され合うところの境域を、思索しなければならず、同時に、有論的差異を超克しなければならない、というのでなければ、どういうことだというのだろうか。しかし、ギリシア人たちが思索しなかったものを思索することなしに、〔すなわち〕ギリシア的に思索するのをやめることなしに、いかにしてそのことに達すればよいというのだろうか。

　瓶に立ち返ることにしよう。瓶を満たすことによって、われわれは、容器としての瓶の性格を、現れさせる。それでは、本来的には、何が容れるのだろうか。それは、側面でも底でもない。というのも、われわれは、水や葡萄酒を、それらのうちに注ぐのではなく、それらの間に注ぐからである。そして、もし空《から》の瓶のみが、満たされうるのだとするなら、「空《くう》が、容器の収容するものである。空、瓶におけるこの無が、収容する容器としての瓶がそれであるところのものである」[18]。それゆえ、一箇の瓶を制作することとは、もはや、或る質料に形相を与える〔donner forme, 具現する〕ことではなく、空に形相を与えることである。「陶工は、差し当たり絶えず、空という捉えられないもの（*Unfaßliche*）を捉え（*faßt*）、空を、収容するもの（*Fassende*）として、容器（*Gefäßes*）の形態へと制作する。瓶の空が、制作の各々の手際を規定する」[19]。しかし空は、どのようにして収容するのだろうか。あるいは、いかなる点において空は、瓶に固有なのだろうか。空は、そこに注がれるものを受け取り、それが受容するものを保持するということによって、収容する。収容することとは、受け取り・保持することであり、そしてもし一方が、他方なしにはゆかないのだとするなら、双方は、それらの統一を、注ぎ出すことのうちに見出すのであって、瓶は、注ぎ出すことへと、定められている。注ぎ出すことが、収容することがその収容を完遂する仕様であり、本来、収容することがそれであるところのものなのである。注ぎ出すことは、今度は、どのようにして完遂されるのだろうか。そこでハイデッガーは、「瓶から注ぎ出すことは、贈ることである（*Ausgießen aus dem Krug ist schenken*）」と述べ、***ausgießen***〔注ぎ出す〕（注ぎ出す、撒く）という動詞を、***ausschenken***〔注いで出す〕（注ぐ）という動詞に置き換えつつ、また、***aus***〔外へ〕という小辞を、***schenken***〔贈る〕という動詞から分離しつつ、贈ることという後者の意味を、浮かび上がらせる。いささかのたゆみもなく、事柄のみを固守する一つの記述、その知解性が完全に有の動詞的意味に依存する、一つの記述の流れを捉え直しつつ、彼は、こう続ける。「注がれたものを贈ることにおいて、容器の収容することが、現成する（*west*）[12]。収容することは、収容するものとしての空を、必要としている。収容する空の本質は、贈ることのうちに集摂されている。贈ること（*schenken*）は、しかし、単に注いで出すこと（*ausschenken*）よりも、豊かである。贈ることのうちで、瓶は瓶たるのだが、そのような贈ることは、二重の収容することのうちに、[13]しかも注ぎ出すことのうちに、集摂されている。われわれは、山々（*Berge*）の集摂を、群山（*Gebirge*）[14]と名づける。われわれは、ともにあるものとして初めて贈ることのまったき本質を形成するところの、注ぎ出すことのうちへの二重の収容することの集摂を、贈り物（*Geschenk*）と名づける。瓶の瓶的なものは、注がれたものという贈り物のうちで、現成する（*west*）のである[20]」。

瓶についてのこの記述は、或る点では、道具についての以前にあった記述に応えている。瓶は、注がれたものを注いで出すということにおいて、それがそれであるところのものであるのだが、それはちょうど、ハンマーで問題にされているもの、すなわち、一本の釘を打つためにハンマーを打つことが、「この有るものの有の有論的規定[21]」を構成するのと、まったく同様である。或る点では、というだけである。なぜなら瓶は、決して有るものという名を受け取ってはいないからであり、また、問題とされているのは、決して瓶〔という有るもの〕の有を探し求めることではないからである。それでは、有や有るものといった語の不在は、物についての記述が、もはや有論的差異の光に照らしてはなされないのだということを、意味しているのだろうか。たとえ瓶が自らのうちに立つことを、すなわち瓶の存立性〔常立性〕や、存立性とともに制作の管轄に属するあらゆるものを、物たる限りでの瓶には不適切な有の動向として、決定的に還元してしまうことが、おそらくそのことを予告してくれはするのだとしても、そのことを確言することを許してくれるようなものは、まだ何もない。

そのことをなすことを、記述の後続部が、認可してくれるだろうか。瓶から注ぎ出すことは、飲むべきものを、水や葡萄酒を、贈ることでありうる。しかし、水源や葡萄畑に由来するというのでないなら、水や葡萄酒は、どこに由来するというのだろうか。そこでハイデッガーは、『アナクシマンドロスの箴言』の言語と結びつけ直しつつ、こう書いている。「贈り物の水のうちには、水源が滞留している。水源のうちには、岩が滞留しており、岩のうちには、天空の雨と露とを迎え入れる大地の暗きまどろみが、滞留している。水源の水のうちには、天空と大地の婚礼が、滞留している。天空と大地の婚礼は、葡萄の木の実りが与える葡萄酒のうちに滞留しており、この実りのうちでは、大地の育みと天空の太陽が、互いに信頼し合っている。水という贈り物のうちに、葡萄酒という贈り物のうちには、大地と天空が、そのつど滞留している。しかるに注がれたものという贈り物が、瓶の瓶的なものである。瓶の本質のうちには、大地と天空が滞留している」[15]。この記述全体が、*weilen*〔滞留する〕、すなわち滞留する、居残る、留まるという動詞を、炉床としている。ところで『アナクシマンドロスの箴言』においては、現前者は、非覆蔵性の方面のうちにそのつど－滞留するもの（*das Je-Weilige*〔そのつど－滞留的なもの〕）として、またこのゆえに、常に不在への現前の二重の接合の方から、そしてこの二重の接合にしたがって現成するものとして、特徴づけられていた。このように喚起するだけで、次のことを示すに十分である。つまり、もし現前者が、真性のうちに滞留するのだとするなら、天空と大地が滞留するのは、瓶の本質のうちにおいてだ、ということである。そして〔「現前者」と「天空と大地」との」滞留の居場所が異なるからには、滞留それ自身が、両側で、同じ意味を持つことなどありえないだろう。それでは、瓶の本質に固有な滞留を完遂する仕方とは、どのようなものなのだろうか。

瓶によって注がれたものは、死すべき者たちのための一つの飲料でありうるが、しかしまた、不死なる神々に贈られた一つの飲み物でもありうる。それこそが、或る二次的な区別でしかないのだろうか。それとも、注がれたものの奉納は、注いで出すことの固有の意味を、構成しているのではないだろうか。まさしくその通りなのであって、「飲み物としての注がれたものという贈り物が、本来の贈り物である。」実際、もし実詞 *Guß*〔注がれたもの〕、注がれたもの〔液体〕、ドイツ語の動詞 *gießen*〔注ぐ〕、ギリシア語の動詞 *χέειν*〔注ぐ〕が、注がれたものの奉納を行うことを意味する印欧語の語根**gheu* に由来するのだとするなら、注いで出すことが根源的に送り返す経験境域とは、まさしく、死すべき者たちと神々との間の関係の経験境域である。「本質的にまっとうされ、十分に思索され、真正に言われるところにおいては、*gießen*, 注ぐこととは[17]、寄贈すること、捧げることであり、またそのゆえに、贈ることなのである[23]」。

しかし、もし瓶の瓶的なものが、注がれたものを注いで出すことのうちに存し、そして注がれたものが、死すべき者たちや神々に向けられうるのだとするなら、それならば「一つの飲料たる注がれたものという贈り物のうちには、それなりの仕方で、死すべき者たちが滞留している。一つの飲み物たる注がれたものという贈り物のうちには[18]、それなりの仕方で、神的なものたちが滞留しており、神的なものたちは、寄贈の贈り物としての贈ることの贈り物を、お返しに迎え入れる。注がれたものという贈り物のうちに、そのつど異なった仕方で、死すべき者たちと神的なものたちが滞留している。注がれたものという贈り物のうちに、大地と天空が滞留している。注がれたものという贈り物のうちに、大地と天空、神的なものたちと死すべき者たちが、同時に滞留している。これら四者は、自ずから一致して、共属する。それらは、あらゆる現前者に先立って来つつ、唯一なる四方のうちへと、一重襞化されて（*eingefaltet*）いる[24]」。奉納的な注いで出すことのうちに、同時に、すなわちともに、天空と大地、神的なものたちと死すべき者たちが、滞留する限りにおいて、奉納的な注いで出すことが、瓶を瓶として、特徴づけている。瓶の本質に固有の滞留することとは、ともに‐滞留することなのであって、このともにの方からこそ、まずは消極的に、なぜ敬意を完遂する仕方が特定されないままに留まったのかということを、続いて積極的に、ここ、物の場合において、滞留することと留まることとが完遂される仕様を、理解しなければならないのである。

『アナクシマンドロスの箴言』に、立ち返ることにしよう。そこで明らかとなる有の「悲劇的な」[25]理解にしたがうなら、各々の現前者は、それが不‐当（ἀδικία〔不正、不‐当〕）を超克することによって、敬意（τίσις〔償い、顧慮、敬意〕）によって至当を与える（διδόναι δίκην〔正義を与える、罰を受ける、至当を属せしめる〕）限りにおいて、現前する。そしてἀδικία〔不‐当〕、δίκη〔至当〕、τίσις〔敬意〕が、現前化それ自身の諸動向であるからこそ、「由来から去り往きへの移行において、そのつど‐滞留的に現前するものたちは、ためらいつつ滞留を通過する」[26]のである。しかし、このためらいは、それもまた滞留の、有の一動向であるはずであるからには、何を意味しているのだろうか。不‐当という仕方で現前しつつ、現前者は、その現前のうちに固執し、恒常的〔存立的〕に自らのうちに閉じこもり、自己に同一的であるのだが、しかし、至当を与え・不‐当を超克しながら現前しつつ、現前者は、その同一性とその存立性とを超克して、他の現前者たちがそれらの有のうちに留まるようにと、敬意を表しつつ、他の現前者たちの方を、顧みなければならない。相伴いつつも対照的なこれら二つの運動によって、またこれら二つの運動にしたがって、現前しつつ、してみると現前者は、その現前そのものにおいて、またその現前そのものによって、ためらいつつあらざるをえないのである。

　このように理解されたためらいは、敬意の完遂を制止、もしくは中断する。またそれゆえにこそ、アナクシマンドロスの箴言は、敬意を完遂する仕方をつまびらかにすることを、許さないのである。それではそのことを、断念しなければならないのだろうか。然りである、少なくともレーテー〔忘却〕から湧き出ている限りでのアレーテイア〔真性〕、そのアレーテイアの覆蔵が、統べている限りは。実際現前者は、不在の接合から外されることなしには、現前の接合から外されることなど、ありえないだろう。この同じ現前は、不在に由来し・不在へと帰ってゆくからには、二重に不在に結合されているのである。それゆえ、現前性に対する存立性の蜂起、有に関して言うなら、*ἀδικία*〔不-当〕にほかならない蜂起は、非覆蔵性〈アレーテイア〉がそれに由来するところの、また、非覆蔵性の資源であるところの覆蔵性〈レーテー〉が、それ自身覆蔵されることなしには、生じえないだろう。ところで、ハイデッガーが絶えず述べることになろうが、ギリシア的なものとしてのギリシア的なものを特徴づけ、ギリシア的なものとともに形而上学の歴史を特徴づけているのは、覆蔵性のこの覆蔵であり、換言するなら、有の忘却なのである。一九四九年に『有ると言えるもののうちへの観入』という表題の下に講述した四つの講演のうちの、最後から二番目の講演〔=『危険』〕において、そして「有の本質と本質由来とのこの覆蔵は、有が自らを始源的に明け開く動向である」[27]とする『アナクシマンドロスの箴言』に反響しつつ、ハイデッガーは、*ἀδικία*〔不-当〕の根源にある〈アレーテイアと現前性との本質の覆蔵〉が完遂される仕様を、つまびらかにする。「しかし、〈ア-レーテイア〔非-覆蔵性、真性〕〉、現前者としての現前者の非覆蔵性は、覆蔵性、〈レーテー〔忘却、覆蔵性〕〉が性起する[19]（*sich ereignet*）場合にのみ、また性起する限りにおいてのみ、現成する（*west*）。なぜなら〈アレーテイア〔真性、非覆蔵性〕〉は、〈レーテー〉を除去しないからである。非覆蔵性は、覆蔵性を食い尽くしてしまうのではなく、非覆蔵性は、絶えず覆蔵性を要求し、このような仕方で覆蔵性を、〈アレーテイア〉の本質源泉として、確証する。〈アレーテイア〉は、〈レーテー〉によりかかり、〈レーテー〉のうちに自らを保つ。けれども[20]きわめて断固としてこのことを行うので、その上[21]〈アレーテイア〉としての〈アレーテイア〉が、それ自身、早期に、覆蔵性のうちに逆戻りし、しかも現前者としての現前者のために、逆戻りするのである。現前者は、現前者が唯一そこにおいて現成する[22]ところのものに対して、優位に立つ。なぜなら現前することは、すなわち、或る本質的に開けたものの明け開けへと・そのうちへと持続すること[23]は、非覆蔵性が性起する限りにおいてのみ、現成する（*west*）からである。その際非覆蔵性が、ことさらに経験され、その上表象されていようと、いなかろうと。事実〈アレーテイア〉は、その固有の本質のうちへと、ことさらに自らを守りはしない。それは覆蔵性、〈レーテー〉のうちへと、脱落するのである。〈アレーテイア〉は、忘却のうちに陥る。けれども忘却は、決して単に或る人間的な表象が、何かを記憶のうちに堅持しないだけ、ということのうちに存しているのではなく、〔24〕忘却、〔つまり〕覆蔵性のうちへの脱落は、非覆蔵性の内部で現前する現前者の本質のために、〈アレーテイア〉それ自身とともに、性起するのである。〈レーテー〉とは、有の本質の守りの忘却である。そのようにしてまさしく〈レーテー〉は、各々の仕方の有が統べることの、本質源泉にして本質由来である。切り詰められて捉えられ、それゆえに容易に誤解されがちな、〝有の忘却〟という表現が意味しているのは、有の本質、現前が、〈アレーテイア〉の本質の性起（*Ereignis*）としての〈アレーテイア〉からのその本質由来を含めて、〔25〕〈アレーテイア〉と一緒になって、覆蔵性のうちに脱落する、ということである。覆蔵性のうちへのこの脱落とともに、〈アレーテイア〉と現前との本質が、脱去する。〈アレーテイア〉と現前とが脱去する限りにおいて、それらは、人間的な認取や表象には、接近しえないままに留まるのである(28)」。

いかにして、そしてなぜ思索は、思索には始源的に接近不可能であったものに、ついには接近しえたのだろうか、という問いは、当座はわきにどけておくことにしよう。有の明け開けの始源的な、ギリシア的な仕方としての有の覆蔵性は、それゆえ、敬意の完遂と、ともに - 滞留することとを、禁じてしまう。というのも、有の覆蔵性は、現前者に、現前者の現前そのものに二重に結合されている不在を、免れさせてしまうからであり、あらゆる移行的に - 滞留するものを、次のような一現前者にしてしまうからである。次のような一現前者とは、その現前が、すなわち、開けの只中でのその滞留が、他の現前者たちに対する敬意なしに、孤立的〔単独的〕に追求されるような一現前者のことであり、つまりは固執する一現前者、一箇の存立的〔恒常的〕な有るもののことである。しかし、もし事情がかくのごとくであるとするなら、それにもかかわらず敬意について語ることが可能なのは、いかなる経験の方からであろうか。あるいはまた、ためらいを現前それ自身の一動向と見なすことに意味があるのは、いかなる経験の方からであろうか。

レーテー〈覆蔵性〉に由来する限りでのアレーテイア〈非覆蔵性〉についての経験のみが、敬意とためらいに、意味を与えることができるのである。実際、敬意とためらいは、覆蔵性や不在なしには、やってゆけない。敬意がそうだというのは、敬意は、〈各々の現前者の、不在に接合された、滞留的で移行的な本質〉に留意することによって、不－当を超克するからであり、ためらいがそうだというのは、ためらいは、移行的な滞留と、留まるべき宿営地〈閉じ込められた場所〉との間で、すなわち、現前化の本質的な仕方と、本質的に非本質的な仕方との間で、生起するからである。しかし、もし敬意とためらいとを思索させてくれるのが、まさしくアレーテイアとレーテーであるとするなら、今見たばかりのように、アレーテイアは、レーテーに由来する限りで、現前者としての現前者のために忘却のうちに沈んでしまうというのに、何らかの仕様でギリシア人たちが、覆蔵性と非覆蔵性とを、現前それ自身の諸規定として、確かに経験したのだということを、何が証してくれるのだろうか。どこで、そしていかにして、接近不可能なアレーテイアは、それにもかかわらず、覚知されるのだろうか。いっそう正確に言うなら、どこで、そしていかにして、覆蔵性や不在と現前化との本質的な関連が、体験されたのだろうか。この問いに答えるために、ハイデッガーは、再びホメロスに訴える。『オデュッセイア』の第八歌において、ホメロスは、いかにしてオデュッセウスが、パイエスケ人たちの前で、そして吟唱詩人デモドコスが、トロイアを前にしてアキレウスとオデュッセウスを対立せしめた争いを喚起している間、顔を隠して、気づかれることなく泣いているのかを物語る。第九三行 *ἔνθ᾽ ἄλλους μὲν πάντας ἐλάνθανε δάκρυα λείβων*〈その時彼は、他のすべての者たちの目を逃れて、涙を流した〉を引用した後で、ハイデッガーは、こう註釈する。「われわれの言語の精神にしたがって、われわれは、正しくこう訳す。〝そこで彼は、他のすべての者たちがそのことに気づくことなく、涙を流した〟、と。フォスの翻訳は、ギリシア的な言うこと〈言い方〉に、いっそう近い。なぜならそれは、根本的な動詞 *ἐλάνθανε*〈～の目を逃れた〉を、ドイツ的な言葉使いのうちに、引き受けているからである。〝すべての残りの客たちに、彼は、落つる涙を覆蔵した〟。しかしながら、*ἐλάνθανε*〈～の目を逃れた〉は、他動詞的に〝彼は覆蔵した〟を謂うのではなく、〝彼は覆蔵されたままに（*ver-*

borgen, 覆蔵されて）留まった〟[26]を謂う——涙を流す者として。ギリシア語では、〝覆蔵されたままに留まる〟が、統率する語なのである。反対に、ドイツ語はこう言う。彼は泣いた、他の者たちがそれに気づくことなく、と。それに呼応して、われわれは、有名なエピクロスの警句 λάθε βιώσας〔隠れて生きよ〕を、「覆蔵されて生きよ」と訳す。ギリシア的に思索されるなら、その語はこう言う。〝自らの生を送る者として、〔その間〕覆蔵されたままに留まれ〟、と。ここでは覆蔵性が、人間が人間たちの間に現前すべき仕方を、規定しているのである。ギリシア語は、その言い方によって、次のことを告知している[27]。すなわち、覆蔵されたままに留まることは[28]、つまりは同時に、覆蔵されないままに留まることは、現前者が現前するすべての残りの仕方に対して、或る圧倒的な優位を有している、ということである。現前することそれ自身の根本動向は、覆蔵されたままに留まることと覆蔵されないままに留まることとによって、規定されているのである[29]」。

　われわれにとっては、オデュッセウスは、他の客たちに気づかれることなく泣いているというのに、反対にギリシア人たちにとっては、彼は、〈列席者のまなざしを彼に免れさせる、或る覆蔵性〉によって包まれたものとして、現れる。それゆえ、覆蔵性と非覆蔵性とは、有るものに固有なのであって、決して有るものについてひとが持ちうるであろうような知覚に固有なのではない。しかしギリシア語は、それ自身、アレーテイア〔非覆蔵性〕から刻印を受け取ったというのでないなら、〔つまり〕アレーテイアに由来することなしには、いかにして覆蔵性と非覆蔵性とが現前に属しているということを、このように確証しうるというのだろうか。「いたるところで、現前者の現前は、ただ輝き現れること、自らを告げること、前に‐横たわること、立ち現れること、自らを‐産‐出することのうちでのみ、見相のうちでのみ、言葉へと至る」のだということを、一度喚起した後で、ハイデッガーは、こう結論していた。「こうしたことすべては、もし覆蔵されたままに留まることが——覆蔵されないままに留まることが、初めてことさらに言葉へともたらされなければならないのではまったくないものとして、統べているというのでないなら、ギリシア的現有[29]とその言葉との内部での、その妨げられることなき共鳴において、考えられないことだろう。というのも、この言葉それ自身が、それ〔覆蔵されたままに留まること――覆蔵されないままに留まること〕に由来するからである[30]」。それゆえ、思索が、直接的には思索に近づけないものによって、すなわちアレーテイアとレーテーとによって、間接的に関わらせられうるのは、言葉それ自身によってである。そして、もし敬意ならびにためらいが、唯一それらに意味を授けうるアレーテイア、そのようなアレーテイアの覆蔵にもかかわらず、或る意味を持ちうるのだとするなら、それは、「言葉の本質全体が、開‐蔵のうちに、〈アレーテイア〉の統べのうちに、存している[31]」からである。開‐蔵は絶えず覆蔵に由来し、アレーテイアの尽きせぬ資源とは、レーテーなのである。

続行する前に、手短に約説しておくことが、おそらく無益ではない。アナクシマンドロスの箴言の解釈がそれについては黙したままであるところの〈敬意を完遂する仕方〉をつまびらかにしようとして、われわれは、芸術作品を芸術作品があらわれさせるあらゆるものと親縁化している物性から、出発した。物についての記述を導きの糸としつつ、次第に顕わとなったのは、レーテー〔覆蔵性〕に由来する限りでのアレーテイア〔非覆蔵性〕の、思索されざる覆蔵性、ギリシア人たちがアレーテイアについて有した経験を構成しているところの覆蔵性、この覆蔵性は、敬意が行使される仕様を規定することを、禁じてはいたが、しかし、敬意から意味を奪いはしなかった、ということである。というのも、始源的な思索がそれについて語っているところのもの〔話題にしているもの〕、つまり *τὰ ἐόντα*〔諸々の有るもの〕、諸々の現前者、ならびに現前を、始源的な思索に提供している言語は、同時にアレーテイアとレーテーを、〈ことさらに思索し、言うべきもの〉としてではないが、〈その只中で始源的な思索がそれら〔*τὰ ἐόντα*、諸々の現前者、ならびに現前〕を思索し、それらについて語るところのもの〉として、始源的な思索に提供しているからである。レーテーとは、*ἀτέκμαρτα νέφος*〔予測しえない雲〕、それを見せてくれるものが何もないような雲である、というピンダロスの言葉を註釈した後に、ハイデッガーは、こう書いていた。「レーテーについてのピンダロスの詩的な語は、アレーテイアとレーテーとの間の相互的な反本質が、ギリシア精神[30]において根源的に経験されているのだということを、立証している。それゆえわれわれは、アレーテイアとレーテーとの間のこの本質的な関わり合いが、同時に〔31〕、呼応するほど根源的な仕方で思索し抜かれ、思索のうちへ立てられてもいるのだということを、予期しえよう。この予期は、満たされない。ギリシア精神においては、アレーテイアもレーテー(32)も、そのつどことさらに、その固有の本質とその本質根拠とに向けて、思索し抜かれてはいない〔33〕。なぜならそれらは、あらゆる思索や詩作に先立って、〝本質〟として、思索‐すべきものを、すでに本質現成し抜いている〔徹底的に本質として統べ尽くしている〕からである〔34〕。ギリシア精神は、アレーテイアとレーテーとの本質のうちで思索し、詩作し、〝行為して〟はいるが、しかしそれは、この本質に向けて思索や詩作してはいないし、この本質について〝行為して〔handeln, 取り扱って〕〟〔35〕はいない。ギリシア精神にとっては、アレーテイアそれ自身によって語りかけられ、包み抱かれているなら、十分なのである」(32)。しかし、もしアレーテイアそれ自身を、すなわちレーテーを思索することなく、アレーテイアの方から思索する、ということが、まさしく、有の歴運と有の思索とに関して言えば、思索をギリシア的なものとして特徴づけるものであるとするなら、そこから明晰に浮かび上がってくるのは、瓶の本質に固有の〈ともに‐滞留すること〉は、アレーテイアとレーテーとが思索されてしまわないであろう限りは、手短に言うなら、思索がギリシア的に留まるであろう限りは、思索されえないだろう、ということである。そこで、敬意を完遂する仕方、もしくは、瓶を注いで出すことにおける天空と大地、神的なものたちと死すべき者たちの集摂を完遂する仕方、この仕方をつまびらかにすることが要求するのは、アレーテイアとレーテーの固有の本質を思索することであり、〈ギリシア人たちが自らは思索しなかったが、しかし、それなくしては決して彼らが、彼らが思索したものを思索しえなかったであろうところのもの〉を、もはやギリシア的ではない或る仕様で、思索することなのである。

Ⅳ　アレーテイアから性起へ（ヘラクレイトスＤＫ一六）

アレーテイア〔真性、非覆蔵性〕の源泉にして資源たるものから、すなわちレーテー〔忘却、覆蔵性〕から出発することなしに、いかにしてアレーテイアの固有の本質に、接近すればよいというのか。もし「ヘラクレイトスの*κρύπτεσθαι*〔自らを隠すこと〕において、初めて、そして最後に、脱去がそれであるところのものが、言い表される」(1)のだとするなら、それならばヘラクレイトスがアレーテイアを理解する仕様は、他のすべてにもまして、アレーテイアの本質を、われわれに指摘しうるのではないだろうか。ハイデッガーが、彼の『講演と論文』の選集の最後に、アレーテイアのヘラクレイトス的意味についての究明を置いたのも、やはりこの理由からであり、とりわけこの理由からでさえあるのではないだろうか。この選集の構制は、その原理を、アレーテイア、技術の本質としての摂立（*Gestell*）、*Ereignis*〔性起〕の間の関係から得ている。*Ereignis*〔性起〕という語については、今のところ、それがもはやギリシア的ではないものを名指しているのだということを知っておけば、十分である。

古代からヘラクレイトスは、〈暗き人〉と名づけられていた。そしてハイデッガーは、この付加形容詞について述べることから、アレーテイアに捧げられ・この暗さの意味を究明することを目指している試論を、開き、完成する。ヘラクレイトスは、彼が思索することに専念しているもの、すなわち〈有が自らを覆蔵すること〉のまさにそのゆえに、「〈暗き人〉」である、(2)〔1〕しかし彼は、〈明るき人〉でもある。「なぜなら彼は、明け開くものの輝き現れ（*Scheinen*）

を、思索の言葉のうちへ呼び出そうと試みることによって、明け開くものを言っているからである。明け開くものは、それが明け開く限りにおいて、持続する。われわれは、その明け開くことを、明け開け（*die Lichtung*）と名づける。何が明け開けに属しているのか、いかにして明け開けが生起するのか、そしてどこで生起するのかは、熟慮すべきままに留まっている。〝明るい〟という語が意味しているのは、輝く、光輝する、照らす、である。明け開くことは、輝き現れることを認与し、輝き現れるものを、或る現出のうちへと解き放つ。開放的なもの（*das Freie*）は、非覆蔵性の境域である。この境域を、開蔵することが、つかさどる。何が開蔵することに必然的に属しているのか、開蔵と明け開けは同じものであるのか、またいかなる限りにおいて同じものであるのかは、問い求むべきままに留まっている」(3)。そしてヘラクレイトスが、*τὸ μὴ δῦνόν ποτε πῶς ἄν τις λάθοι*〔決して没することのないものの目を、いかにして誰かが、逃れるというのか〕」、いかにして誰かが、決して没落することのないものを前にして、隠れたままに留まることができるというのか、と問う時、ヘラクレイトスは、まさにこれらの問い求めに対してこそ、反響しているのではないだろうか。それでは、この断片一六に問いかけるべきは、明け開けと開蔵とを目指してではないだろうか。確かにそうではある。しかし、このようにしてひとは、或る解釈を他の諸解釈に付加するという危険を、冒しているのではないだろうか。その解釈を、他の諸解釈から根本的に区別してくれるようなものは、何もないだろう。というのも、それは、単に他の諸解釈の跡を継ごうとしているだけだからである。このような異議申し立てに対して、ハイデッガーが答えるのは、ヘラクレイトスの言葉を、思索すべきものの境域へと導き返すことによってであり、思索すべきものがそこからこの言葉の方へと向きを変えるような地点を、指摘することによってである。「思索されたものについて(2)の各々の対話的な解釈が、そのつど別のものであることは、ヘラクレイトス自身も、ただ彼に認与された視向の途上でのみ言うことができたものの、或る言われざる充実の印である。ヘラクレイトスの客観的に正しい学説のあとを追いかけたいと欲することは、或る思索の真性によって見舞われるという有益な危険から、自らを脱去させるもくろみである」。次いで改行しつつ、彼は、こう予防線を張る。「以下の諸注記は、いかなる結果（*Ergebnis*）にも導かない。それらは、*Ereignis*〔性起〕のうちへと、〔指し〕示す」[4]。

印刷術〔=この二つの文章だけが、一つの独立した段落を構成していて、前後の文章から切り離されていること〕が強調するこの警告の射程とは、いかなるものであろうか。この警告がまず意味しているのは、ここでハイデッガーが、アレーテイア〔真性、非覆蔵性〕について、ギリシア的なものをギリシア的なものとして特徴づけているものについて、尋ねているのは、*Ereignis*〔性起〕の方からであり、もはやギリシア的ではないものの方からだということである。続いてこの警告が意味しているのは――第二の点は、第一の点に依存しているのだが――ヘラクレイトスがアレーテイアを見ることができ、言うことができたのは、或る仕方で、やはり*Ereignis*〔性起〕[5]の控え目な充実の方からだということである。そこでわれわれは、断片一六を解釈することによって、アレーテイアと*Ereignis*〔性起〕との間の、〔つまりは〕ギリシア的であるものと、もはやギリシア的ではなく・ギリシアなものの本質であるものとの間の関連を、つまびらかにすることができるにちがいないだろうし、したがって、敬意を完遂する仕方を、規定し始めることができるにちがいないだろう。

τὸ μὴ δῦνόν ποτε πῶς ἄν τις λάθοι〔決して没することのないものの目を、いかにして誰かが、逃れるというのか〕。ヘラクレイトスは、一つの問いを立てる。*πῶς ἄν τις λάθοι*〔いかにして誰かが、～の目を逃れるというのか〕、いかにして誰かが、隠れたままに留まることができるというのか……。〈隠れたままに‐留まること〉についての究明は、〈この同じ問いが、そこに由来し・そこに帰するところの境域〉を指摘すべく、まさしく定められていたのだが、この〈隠れたままに‐留まること〉に立ち返ることなく、それでも、覆蔵性によって庇護されつつ泣いているオデュッセウスについての記述が、次のことをそれなりの仕様で顕わにしているのだということを、喚起しておくことにしよう。つまり、覆蔵性は現前の本質的な一動向だということであり、その上、「現前することとは、明け開かれた自らを覆蔵すること〈*das gelichtete Sichverbergen*〉である」[6]ということである。しかしこのことは、誰かがそれを前にして覆蔵されたままに留まることができる、もしくはできるであろうところのものを、つまりは *τὸ μὴ δῦνόν* ποτε〔決して没することのないもの〕、決して没落することのないものを規定するには、十分ではない。これらの語は、いったい何を意味しているのだろうか。τὸ δῦνόν〔没するもの〕は、動詞 δύω〔没する〕、～のうちに侵入する、打ち沈む、潜る、沈む（天体について語る場合）に、手短に言うなら、覆蔵のうちに入ることに、結びついている。τὸ μὴ δῦνόν ποτε〔決して没することのないもの〕、それは、〈決して覆蔵や覆蔵性のうちに没落することのないもの〉のことである。演説調の或る問いという形式の下に、してみるとヘラクレイトスは、決して覆蔵性のうちに没落することのないものを前にしては、誰一人として隠れたままに留まることはできない、と主張しているのである。したがって、決して没落することがないと言われているものは、何を積極的に指し示しているのだろうか。そこでハイデッガーは、こう答える。「われわれが、根本となる語 τὸ δῦνόν〔没するもの〕と λάθοι〔～の目を逃れる〕を、もはや個々の語として摑み出すのではなく、それらを箴言の無傷の全体のうちで聞くやいなや、次のことが判明となる。つまり箴言は、断じて覆蔵することの領野のうちを動いているのではなく、端的に反対の境域の中を動いているのだということである。語の接合構造を、τὸ μήποτε δῦνον〔決して没しないもの〕という形式に、少し置き換えてみるだけで、箴言がそれについて言っているところのものが、ただちに明らかとなる。つまり、決して没落することのないものについて、である。さらにはわれわれが、否定する語り方を、呼応する肯定へとすっかり転換するのであれば、そのとき初めてわれわれは、箴言が〝決して没落しないもの〟でもって名指しているものを、聞く。つまり、立て続けに立ち現れるもの、である。ギリシア語の字句内容では、このことが謂っているのは、τὸ ἀεὶ φύον〔常に生み出すもの〕であるにちがいなかろう。この言い回しは、ヘラクレイトスにおいては、見出されない。しかしながら思索〔3〕者は、ピュシス〔φύσις 自然〕について、語っている」[7]。しかし、もし後者〔ピュシス〕が、立て続けに立ち現れる、すなわち自らを開蔵するものであるとするなら、その固有の開蔵の仕方とは、いかなるものであろうか。

散文的な用法に反して、それゆえヘラクレイトスは、τὸ μήποτε δῦνον〔決して没しないもの〕とは言わずに、τὸ μὴ δῦνόν ποτε〔決して没することのないもの〕と言う。分詞法は、否定を浮き彫りにする。それでは、後者〔否定〕

の意味とは、どのようなものなのだろうか。否定は、*μή* または *οὐ* によって、言われうる。文法家の用語法にしたがうなら、*οὐ* は客観的な否定を、*μή* は主観的な否定を記し、*οὐ* は何かを直接的に否定し、*μή* は、それ自身は否定されるのではない何か別のものについて、何かを間接的に否定して、或る弁護を、もしくは或る禁止を、表現する。「*μή… ποτε* は、確かに……いつか……ない、を言う[4]。いったい何か。何かが、それが現成するのとは別様に、現成する[5]ということである」。否定は、分詞の動詞的意味におよび、*τὸ μὴ δῦνόν ποτε* は、それでも確かにいつか没落することのないこと（*das doch ja nicht Untergehen je*）[8]と、理解されなければならない。しかし、このようにしてピュシス〔自然〕を名指すことは、開蔵は常に覆蔵の方に向けられているのだということを、言っているのではないだろうか。「*τὸ μὴ δῦνόν ποτε*〔決して没することのないもの〕」、それでも確かにいつか没落することのないこと、という語の接合構造[6]は、両者、すなわち開蔵と覆蔵を、二つの異なる、ただ相互に押しやられ合うだけの生起としてではなく、一にして同じものとして、思念している」[9]。*φύσις κρύπτεσθαι φιλεῖ*〔自然は自らを隠すことを好む〕、立ち現れは、自らを‐覆蔵することに、その寵愛を恵与する、という断片一二三が、そのことを確証してくれているのではないだろうか。

実際、〈覆蔵性‐から‐外へ‐現れ来《きた》ること〉と〈自らを‐覆蔵すること〉とを関連づける、*φύσις*〔自然〕と *κρύπτεσθαι*〔自らを隠すこと〕とのこのような並置の射程とは、いかなるものであろうか。この並置は、二つの状態の交代や継起を意味しているのではなく、開蔵それ自身を完遂する仕方を記述している。「立ち現れることは、立ち現れることとして、そのつどすでに、自らを閉鎖することに（*dem Sichverschließen*）、好意を寄せている。後者〔自らを閉鎖すること〕のうちに、前者〔立ち現れること〕が、蔵された（*geborgen*）ままに留まっている。*κρύπτεσθαι*〔自らを隠すこと〕は、自らを覆‐蔵すること（*Sichver-bergen*）[7]として、単なる自らを閉鎖することではなく、或る一つの蔵すること（*Bergen*）なのであって、立ち現れることの本質可能性は、この蔵することのうちに、保管されたままに留まっており、立ち現れることとしての立ち現れることは、この蔵することに、属しているのである。自らを覆蔵することは、自らを開蔵することに、その本質を保証する。逆に、自らを覆蔵することのうちでは、自らを開蔵することへの好意の抑制が、統べている。立ち現れることへのその指向において、自制しないのであれば、自らを覆蔵すること〔8〕とは、何であろうか。／そうであるならば、*φύσις*〔自然〕と *κρύπτεσθαι*〔自らを隠すこと〕とは、相互から分離されるのではなく、逆方向的に(9)、相互に好意を寄せ合っている。それらは、同じものである。このような好意において、初めて、一方が他方に、固有の本質を恵与する。自らにおいて逆方向的なこのような愛顧が、*φιλεῖν*〔好むこと〕〔10〕ならびに *φιλία*〔愛〕の、本質である。立ち現れることと自らを覆蔵することとを相互におじぎさせる、このような好意のうちに、ピュシス〔自然〕の本質充実が、安らっているのである(10)」。

ピュシス〔自然〕として、〔つまり〕覆蔵性の外への、そして決して覆蔵性へと没落することのない立ち現れとして解釈されるならば、*τὸ μή δῦνόν ποτε*〔決して没することのないもの〕が指し示しているのは、してみると、「開蔵することと覆蔵すること〔11〕との浮遊する緊密さが創設し、統べ尽くす境域」であり、覆蔵性と非覆蔵性の境域、アレーテイア〔真性、非覆蔵性〕とレーテー〔忘却、覆蔵性〕の境域である。緊密さに固有の反意的統一にしたがって理解されるなら、その場合、この緊密さは、「あらゆる目立たぬものの中の目立たぬもの」である、「というのも、それは各々の現出者〔12〕に、輝き現れることを贈るから(11)」であり、その上この緊密さは、「正しく経験された」、すなわち覆蔵すること〔13〕とそれ自身とのその統一性において経験された、「開蔵することの性起（*Ereignis*）に属するあらゆるものが、そこにおいて生え育ち〔14〕、ともに育つ（*concrescit*〔合生する〕）ところの(12)」、諸境域中の境域である。したがって、「それでも確かにいつか没落することのないこと」の境域は、ちょうど『有と時』の時代に、有が「端的な *transcendens*〔超越者〕」であったのとまったく同様に、「端的な具体者〔das Konkrete schlechthin(13)〕」なのであって、そしてもしアレーテイアとレーテーの反意的現成が、現出するあらゆるものの源泉にあるのだとするなら、同時にそれは、現出するあらゆるものの、すぐれて性起であり、唯一的な性起なのである。

しばし後戻りすることにしよう。もし、ハイデッガーが「立て続けに立ち現れるもの」と訳している *τὸ ἀεὶ φύον*

〔常に生み出すもの〕という語が、ヘラクレイトスの諸断片には不在なのだとするなら、それならば *τὸ μή δῦνόν ποτε*〔決して没することのないもの〕を、*τὴν φύσιν*〔自然〕に置き換えるということは、恣意的なもので汚されることにならないだろうか。それは確かではない。なぜなら、*ἀείφυον*〔常に生み出す、常に生み出すもの〕という語の代わりに、そしてハイデッガーがそのテクストを完全には引用することなく参照指示している或る断片のうちに、われわれは、*ἀείζωον*, 常に生ける、という語を見出すからである。実際断片三〇は、こう述べている。《*κόσμον τόνδε, τὸν αὐτὸν ἁπάντων, οὔτε τις θεῶν οὔτε ἀνθρώπων ἐποίησεν, ἀλλ' ἦν ἀεὶ καὶ ἔστιν καὶ ἔσται πῦρ ἀείζωον, ἁπτόμενον μέτρα καὶ ἀποσβεννύμενον μέτρα*〔このコスモス、すべての者たちの同じコスモスを、神々のうちの誰も、また人間たちのうちの誰も、作ったのではなく、そうではなく、常にそれは、常に生ける火であったし、あるし、あるであろう、定量だけ燃えつつ、また定量だけ消えつつ〕》、この世界、すべての者たちにとって同じ世界、それを、一柱の神も、一人の人間も、産出したのではなく、そうではなく、常にそれは、常に生ける火であったし、あるし、あるであろう、定量だけ燃えつつ、また定量だけ消えつつ。「常に生ける」とは、何を意味しているのだろうか。そして生きることのギリシア的な意味とは、どのようなものなのだろうか。「*ζῆν*〔生きること〕、*ζάω*〔私は生きる〕のうちで、語根 *ζα-* が語っている」[14]と、ハイデッガーは述べている。*ζα-* は、強意接頭辞という機能を有している。しかし、その接頭語によって変様されることになる諸名詞や諸動詞の方から行うというのでなければ、いかにしてこの接頭語の意味を、つまびらかにすればよいというのだろうか。かくしてピンダロスは、*ζαθέα Πύλῳ*〔非常に神聖なピュロス〕、神的なピュロスについて、もしくは *Ἰσθμῷ τε ζαθέᾳ*〔非常に神聖なイストモス〕、神的なイストモスについて[15]、語っているのである。そこでハイデッガーは、こう註釈する。ピンダロスは「諸々の場所や山、美しい牧場や川岸を、*ζάθεος*〔非常に神聖な〕と名づける、しかもそれは、〈輝き現れつつ観入《みい》る者たる神々が、ここでしばしば、また本来的に、自らを観させ、現出のうちに現前した〉と言いたい時にである。それらの場所は、特に神聖である。なぜならそれらは、輝き現れるものを現出せしめることにおいて、純粋に立ち現れるからである」。もし「*ζα-*

が、現出することの、観入ることの、なだれ込むことの、到来することの諸仕方の内部で、またそれらの諸仕方によって、純粋な立ち現れさせることを意味する」[15]のだとするなら、それならば、生きること、ζῆν〔生きること〕が意味するのは、明け開けたもののうちに立ち現れること以外のものでは、ありえないだろう。手短に言うなら、「ζωή〔生〕とφύσις〔自然〕は、同じものを言う。ἀείζωον〔常に生きているもの〕は、ἀειφύον〔常に生み出すもの〕を意味し、τὸ μὴ δῦνόν ποτε〔決して没することのないもの〕を意味している[16]」。

断片三〇においては、ἀείζωον〔常に生ける〕という語が、πῦρ〔火〕、火という語に続いている。それでは火ということによって、いかなる人間や神も決して産出したことのない世界でないなら、何を解さなければならないというのだろうか。しかし、もし火が、まったく同時に明け開き、燃やし、焼き尽くし、無化するのだとするなら、火の記述的諸性格の中で、火を世界と外延を同じくするものとして思索させてくれるような性格とは、いかなるものであろうか。一方で火は、明け開かれたものに或る広がりを与え、他方で火は、K・ラインハルトによって発見された或る断片にしたがうなら、ヘラクレイトスにとって、τὸ φρόνιμον〔思慮あるもの〕、沈思するものでもある[17]。この称号は、何を意味しているのだろうか。沈思すること、それは、万物を、それらの有のうちへと集摂することであり、そして火が「沈思するもの」として理解されうるのは、火が現前のうちに展示し・露呈するということによって、集摂するからである。そしてもし集摂することが、λέγειν〔言うこと、集めること〕の第一の意味であるとするなら、そこからひとは、「τὸ Πῦρ〔火〕は、ὁ Λόγος〔ロゴス：言葉、理〕である」と、結論することができるのである。そしてこの火の「沈思は、世界の心、すなわち、世界の明け開き‐蔵する広がりである[18]」。

ἀείζωον〔常に生ける、常に生きているもの〕は、ἀείφυον〔常に生み出すもの〕を意味しているので、常に生ける火は、τὸ μὴ δῦνόν ποτε〔決して没することのないもの〕の、別名である。それゆえ、火が火的であるのは、自らを覆蔵することの外への、不断の立ち現れとしてである[17]。しかしそれは、明け開くものでもあり、そして「もしわれわれが、それ〔世界の火[16]〕を純粋な明け開き（*das Lichten*）として思索するなら」と、そこでハイデッガーは述べる、

「この明け開きは、明るさ（*die Helle*）をもたらすのみならず、同時に、開放的なものをももたらす。この開放的なもののうちで、あらゆるものが、とりわけ逆方向的なものが、輝き現れることへと至るのである。明け開くことは、それゆえ、単に明るくすること（*Erhellen*）以上であり、露出させること（*Freilegen*）以上でもある。明け開くこととは、開放的なもののうちへと、沈思しつつ - 集摂しつつ、前へもたらすこと（*das sinnend-versammelnde Vorbringen*）であり、現前を認与することなのである[19]」。

この明け開けが、光のうちに置くこと以上であり、光のうちに置くこととは別のものであるからには、この明け開けを、どのように思索しなければならないのだろうか。あるいは、明け開けと光との関わり合いとは、いかなるものであろうか。現出から出発することにしよう。あらゆる輝き現れるものは、光へと至る。しかし、もし影のない光など、存在しないのであれば、両者〔光と影〕は、両者を相互に開く、あらかじめある或る次元の只中においてしか、対照されえないのだということになる。「或る可能的な輝き現れさせることと示すこととを認与する、この開性を、われわれは、明け開けと名づける」と、ハイデッガーは述べ、少し後で、こう詳述している。「つまり光は、明け開けのうちに、明け開けの開けのうちに、来襲することができ、明け開けのうちで明るさを、暗さとともに遊ばせることができる。しかし、決して光が、明け開けを初めて創り出すのではなく、前者、光は、後者、明け開けを、前提としている[18]」。光線と影との彼方で、「明け開けは、あらゆる現前者と不在者とにとっての、開けなのである[20]」。

さらにその上、明け開けは、現前性への接近を開く。「明け開けは、何よりもまず、現前性への道の可能性を認与し、現前性それ自身の可能的現前を認与する[19]。〈アレーテイア〔真性、非覆蔵性〕〉、非覆蔵性を、われわれは、〈有と思索を、〔また〕それらの相互に対する・相互にとっての現前を、初めて認与する明け開け[20]〉として、思索しなければならない[21]」。明け開けは、有を思索に開き、思索を有に開く。それでは、なぜ始源的には思索は、思索を有に結びつけているアレーテイアの方を、向かなかったのだろうか。すでに見たように、もしレーテー〔忘却、覆蔵性〕、自らを覆蔵すること、自らを蔵することが、アレーテイアもしくは現前の明け開けの、核心そのものであるとするなら、思索は、〈自らを覆蔵することによって、本質的に自らを脱去せしめるもの〉の方を、向きえないことになろう。しかし、覆蔵それ自身を経験したというのでないなら、いかにしてそのようなことを言えばよいというのだろうか。また、もし明け開けが、現前の明け開けである以前に、現前の覆蔵の明け開けであるというのでないなら、いかにして覆蔵それ自身の経験が生じうるというのだろうか。現前が、現前者を前にして、自らを覆蔵するのであるからには、覆蔵は、現前に属し、現前の明け開けは、現前の覆蔵の明け開けである。そして思索が、〈始源的には、あるいはほとんど始源的には思索に近づきえなかったもの〉に接近しうるのは、明け開けが、現前の覆蔵の、覆蔵としての現前の、明け開けであるからではないだろうか。しかし、〈いかにして思索が有の忘却を経験しうるのか〉を説明することと、〈何が思索を有の忘却へと強制するのか〉を規定することとは、別のことであり、〈なぜ思索が、始源的には思索を免れていたものに、ついには到達できたのか〉という問いは、手つかずのままである。いずれわれわれは、その問いに立ち返ることになろう。

もし明け開けが、現前性の、すなわちアレーテイア〔真性、非覆蔵性〕の明け開けである以前に、まさしく現前者の現前に固有の、脱去と自らを覆蔵することとの明け開けであるとするなら、それならば明け開けは、現前性としてのアレーテイアを生ぜしめるものを、秘蔵しているのではないだろうか。そして「〈現前性の明け開けが、このように自らを覆蔵すること（*Sichverbergen*）〉のうちに、その上なお、或る蔵すること（*Bergen*）と保管すること（*Verwahren*）とが、統べているのだろうか。[21] 蔵することと保管することから初めて、非覆蔵性が認与され、そのようにして現前者が、その現前性のうちに、現出することができるのである」[22]。ただちにこの問いに答えることなく、この問いの射程を、つまびらかにしておくことにしよう。もしヘラクレイトスの *κρύπτεσθαι*〔自らを隠すこと〕が、非覆蔵性と現前性との、有とアレーテイアとの可能性を、蔵しているのだとするなら、同時にそれは、明け開けそれ自身を明け開くことを、〈その只中でわれわれが、有るものに、また或る仕方で、有に接近するところの明け開け〉を明け開くことを、秘蔵している。したがって、現前性もしくはアレーテイアの明け開けから、現前性の本質そのものであるところの〈現前性の覆蔵〉の明け開けへと、また、この明け開けに固有の蔵することへと遡ることは、アレーテイアの源泉そのものへと遡ることであり、ギリシア的であるものを超過して、もはやギリシア的ではないものへと向かうことではないだろうか。同じコンテクストの中で、そして形而上学の最も基礎的な諸概念のうちのいくつかに関して、ハイデッガーは、「われわれが[22]〈アレーテイア〉を、ギリシア的に非覆蔵性として経験し、それからそれを、ギリシア的なものを超えて、自らを覆蔵することの明け開けとして思索する、ということなしには[23]」、われわれは決して十分な仕方で、それらの諸概念を規定しえないだろうと、注意を促している。他のところで、「われわれの今日的思索には、ギリシア的に思索されたものを、なおいっそうギリシア的に思索することが、課せられている」と言明した後で、ハイデッガーは、こう詳述している。「現出することの本質へのまなざしの中で、そのことが、よく解明される。現前することとそれ自身が、現出することとして思索されるならば、それならば、現前することにおいて、非覆蔵性の意味での光のうちへ現れ来《きた》ることが、統べている[23]。非覆蔵性は、或る明け開くこととしての開蔵することのうちで、性起する（*sich ereignet*）。とはいえ、この明け開くことそれ自身は、性起（*Ereignis*）としては、各々の観点において、思索されざるままに留まっている。この思索されざるものについての思索へと自らを放ち入れることは、ギリシア的に思索されたものにいっそう根源的に従事することを、ギリシア的に思索されたものをその本質由来のうちに観取することを、謂っている。このまなざしは、それなりの仕方でギリシア的ではあるのだが、しかし、観取されたものに関しては、もはやギリシア的ではなく、もはや決してギリシア的ではない[24]」。

　ギリシア的であるものと、もはやギリシア的であるのではないものとの間にある差異、有の歴史に属するものと、もはや有の歴史の管轄に属するのではないものとの間にある差異が、アレーテイア〔真性、非覆蔵性〕と*Ereignis*〔性起〕――この語は、《événement〔出来事〕》と訳すなら、その意味が汲み尽くされるどころではない――との差異である以上、われわれが後者〔性起〕へと導く道を完遂し直しうるのは、ヘラクレイトスが前者〔アレーテイア〕を思索する仕様に、問いかけ続けることによってではないだろうか。それゆえ、断片一六に、立ち返ることにしよう。

πῶς ἄν τις λάθοι〔～の目を、いかにして誰かが、逃れるというのか〕、いかにして誰かが、隠れたままに留まることができるというのかと、ヘラクレイトスは問う。この問いの演説調の性格が意味しているのは、すでに述べたように、何ものも、決して没落することのないものを、免れることはできないだろう、もしくは、明け開けから逃れることはできないだろう、ということである。しかし、なぜだろうか。不定代名詞が誰を指し示しているのかを、われわれが知らない限り、われわれが答えることができないのは、明らかだろう。いったい疑問形容代名詞 τις〔誰が〕は、誰へと送り返しているのだろうか。確かに人間たちへ、ではあるが、しかし、神々へ、でもある。というのも、人間たちも、神々も、世界という常に生ける火を、産出したのではないからである。それでは、もし明け開けが、彼らの現前それ自身をつかさどっているというのでないなら、あるいはまた、もし「隠れたままに‐留まら‐ないこと」と「現前‐すること」とが、唯一にして同じ一つのことを意味しているというのでないなら、いかにして彼らは、決して没落することのないものに、常に割り当てられることができるというのだろうか。

しかし明け開けは、唯一人間的な現前と神的な現前とにしか、唯一 ζῷα〔生き物たち〕の、生ける者たちの現前にしか、関わらないのだろうか。これ以上不確かなことはない。なぜなら、もし、その理解が少しずつ彼の思索全体の理解をもたらしてくれるような或る定式の中で、ハイデッガーが述べているように、「現前することは、覆蔵から、開蔵のうちへと、前方へ持続すること（*aus der Verbergung her in die Entbergung vor währen*）を謂う[25]」のだとするなら、それならば、そこにおいて覆蔵と開蔵との反意的統一が現成するところの明け開けは、現前者たちがどのようなものであろうと、まさしくすべての現前者たちの現前に、関わっているからである。しかしながら、断片一六の文法的主語が、「誰か」であって「何か」ではないということに、変わりがあるわけではない。そこから、ヘラクレイトスのこの言葉は、単なる領域的一射程しか有していないのだと、結論しなければならないのだろうか。それとも反対に、人間たちと神々とを、明け開けそれ自身に結びつけている、特異なる関わり合いの印を、そこに見なければならないのだろうか。

この関わり合いは、実際、二重の資格において特異である。一方で、人間たちと神々は、植物たちや動物たち、山や海洋や星々、〔つまり〕「或る別の意味において、神的で人間的である現前者」[24]なしには、手短に言うなら、それらがそれぞれそれなりの仕様で、それへと本質的に開かれているところの天空と大地なしには、決してやってゆけないのだが、他方では、そしてとりわけ、「神々と人間たちは、明け開けへのそれらの関わり合いにおいて、決して覆蔵されたままに留まることができない」。なぜだろうか。回答は、ただちにやって来る。「なぜなら明け開けが、神々と人間たちとを、明け開けのうちに集め入れ、留保する限りにおいて、明け開けへの神々と人間たちの関わり合いは、明け開け自身にほかならないからである」[26]。

〈覆蔵と開蔵との反意的統一、各々の現前者の現前を統べている統一が、その只中において現成するところの次元〉として理解されるならば、明け開けは、彼ら〔神々と人間たち〕を現前のうちに集め入れつつ、彼らをあらわれさせる。それゆえわれわれは、彼ら固有の現前の仕方の方から着手することなしには、明け開けへの人間たちと神々の関わり合いを、規定することなどできないだろう。しかし、神々と人間たちとが、同じ仕方で現前的であるのでないことは、明らかである。差異とは、どのようなものなのだろうか。そしてとりわけ、この差異は、その事実において、明け開けへの関わり合いに、影響を及ぼすのだろうか。πόλεμος〔闘い〕、葛藤的対決が、或る現前者たちを神々として、他の現前者たちを人間たちとしてあらわれさせるのだという、断片五三を喚起した後で、ハイデッガーは、こう註釈していた。「このことが言うのは、持続する明け開けが、神々と人間たちを、非覆蔵性のうちへと現前させるのだということ、それで、彼らのうちの誰一人として、いつか決して覆蔵されたままに留まることはできないだろうということである。〔……〕しかしながら、神々が現前することは、人間たちが現前することとは、別のことであり続ける。神々は、δαίμονες〔神々〕、θεάοντες〔眺める者たち〕として、観入る者たちであり、現前者の明け開けのうちへと観入る者たちである。死すべき者たちは、この現前者を、その現前性において、前に横たえ、注意のうちに保持することによって、それなりの仕方で、この現前者に襲い‐かかる」[25][27]。換言するなら、もし神々が、明け開けのうちへと観入る限りにおいて、現前し、人間たちは、明け開けの方から視る限りにおいて、現前するのだとするなら、両者とも、それらの有もしくは現前を、明け開けへの関わり合いから得ているのである。

明け開けへの関わり合いとは、どのようなものであり、いかにしてそれは性起し、その現成の仕方とは、どのようなものなのだろうか。他の現前者たちとはちがって、人間たちと神々とは、「単に明け開けの中で照明されている（*beleuchtet*）のみならず、明け開けから明け開けへと[26]、輝き－出させられている（*aus ihr zu ihr er-leuchtet*）。そこで彼ら〔人間たちと神々〕は、そのようにして、彼らなりの仕方で、明け開きをまっとうし（明け開きの本質の充満のうちへともたらし）、またそのことによって、明け開けを護ることができるのである。神々と人間たちは、たとえ超感性的な光ではあっても、単に或る光によって露光され（*belichtet*）て、光を前にして、決して暗黒のうちに隠されえない、というだけではない。彼らは、彼らの本質において、明け開かれている（*gelichtet*）のである。彼らは、照らし－出されている（*er-lichtet*）、つまり、明け開けの性起のうちへと、自性化〔適合〕せしめられ、そのゆえに、決して覆蔵されずに、開－蔵されているのだ[27]（*in das Ereignis der Lichtung vereignet, darum nie verborgen, sondern ent-borgen*）、このことはなお、或る別の意味において思索されてのことである。距離を置かれた者たちが、遠さに属しているように（*wie die Entfernten der Ferne gehören*）、そのように、今思索さるべき意味における開蔵された[28]ものたち（*die Entborgenen*）は、〈蔵し、彼らを保ち、抑える明け開け〉に、信頼して任されている（*der bergenden, sie halten-den und verhaltenden Lichtung zugetraut*）[28]」。人間たちと神々は、現前としての現前に開かれているのであるからには、天空や大地と同じ資格で明け開けのうちに現前しているのではないことは、明らかである。しかし、いかにして彼らは、まず現前の明け開けへと開かれることなしに、現前へと開かれることができるというのだろうか。また、いかにして彼らは、彼ら自身、使命によって、明け開く者たちとして明け開かれることなしに、明け開けのうちで、開けもしくは明け開けへと、開かれることができるというのだろうか。しかも、開けが明け開けであるだけに、ますますそうなのである。それでは、他のあらゆる関わり合いとは比較不可能なこの関わり合いは、〈人間たちと神々が、明け開けへと自性化〔適合〕せしめられ、したがって、この自性‐性起（*Er-eignis*）が、明け開くことそのことであって、かくしてこの上ない出来事〔性起〕である〉ということでないなら、何を意味するというのだろうか。そして人間たちと神々は、彼らが明け開けなのであるからには、この自性‐性起において、必然的に常に開蔵されている[29]――或る別の言語においては、ひとはこう言うだろう、彼らは常に有の真性のうちにある、なぜなら彼らの有は、有の真性の場所なのだから、と――あるいはまた、彼らは必然的に、彼らの有において、明け開けへと再び置かれている、すなわち、信頼して任されているのである。ただしこの明け開けは、すでに見たように、或る蔵するということなしにはゆかないのではあるが。

　しかし断片一六は、確かに諸境域中の境域としての明け開けへの、人間たちと神々の関わり合いに、及んでいるのだろうか。もし、それによってこの断片が始まり・終わるところの、*τὸ μὴ δῦνόν ποτε*〔決して没することのないもの〕と*λάθοι*〔～の目を逃れる〕という語が、唯一明け開けのみがその関わり合いを開くところの開蔵と覆蔵とを、名指しているのだとするなら、視野にあるのは、疑いもなく、諸境域中の境域、アレーテイア〔真性、非覆蔵性〕の境域である。そしてもし問うことが、人間と神々に固有のことであるとするなら、ヘラクレイトスのこの言葉の疑問形が指摘しているのは、ヘラクレイトスが、「開蔵し‐覆蔵する明け開き[30]を、〔すなわち〕世界の火を、〈その本質にしたがって照らし出された者たちであり、またそのようにして、或る卓抜なる意味において、明け開けに傾‐聴し、帰属する者たちである（*der Lichtung Zu-hörende und Zugehörige sind*）ところの者たち〉への、ほとんど観取りえない関連の中で、熟慮している[29]」ということである。それではヘラクレイトスの問いが意味しているのは、世界の火と神々や人間たちとの関わり合いは、神々や人間たちが「単に露光された者たち、また直観された者たちとして、明け開けのうちに属しているのみならず、それなりの仕方で、明け開きをともにもたらし、明け開きをその持続において保管し、委ね渡すところの、目立たぬ者たちとしても、明け開けのうちに属している[30]」というような関わり合いだということではないだろうか。しかし、このように理解されるなら、この問いはその意味を、***Ereignis***〔性起〕から受け取るのではないだろうか。そしてもし*Ereignis*〔性起〕が、「真有の真性のあらゆる現成（*Wesung*）が、あらかじめそこへと思索し返されなければならないところの、自己自身を突き止め、媒介する中心（*die sich selbst ermittelnde und vermittelnde Mitte*）」[31]であるとするなら、この問いは、或る仕様で、人間たち、神々、世界の火を、*Ereignis*〔性起〕の方から、その上*Ereignis*〔性起〕のうちで、示しているのではないだろうか。それでは、われわれがヘラクレイトスの言葉の解釈の道を進めてきたのは、アレーテイア〔真性、非覆蔵性〕から*Ereignis*〔性起〕にかけて、ではないだろうか。あるいはいっそう正確に言うなら、それは現前の明け開けから、〈人間への有の、また有への人間の、自性‐性起〉の敷居にかけて、ではないだろうか——自性‐性起が明け開けを明け開くことであるからには、人間と有とが存在するのは、自性‐性起の方からなのだが——。この道を踏破すること、それではそれは、明け開けの方から思索することと、明け開くことの性起（*Ereignis*）——有と人間との相互的な自性‐性起（*Er-eignis*）の中で、この自性‐性起によって、そしてとりわけこの自性‐性起として、性起する性起——を思索することとの間にある差異を、理解することではないだろうか。とりわけそれは、ギリシア的であるものと、もはやギリシア的であるのではない、もしくはいまだギリシア的であるのではないものとの間の、分割もしくは決断[32]の場所へと、おもむくことではないだろうか。

V　物と四者の世界

たとえあらゆる有るものが、もしくはあらゆる現前者が、明け開けのうちに立っているのだとしても、それでもやはりそれは、明け開けそのもののうちで、明け開けを免れたかのようなままに留まっている。というのも、その有は、明け開けにおいては、それ〔有るもの、もしくは現前者〕と同じほどには、接近可能ではないからである。それゆえ、有るものがそこにおいて現前するところの明け開けは、まずもって、有の覆蔵性の明け開けである。明け開けは、この覆蔵性によって、画定もしくは限定されているのではなく、それは、「自らを覆蔵する[1]ものにとっての明け開け」である。そしてハイデッガーは、こうつけ加える。「その上われわれは、自らを覆蔵する[2]もののこの規定――有るものの明け開けの方から見られた――を、真有それ自身の或る第一級の本質的な特徴づけとして、理解することができるし、理解しなければならない」。それにもかかわらず、有が自らを覆蔵することは、特殊な本性のものである。なぜなら、明け開けのうちに立つ有るものは、あらかじめ有が何らかの仕様で自らを見せたというのでないなら、そのようなもの〔＝明け開けのうちに立つ有るもの〕として、そこ〔＝明け開け〕においてわれわれに接近可能ではありえないであろうからである。そこで、そこから、次のように結論しなければならない。つまり、真有は、「同時に自らを示し、かつ、自らを脱去させる」のだということであり、「ためらいつつ自らを拒むことが、明け開けのうちで本来的に明け開かれるものであり、そしてわれわれが、たいていは留意しないものである[1]」ということである。もう一度〔言おう〕、ためらいとは、有の一動向である。それゆえ真性は、単に有るものの明け開け、すなわち現前者の非覆蔵性、もしくはアレーテイア〔真性、非覆蔵性〕であるのみならず、いっそう根源的には、「ためらいつつ自らを覆蔵することにとっての明け開け[2]」なのである。

　われわれがわれわれに固有であるものを完遂しうるのが、すなわち、問題とされているのがわれわれの専念している有るものなのであれ、われわれ〔自身〕がそれであるところの有るものなのであれ、われわれが有るものとしての有るものに関わりうるのが、有るものの明け開けにおいてであり、有るものの明け開けによってである限りにおいて、有るものの明け開けは、われわれの有に関わっている。そして、もし現前者の明け開けが、本来現前と現前の覆蔵性との明け開け、その覆蔵性における現前の明け開けであるのだとするなら、それならば覆蔵性、もしくは自らを覆蔵することの明け開けは、われわれの有の真の場所、もしくは避難所である。というのも、われわれは、前もって有へと関係づけられることなしには、手短に言うなら、有それ自身への、すなわち有の覆蔵性への関わり合いであることなしには、有るものとしての有るものには、関わりえないであろうからである。それゆえ、確かにわれわれは、われわれを蔵する覆蔵性の明け開けに委ねられ、そして事柄そのものによって認可された言葉遊びとはこのようなものなのだが、それによると、距離を置かれた者たち〔les éloignés, die Entfernten〕が遠さ〔lointains, Ferne〕に属しているのとまったく同様に、*die Entborgenen*〔開蔵されたものたち〕は、開蔵されたものたち〔3〕をも、その有が〈自らを覆蔵すること（*Sichverbergen*）の明け開けが蔵する（*bergen*）もの〉に属する者たちをも、同時に意味してはいる。しかしながらこの明け開けは、人間の本質がこの明け開けに必要で、この明け開けによって呼び求められているということなしには、人間の本質の居場所ではありえないだろう。それでは人間とは、「真有の真性の現成を堪え忍ぶことへと、真有によって用いられて（*gebraucht*）いる者[3]」でなくて、誰であろうか。しかし人間は、明け開けもしくは有の真性へと、自性化〔適合〕せしめられ、あるいは自性変様〔適合するように変様〕せしめられ、そしてこの自性化そのものによって明け開きへと寄与するということなしには、いかにしてこのように、明け開けもしくは有の真性に、必要でありうるというのだろうか。「自らを覆蔵することの明け開けの現成として、*Da-sein*〔現-有〕は、この自らを覆蔵することそれ自身に属しており、そして自らを覆蔵することそれ自身は、自性-性起として現成する（*west*）」[4]。われわれ〔自身〕がそれであるところの明け開く明るみを蔵しつつ、してみると覆蔵性の明け開けが蔵しているのは、***Ereignis***〔性起〕以外の何ものでもない、すなわち、人間への有の、また有への人間の、自性-性起〔=固有化しつつ適合化する性起〕以外の何ものでもない。このような自性-性起において、またこのような自性-性起によって、明け開くことの性起が生起し、したがって、アレーテイア〔真性、非覆蔵性〕と現前は、このような自性-性起に由来するのである。真性の本質を「性起の明け開く覆蔵（*die lichtende Verbergung des Ereignisses*）」[5]と規定することによって、ハイデッガーが述べているのは、別のことではない。

そこで、自性-性起を思索し・見ることとは、自性-性起のうちで見・思索することである。有への人間の、また人間への有の自性-性起は、明け開くことそのことなのだが、この自性-性起は、「すべての関わり合い中の関わり合い」[6]であり、他のすべての関わり合いに先立つ関わり合い、その只中でのみ他のすべての関わり合いが生じうるような関わり合いである。自性-性起のうちに巻き込まれつつ、「われわれは、決して*Ereignis*〔性起〕を、或る一つの対向としても、一切を包括するものとしても、われわれの前に立てる〔=表象する〕ことができない」[7]、そして唯一自性-性起のみが、表象の帝国を終わらせることができるのである。自性-性起を思索すること、それは実際、有と人間とを分離することを、両者を相互から孤立せしめることを、断念することである。「もしわれわれが、〝有〟と言いつつ、人間本質への現-前（*das An-wesen zum Menschenwesen*）を省略し、またそのことによって、この本質それ自身が〝有〟[4]をともに形成しているのだということを、誤認するのであれば、われわれは、〝有それ自身〟について、常にあまりにも少なく言っている。もしわれわれが、〝有〟（人間有ではなく）と言いつつ、人間をそれだけで措定し、そのように措定されたものを、それから初めて、なおも〝有〟への或る関係のうちにもたらすのであれば、われわれは、人間についても、常にあまりにも少なく言っている。しかし、もしわれわれが、有を、一切を包括するものとして思念し、その際人間を、ただ他の諸々の有るもの（植物、動物）の下にある一箇の特殊な有るものとしてのみ表象し、両者[5]を関係のうちに措定するのであれば、われわれはやはり、あまりにも多くを[6]言っている。なぜなら、すでに人間本質のうちに、〈関連によって、〔つまり〕用いるという意味での関係づけることによって（*durch den Bezug, das Beziehen im Sinne des Brauchens*）、〝有〟として規定され、そのようにして、その〝即かつ対自的〟と思い込まれていたものを取り去られるもの〉への関係が、横たわっているからである。〝有〟について語ることは、或る困惑から別の困惑へと、表象を狩り立てるのだが、その際、この途方に暮れていることの源泉が、示されるようなことはない[8]」。そしてもう少し先で、決して *Ereignis*〔性起〕を名指すことなく、相変わらず *Ereignis*〔性起〕の方から思索しつつ、ハイデッガーは、「有」という語を放棄するよう、提案することになる。なぜならこの語は、「孤立させ、分離する[9]」からである。

もしギリシア的であるものの本質が、ギリシア的なものとは本質的に別なものであるとするなら、その場合、もはや性起のうちには、ギリシア的なものは何もないということになる。しかし、そのことによって、有の歴史と有論的差異の支配との終焉を解するというのでないなら、何を解さなければならないというのだろうか。〔まずそれは〕有の覆蔵性とその歴運との終焉である。なぜなら、性起への接近は、覆蔵性が自らを覆蔵性として示してしまったということを、想定しているからである。「形而上学とは、有の忘却である、すなわち、有を与えるものの覆蔵と脱去との歴史である。それゆえ[7]、*Ereignis*〔性起〕のうちへの思索の現入は、脱去のこの歴史の終焉と、等義である。有の忘却は、*Ereignis*〔性起〕へと目覚めることとともに、〝止揚〟される（*"hebt" sich "auf"*〔自らを〝止揚する〟〕）[10]」。〔またそれは〕有論的差異の支配の終焉である。というのも、有論的差異は、現前に対する現前者の蜂起なしには、レーテー〔忘却、覆蔵性〕の覆蔵が可能ならしめる〈存立性への現前性の変様〉なしには、手短に言うなら、それなりの仕様で性起が終わらせる覆蔵性の覆蔵なしには、やってゆけないからである。

有論的差異が超克されると――しかし、ひとはまだ、このように語ることができるのだろうか――ついには敬意を完遂する仕方に、あるいはいっそう適切には、瓶という物の本質に固有の〈ともに‐滞留すること〉に、立ち返ることができる。もし、有とその真性との覆蔵が、あらゆる〈ともに‐滞留すること〉を無化する「固執するという病的欲望」[11]を流露させるのだとするなら、反対に、そこにおいては有とともに存立性が消失するところの*Ereignis*〔性起〕は、少なくとも〈ともに‐滞留すること〉の現成を、助長するのでなければならない。しかし、いかにしてか。アレーテイア〔真性、非覆蔵性〕とヘラクレイトスの断片一六とについての試論の中に、告示するものとて何もなく、説明もなければ脈絡もないままに留まっている、或る一つの短い命題がある。それは、ハイデッガーがパルメニデスに関して指摘しているように[12]、思索者たちが、あたかも通りすがりのように、本質的なものを述べている諸命題のうちの、一つである。沈思する火を、現前すなわち有を認与する明け開きとして解釈した後で、またこの明け開きを、自らを覆蔵することへと割り当てる前に、ハイデッガーは、簡素にこう書いている。「明け開けの性起〔*Ereignis*〕とは、世界である[13]」。

この命題の意味とは、どのようなものなのだろうか。そして敬意を完遂する仕方を、もしくは〈ともに‐滞留すること〉を、性起としての世界の方から思索しなければならないのだろうか。『物』についての記述を、われわれが中断したその地点において、取り上げ直すことにしよう。「注がれたものという贈り物は、大地と天空[8]、神的なものたちと死すべき者たちを、それが逗留させる〔*es verweilt*〕限りにおいて、贈り物である」ということを示した後で、ハイデッガーは、こう詳述していた。「しかし今、逗留することとは、もはや、或る直前的にあるものが、単に固執することではない。逗留することは、性起させる。逗留することとは、四者を、それらの固有のものの光のうちへともたらす。この光の一重襞から、四者は、相互に信頼して任されている。この〈相互へ〉ということにおいて一致して、四者は、非覆蔵的〔*unverborgen*〕である[14]」。それゆえ、逗留することが意味しているのは、固執することか、もしくは性起させることである。この区別の意味と射程とは、どのようなものなのだろうか。アナクシマンドロスの箴言についての解釈の途中で、われわれは見たのだが、現前性が存立性へと変様され、*ἀδικία*〔不‐当〕と有論的差異とによって統べ尽くされている時、或る一つの現前者が固執し、個別的に固執して、その滞留のうちに逗留し、自己のうちに閉じ込められたままに留まって、他の現前者たちを顧慮しない。「しかし今」、すなわち有の忘却が、性起への接近によって除去された時、逗留することは、〈ともに－滞留すること〉を意味することができるのであって、そしてまさしくこの意味においてこそ、「注がれたものという贈り物が、四者の四方の一重襞を、逗留させる」[9][15]。そこで、逗留することの或る仕様から、別の仕様へと移行することとは、アレーテイア〔真性、非覆蔵性〕から***Ereignis***〔性起〕へと、ギリシア的であるものから、もはやギリシア的ではないものへと、移行することである。しかしながら、いかにして〈ともに－逗留すること〉は、性起させるのだろうか。「〝大地の上に〟は、すでにして、〝天空の下に〟を謂っている。両者はともに、〝神的なものたちの前に留まること〟を思念し、〝人間たちの〈相互とともに〉に属しつつ〟を含んでいる」[16]。それゆえ、天空と大地、神的なものたちと死すべき者たちは、それらのうちのいずれもが、他のものたちなしにはゆかない限りにおいて、〔あるいは〕ギリシア的な仕様で語るなら、各々のものが、その「有」を、他のものたちの有から受け取って、かくして他のものたちへと自性的に捧げられ、本来的に捧げられている、つまり信頼して任されている限りにおいて、自性化せしめられている、もしくは、相互に自性化し合っているのである。それゆえ、〈ともに－滞留すること〉こそが、性起を生起せしめるのではなくて、性起こそが、〈ともに－滞留すること〉として、敬意として、生起するのである。ちなみに、それゆえにこそ敬意の完遂は、アレーテイアのみの支配の下では、不可能なのである。そして、もし孤立的〔単独的〕に－固執することが、***ἀδικία***〔不－当〕を、有の忘却を、また有の忘却の形而上学的な歴運を、完遂するのだとするなら、反対に、〈ともに－滞留すること〉は、***Ereignis***〔性起〕として現成する、すなわち、明け開けを明け開くこととしても現成する。「逗留することは、四者を、それらの固有のものの光のうちへともたらす」ということの理由とは、このようなものであり、「相互に信頼して任されて」、四者が同時に明け開けの光へと信頼して任されていることの理由とは、このようなものである。つまり四者は、非覆蔵的なのだが、しかし、もはやギリシア的ではないほど十分に始源的な或る意味において、非覆蔵的なのである。

瓶は、収容するものと空《くう》とがそこに集摂されるところの贈り物のうちで、またこの贈り物によって、瓶であり、贈り物は、天空と大地、神々と死すべき者たちが、ともに‐滞留することのうちで、またこのともに‐滞留することによって、贈り物である。贈りつつ注いで出すことが集摂するところの、また、瓶そのものであるところのすべては、それゆえ、四方を自性化せしめる滞留のうちに、またこの滞留によって、集摂されている。「この多襞的に単純な〈集摂すること〉が、瓶の本質現成者である」、そしてもし、集摂を指し示すために、古高ドイツ語が *thing*〔人民集会〕という語を所持していたのだとするなら、それならば、このように理解された瓶を、*Ding*〔物〕、物と名づけることが、可能となる。「瓶の本質とは、或る滞留（*Weile*）のうちへと、一重襞的な四方を、純粋に贈りつつ集摂することである。瓶は、物として、現成する（*west*）。瓶は、一つの物として、瓶である。しかし、いかにして物は、現成するのだろうか。物は、物成する（*das Ding dingt*〔物は物に成る〕）。物成すること（*das Dingen*）が、集摂する。物成することは、四方を性起せしめつつ、四方の滞留（*Weile*）を、或るそのつど滞留的なもののうちへと（*in ein je Weiliges*）、すなわちこの物、あの物のうちへと、集める」[17]。それでは、もし物が、そのつど滞留的であり、現前者が、そのつど‐滞留的なもの（*das Je-Weilige*）であるとするなら、物と現前者の間の差異とは、どのようなものなのだろうか。物は、その滞留という資格を、四者の〈ともに‐滞留すること〉から、すなわち *Ereignis*〔性起〕から受け取り、現前者は、その滞留するという性格を、レーテー〔忘却、覆蔵性〕に由来する限りでのアレーテイア〔真性、非覆蔵性〕から引き出す。物が滞留することは、物に固有なことであり、現前者、有るものは、その滞留を、現前に、有に負っている。それゆえ、ここでは、滞留は、同じ意味を有してなどいない。そしてもし、あらゆる現前者‐滞留者が、有の覆蔵性もしくはレーテーのゆえに、他の現前者‐滞留者たちを犠牲にして、逗留し始めうるのだとするなら、物には、そのようなことはできない。というのも、物は、それ自身において、ともに‐滞留することと性起とに、提供されているからである。

いかにして天空と大地の、神的なものたちと死すべき者たちの統一が、いかにして四方の統一が、完遂されるのだろうか。この統一は、天空と大地、神々と死すべき者たちの、いまだ形而上学的な求和ではなく、四者の交叉であり、この交叉のおかげで、各々は、その固有のものへと至るのである。明け開くことの統一は、人間的でも神的でも、大地的でも天空的でもなく、そこから出発して一方のものたちも他方のものたちも、それらに固有であるものへと来着するような、インターヴァルの統一である。「四者の各々は、それなりの仕方で、残りのものたちの本質を反映する。その際各々は、それなりの仕方にしたがって、四者の一重襞の内部で、その固有のもののうちへと映し返される」[18]。ここで「反映する」とは、何を意味しているのだろうか。あるいはいっそう正確に言うなら、四者の統一の仕方を記述するのに適した鏡の関係の特徴とは、どのようなものなのだろうか。像の居場所である以前に、鏡とは、それを媒介として何か別のものが現れ、自己へと至り、自らに固有であるものへと至ることのできるものである。天空は、大地を反映する。なぜなら大地が本来〈それがそれであるところのもの〉であるのは、天空の下においてだからである。「ああ、わが友よ、何とこの大地的な天空は、神的であることか！」[19][10]と、マラルメは叫んでいたが、かくして彼は、自らをそこに記入しつつ、四者を経験していたわけである。映すことは、自性化せしめ、そして自性化せしめつつ、明け開く。というのも、この記述にその射程全体を付与しているものを、あらためて喚起するなら、四者が性起から区別されうるとして、四者がそこから乖離しえないところの性起、この性起とは、明け開きそのもののことだからである。「四者の各々を明け開きつつ、映すことは、四者の固有の本質を、一重襞の自性化（*Vereignung*）のうちへと、相互に性起せしめる。性起せしめつつ - 明け開くこのような仕方にしたがって映しつつ、四者の各々は、残りのものたちの各々に、自らを投げかける（*sich zuspielt*）。性起せしめつつ映すことは、四者の各々を、その固有のもののうちへと解き放つ［＝自由にする］のだが、しかし自由な者たちを、それらの本質的な相互性の一重襞のうちへと、束縛する」[20]。

天空と大地、死すべき者たちと神的なものたちを集摂しつつ、物はそれらを、相互に近づける。しかし、遠きものを遠きものとして近づけることが、近さの本質でなくて、何であろうか。物に関して言うなら、このことが含意するのは、物は近さの「うちに」あるのではなく、近さは物がそれであるところの集摂を統べている、ということである。天空と大地、神的なものたちと死すべき者たちについて言うなら、このことが意味するのは、それら四者の各々は、それらの距離そのものの中で、他のものたちに開かれている、すなわち、それらの固有の覆蔵性へと開かれている、ということである。天空と大地、人間と神の関わり合いを、「相互‐対‐向」として理解しつつ、ハイデッガーは、こう詳述していた。「統べる相互‐対‐向の中で、各々のものは、或るものが他のものに対して開けており、その〈自らを覆蔵すること〉において、開けている。そのようにして、或るものは他のものに自らを手渡し、或るものは他のものに自らを委ねる。そして各々のものは、そのようにして、それ自身に留まる。或るものは、他のものを監視するもの、護るものとして、他のものの上にあり、包み隠すものとして、他のものの上にある[21]」。

もし、自己であることをやめることなく、そこに蔵されつつ、自らを他のものに委ねることが、信頼して自らを任せること、もしくは信頼して任されることであるとするなら、それならば四方の性起せしめつつ‐明け開く統一は、信頼として完遂される。「開放的なもののうちへと（*ins Freie*）束縛する映すことは、四者の各々を、自性化の襞化する支えから、各々に信頼して任せる遊戯である。四者のいずれもが、その隔て分けられた特殊的なものには、こだわらない。四者の各々は、むしろ、それらの自性化の内部で、或る固有のもの〔自性的なもの〕へと、脱自性化されている（*enteignet zu einem Eigenen*）。この脱自性化せしめつつ・自性化せしめることが、四方の鏡映‐遊戯である。この脱自性化せしめつつ・自性化せしめることから、四者の一重襞が、信用されるのである」。そこでハイデッガーは、改行しつつ、こうつけ加える。「われわれは、大地と天空、神的なものたちと死すべき者たちの一重襞の、性起せしめる鏡映‐遊戯（*Spigel-Spiel*）を、世界と名づける[22]」。

明け開けを明け開くことは、人間への有の、また有への人間の、自性‐性起であり、自らを覆蔵することのうちに蔵された自性‐性起である。しかし、もし人間が、神々や天空や大地なしにはやってゆけないのだとするなら、自性‐性起は、それらの統一として性起するのであって、その場合、四方とは、万物がそこから出発して相互に‐帰属し合い、明け開けのうちに安らうところのものであり、すなわち世界である。明け開くことの地位にまで高められ、「あらゆる現前者に先立って来つつ[23]」、その場合、世界は、もはやコスモス〔世界・宇宙〕や諸現前者の総体を指し示すのではなく、「明け開けの性起〔11〕」を指し示す。そしてこの資格において、世界は、どんな存立性でも破りえないような或る信頼にしたがって――というのも、四者のいずれもが、自らの特殊性〔その特殊的なもの〕にはこだわりえないからだが――〈ともに‐滞留すること〉を諸物に授けつつ、諸物を護り、集摂する。そしてこのようにして、世界は、唯一にして同じ一つの動向によって、「有の本質の真性[24]」であり、かつ、敬意が完遂される仕方なのである。有が明け開けの性起としての世界に従属しない限りは――有の明け開けは、有の管轄に属しているわけではない――信頼して任せる敬意は、不可能でもあり、考えられもしない。あるいは換言するなら、敬意を完遂する仕方をつまびらかにすることは、アレーテイア〔真性、非覆蔵性〕から*Ereignis*〔性起〕への、ギリシア的であるものから、もはやギリシア的ではないがギリシア的なものの本質であるようなものへの、移行を要求し、したがって、有の歴運と有論的差異の支配との終焉を、要求するのである。世界が*Dasein*〔現有〕の一構造であり、一つの有り様であるというような、実存論的分析論には対立しつつ、そこでハイデッガーは、こう主張することができる。「世界は、有の一つの仕方ではなく、有に従属してはいない。有がその本質を固有のものとするのは、世界が世界すること（*dem Welten von Welt*）からである。そのことが示唆するのは、世界の世界することが、〔12〕性起せしめるという語のいまだ経験されざる或る意味において、性起せしめることだということである〔13〕。世界が初めてことさらに性起する時、有は、世界することのうちに消失し、しかし有とともに無も、世界することのうちに消失する。無が、その本質において、有の真性から有の真性のうちへと消滅する時、初めてニヒリズムが、超克されるのである[25]」。

暫定的にニヒリズムは、すなわち技術の本質は、わきにどけておくことにしよう。有の本質の真性として、世界とは、一根拠でも、可能性の一条件でもあるのではなく、世界には、いかなる説明も、課せらるべくもない。「世界は、世界することによって、現成する（*west*）。それは次のことを言う、つまり、世界が世界することは、他のものによって説明可能でも、他のものから根本究明もされえない、ということである」。それゆえ、それはさらに次のことも言う、つまり、世界とは一つの遊戯だということであり、また、そこにおいて四者が、相互に信頼して任されて、相互によって、そして相互において自らを示すところの、この鏡の遊戯〔鏡映‐遊戯〕は、「性起せしめることの輪舞（*der Reigen des Ereignens*）[26]」だということである。しかしこの輪舞は、個々に捉えられた天空、大地、神々、死すべき者たちを、後から取り囲み・結合しにやって来るような或る円環なのではなく、それは「巻きつく輪（*der Ring, der ringt*）[14]、鏡映として遊戯することによって、接合しつつ統べる輪[27]」なのである。

世界についてのこのような規定は、部分的にはその言語を、ニーチェの言語から借りていて、ニーチェの「鏡」の中では、世界が、永劫回帰の「輪」に従属した「諸力の遊戯」として現れているのだが[28]、世界についてのこのような規定は、示現〔monstration〕の体制とでも名づけられうるものの、或る転倒なしにはゆかない。すでに述べたことだが、もし現象ということによって、自己自身を示すもののことを解すというのであれば、現象学よりいっそう根源的に形而上学的なものなど、何もない。なぜなら、自らを‐示すことが、明け開けの本質として通用しうるのは、ただ有るものの方から、そして有るものにとってのみのことだからである。真性を「自性‐性起としての真有に属している明け開け」と定義した後で、「自らを示すことの方からは、真性の本質は、決して問い求められえない[29]」とハイデッガーがつけ加える時、彼が述べているのは、決して別のことではない。自性‐性起ならびに明け開けとしての世界に固有な示現の体制とは、いったいどのようなものなのだろうか。もし、本来四者の各々が、まったく同時に映し、かつ映されつつ、他のものたちのうちで、また他のものたちによって、それがそれであるところのものであるのだとするなら、四者の各々は、自性‐性起‐明け開けのうちで、また自性‐性起‐明け開けによって、まったく同時に示され、かつ、示すものだということになる。そして四者について当てはまることは、四者の集摂たる物についても当てはまる。各々の物は、世界を示し、そして世界のうちで、また世界によって、示される。あるいは、性起の中で消滅するものについての過ぎ去りし言語〔＝「有」や「有るもの」〕において述べるのであれば、各々の有るものは、有を示し、そして有のおかげで、有るものは、決して自己自身を示すことなく、示される。セザンヌの或る語を捉え直して、「画家の後期作品の中では／現前者と現前性との二重襞が、一重襞的に／なってしまっていて、同時に〝実現され〟かつ克服され、／密令に満ちた或る同一性へと、変貌せしめられている」[30]と述べつつ、ハイデッガーは、彼自身、その絵画的翻訳のようなものを、提供していたのではないだろうか。しかし、もし自性‐性起が、明け開くことそのことと一体化されないのだとするなら、すでにギリシア神殿についての記述から浮かび上がっていたように、いかなる物も、このように〈示され‐示すもの〉ではありえないことになってしまおう。なぜなら、明け開けの性起を、明け開けを明け開くことを、現成せしめるのは、まさしく四者の相互への自性‐性起だからである。それゆえ、示すことが意味するのは、もはや、有と有の明け開けとを犠牲にして自らを示すことではなく、明け開けのうちで明け開くことを示すこと、***Ereignis***〔性起〕のうちで***Ereignis***〔性起〕を示すことであり、そして同時に、そこで示されることなのである[31]。

それでは、もし物が、一つの有るものでも、一つの道具でもなく、もし世界が、諸現前者の総体でも、一つの実存疇でもないのだとするなら、物と世界との関わり合いとは、どのようなものなのだろうか。「世界と諸物とは、相互並存的に、存立（*bestehen*）しているのではない。それらは、相互に通過（*durchgehen*）し合う[32]」。しかし、もし、存立性を欠きつつ、世界と物とが、分離したまま存立したり、存続したり、固執したりすることができないのだとするなら、いかにしてそれらは、混同されることなく、相互に通過し合えるというのだろうか。互いに通過され合って、「二者は、或る一つの中心を、踏破する（*durchmessen*）〔15〕。この中心において、それらは、一致（*einig*）している。そのように一致したものとして、それらは、緊密（*innig*）である。二者の中心は、緊密性である。二つのものの中心を、われわれの言葉は、***das Zwischen***, 間と名づける。ラテン語は、***inter***〔間〕と言う。それに呼応しているのが、ドイツ語の《***unter***》である。世界と物の緊密性は、溶解ではない。緊密性が統べるのは、ただ、緊密なもの、〔すなわち〕世界と物が、純粋に自らを分かち、分かたれたままに留まるところにおいてのみである。二者の中心において、世界と物の間において、それらの *inter*〔間〕において、この *Unter-* において、別離（*der Schied*）が統べる」。新しい段落を開きつつ、ハイデッガーは、こう続ける。「世界と物の緊密性は、間の別離において現成し（*west*）、相‐違（*Unter-Schied*, 別離の‐間[16]）において現成する」[33]。相‐違が物と世界の緊密性の完遂される仕方であるからには、どのように相‐違を思索すればよいのだろうか。この緊密さのゆえに、ミクロコスモス〔小宇宙〕とマクロコスモス〔大宇宙〕の間のあらゆる関係を離れて、有論的差異を離れて、「物‐世界」や「世界‐物」[34]について語ることが、可能となるのである。

天空と大地、神々と死すべき者たちを集摂しつつ、諸物は世界を現成せしめ、そして世界は、その明け開けにおいて、そのつどそこに滞留する諸物を、蔵し、贈る。世界は諸物からやって来て、諸物は世界からやって来る。このことをなしつつ、世界と物は、それらが「それらの本質の交差[35]」において自らを相互に分かち合うような次元と中心とを、記述する。唯一にして同じ一つの中心から生じつつ、物と世界は、相互に緊密である。中心を通過することによって、それらの本質を中心において交差させつつ、両者は、中心において互いに分かち合いつつ、中心において現成する。これらの諸運動の総体をこそ、あるいはいっそう適切に言うなら、この総体運動をこそ、*Unter-Schied*〔相‐違〕、別離の‐間、相違という語が、指し示しているのである。この語を、どのように解すればよいのだろうか。そしてとりわけ、今、すなわちもう一度〔言うなら〕、有の忘却が性起への接近によって除去された後に、この語を、どのように解すればよいのだろうか。「*Unter-Schied*〔相‐違〕」という語は、今や、月並みで慣れきった使用を、脱去せしめられる。〝相‐違〟という語が今や名指しているのは、諸々の相違の様々な[17]種にとっての、一つの類概念なのではない。今名指された相‐違は、この一つのものとしてのみ、ある[18]。それは、唯一的である。自己からして、相‐違は、〈それへと、またそれを通じて、世界と諸物[19]とが相互に一致するところの中心〉を、相互区別する（*auseinanderhält*）。相‐違の緊密性は、*Διαφορά*〔相違〕における、担い尽くす[20]決着（*des durchtragenden Austrags*）における、一致させるものである。相‐違は、世界をその世界することのうちへと、諸物をその物成することのうちへと、配達する（*Der Unter-Schied trägt Welt in ihr Welten, trägt die Dinge in ihr Dingen aus*）。このようにそれら〔世界と諸物〕を配達しつつ、相‐違は、それらを相互に運んでゆく。相‐違は、世界と諸物とを、或る一つのこちらの方にもたらされた中心（*Mitte*）によって[21]結合することによって、事後的に媒介するのではない。相‐違は、中心（*Mitte*）として、初めて世界と諸物[22]とを、それらの本質へと、すなわちそれらの相互性のうちへと、突き止め（*ermittelt*）、この相互性の統一を、相‐違が担い支えるのである[36]。そしてもし、すでに見たように、性起（*Ereignis*）とは「真有の真性のあらゆる現成が、あらかじめそこへと思索し返されなければならないところの、自己自身を突き止め、媒介する中心[37]」であるのだとするなら、それならば相‐違は、性起が性起せしめる仕様以外のものでは、ありえないだろう。[23]「真有とは、自性‐性起であり、決着的な性起である。すなわち、担い‐支え（*Seyn ist Er-eignis*, austragsames *Ereignis*: Aus-trag）[24][38]」と、ハイデッガーは述べている。

　ここでひそかに反響がなされている[39]ヘラクレイトスの *ἓν διαφέρον ἑαυτῷ*[25]〔それ自身において異なる一なるもの〕とは対照的に、その差異化そのものの中で、またその差異化そのものによって、世界と物とをそれらに固有であるものへと配達しているのは、それ自身において自らを差異化している一者というより、唯一なる担い支えである。*διαφορά*〔相違〕（*διαφέρω*〔異なる〕）、差異（*dis-fero*〔異なりを‐もたらす〕）、***Aus-trag***〔決‐着、担い‐支え〕（*aus-tragen*〔決‐着をつける、担い‐支える、配‐達する〕）といった諸語は、すべて「～を横切ってもたらす、あちらこちらにもたらす」を意味している。しかしながら、*διαφορά*〔相違〕を***durchtragenden Austrag***〔担い尽くす決着〕と訳すことによって、ハイデッガーは、相‐違〔別離の‐間〕に、決着に、さらに別の或る意味を付与する。***Austragen*** は、等しく「成熟にもたらす」や「調停の道によって、係争を規制する[40]」をも意味する。したがって、世界と物とを、それぞれそれらに固有であるものへともたらしつつ、それらを調和させることによって、それらを相互に関わり合わせるような運動を、相違（***Austrag***〔決着、担い支え〕）と名づけることを妨げるようなものは、何もない。それゆえ相違は、端的なる隔てではなく、世界と物との本質の交差における、物への世界の、また世界への物の、開性であり、それは性起が、すなわち明け開けを明け開くことが、完遂される仕方なのである。[41] 相‐違を、しかしまたすでにして性起をも、「突き止める中心」として理解した後で、ハイデッガーは、こう続けていた。「したがって、《*Unterschied*〔相‐違〕》という語は、もはや、われわれの表象によって初めて諸対象間に設立されるような或る弁別を、思念しているのではない。相‐違はまた、単に、世界と物との間に横たわる或る関わり、それゆえ、それに的中するような或る表象がそれを確立しうるような、或る関わりなのでもない。相‐違は、世界と物とから、それらの関係として事後的に際立たせられるのではない。世界と物とにとって、相‐違は、諸物を世界のもたらしのうちへと性起せしめ（ereignet）、世界を諸物の恵与のうちへと性起せしめる（ereignet）」。[42] それゆえ性起は、相‐違なしにはやってゆけず、調和せしめる差異化という性格を有している。あるいはまた、「諸々の関わり合い中の関わり合い」は、この関わり合いの諸項を、それらの終項へと、すなわちそれらがもつ固有のものへと、もたらすことなしには、しかもそれらを相互に関わり合わせることによって、そうすることなしには、生じえないであろう。

VI　世界と摂－立

敬意、もしくはともに－滞留することが、性起として完遂されるのだということを示した後には、『アナクシマンドロスの箴言』に、立ち返ることにしよう。いっそう正確に言うなら、『アナクシマンドロスの箴言』において、ハイデッガーが、それにしたがって現前者と現前との非－接合を、有論的差異と形而上学との到来を、記述しているところの諸動詞や言語、そのような諸動詞と言語によって提起された問いに、立ち返ることにしよう。次のことは、喚起しておくことにしよう。つまり、この非－接合は、移行的な－滞留者が「その現前に、固執」し、「固執するという我意のうちに、反っくり返」り、「滞留に、こだわろうと」する時、あるいはまた、存立性が現前性に対して「蜂起」し、移行的な－滞留的者が「滞留しつつ拘執(1)」する時、性起するのである。もし〈現前者としての現前者が現前の接合から外れる仕様〉を記述する諸動詞が、人間的諸行為を指し示すがゆえに、自己への関連を欠いた「魂のない主体」よりも、むしろそれ自身に関連づけられた「魂を持つ主体」を呼び求めるのだとするなら、ここではこれらの諸動詞は、自らの意味を、いかなる経験領野から受け取っているのだろうか。また、いかにしてこれらの諸動詞は、それらの起源の境域から、諸境域の中でも最も根源的な境域へと、諸境域中の境域へと、翻訳されているのだろうか。

これらの諸動詞に、その記述的な力を付与してくれる経験領野へと、接近するために、われわれがそこからアナクシマンドロスの箴言に問いかけているところの状況を規定することから、始めることにしよう。テクストの末部において、われわれがもっぱら歴史学的にして文献学的な仕様でアナクシマンドロスの箴言に着手する限り、この箴言は押し黙ったままであろうと説明した後に、ハイデッガーは、こうつけ加えていた。「奇妙にも、箴言は、現今の世界歴運の混乱がどこに存しているのかを、われわれが熟考することによって、われわれが、慣れきった表象の持つわれわれ固有の諸要求を取り去るということに対して、初めて語りかける」[1]。われわれは、この歴運の、いかなる瞬間にいるのだろうか。有は、いかなる仕方で、この瞬間に現前しているのだろうか。回答は、ただちにやって来る。「人間は、大地とその大気との全体に突進し、諸力という形式において、自然の覆蔵されたる統べ[2]を独占し、歴史の歩みを、大地統治の計画と秩序づけとに、服従させようとしている。同じ蜂起的な（*aufständige*）人間が、何が有るのかを単純に言うことができず（*außerstande*）、これが何で有るのか、或る物が有るということを、言うことができない。／有るものの全体は、征服への或る唯一的なる意志の、一なる対象である。有るということの単純さは、或る唯一的なる忘却のうちに、埋められている[2]」。それゆえ、アナクシマンドロスの箴言が「語りかける」のは、有るものと有るものとしてのわれわれ自身との主人として、〈そこからわれわれがわれわれの有を得ているところの、〔また〕われわれの有がその真性においてそれへと本来的に隣接しているところの、有〔それ自身〕〉から、われわれが最も離れている瞬間、またこの理由ゆえに、われわれが本質的に危険のうちにある瞬間、そういう瞬間においてなのである。

現今の世界歴運を、どのように特徴づければよいのだろうか。人間は、あらかじめ有が、今日の世界歴運において、人間と有るものとを両方とも、相互に配置するということがなければ、有るものを支配し、有をなおざりにすることなど、できないだろう。いかなる仕方で、それら〔人間、有るもの、有〕は、そのようであるのだろうか。あるいはいっそう正確に言うなら、いかなる仕様で、有は今日、現前するのだろうか。有のいかなる呼びかけに、技術の支配が応え、呼応しているのだろうか。「われわれの *Dasein*〔現有〕全体は、いたるところ――あるいは遊戯しつつ、あるいは忙しく、あるいは煽り立てられ、あるいは押しやられ――自らが、あらゆるものを計画し・見積もるべく専念し直すよう、徴発されているのを見出す。この徴発において、何が語っているのだろうか。この徴発は、単に人間の、或る手作りの気まぐれから、発源しているだけなのだろうか。あるいはその際、すでに有るものそれ自身が、われわれに襲いかかっており、しかも有るものが、その計画可能性と見積もり可能性へとわれわれに語りかけるというようにして、襲いかかっているのだろうか[3]。それでは、つまり有は、有るものを見積もり可能性の視圏のうちに現出せしめるという徴発の下に、立っているとでもいうのだろうか。実際、その通りである。そしてこのことだけではない[4]。有と同じ程度に、人間は、彼に襲いかかる有るものを、彼の計画と計算との用象（*Bestand*）として確立し（*sicher-zustellen*）、この用立て（*Bestellen*）を、見渡しえないものへと駆るよう、徴発されている、すなわち、立てられている（*gestellt*）のである[5]。／人間と有とが、相互的にお互いを立て（*stellen*）合うように[6]、人間と有とを、相互に立て－渡す（*zu-stellt*）徴発、そのような徴発の集摂を表す名は、摂－立（*Ge-Stell*）である[3]」。

かくして摂－立によって出頭するように勧告〔徴発〕されて、人間と有とは、固く結ばれ〔avoir partie liée〕、互いの受取人〔partie prenante〕である。それは、「われわれの時代の星位」の下では、或る仕方で人間が有へと自性化〔適合〕せしめられ、有が人間に自性的に〔固有的に〕捧げられているということでないとしたら、どういう意味というのだろうか。「摂－立のうちで、或る奇妙なる自性化と、自性的な捧げとが、統べている[4]」。そのことを、ごく手短に、現代物理学の実例に基づいて、浮かび上がらせてみることにしよう。古典科学においては、有るものが客観化〔対象化〕され、真理が表象についての主観的な確実性〔確信〕として理解されているのに対して、「原子物理学のごく最近の段階においては、さらには対象もまた消滅し、そのようにしてまず第一に、単なる関係としての主観－客観－関係が、客観ならびに主観に対する優位のうちに達し、用象（*Bestand*）として確保されんと欲している[7]」[5]。換言するなら、もしニュートン物理学が、自然を、そこからは理論的主観が排除され、それへと理論的主観が立ち向かうところの、或る一つの閉じられた境域と見なしているのだとするなら、量子物理学は、観測されるものを、観測者とその諸装置とから、分離したりなどしない。「ハイゼンベルクの不確定性の関係によって、ついには人間が、器具の人造性のうちへと表明的に含み込まれ、器具の一用象部品となってしまった」[6]。それゆえ人間は、このようにして用象へと、自性化〔適合〕せしめられているのである。

いかにして技術は、その本質を現成せしめるのだろうか。自然的なものであれ、人間的なものであれ、あらゆる有るものを、可能的開発の唯一なる永続的用象の部品として現れるように徴発〔sommer〕しつつ、摂‐立は、有の覆蔵性のうちで、また有の覆蔵性によって、人間を有に自性化〔適合〕せしめ、有の忘却を仕上げ〔consommer〕、さらにいっそう、有の真性の忘却を仕上げる。しかしここでは、有の真性の忘却を仕上げること、すなわち有の真性の忘却をその果てまで導くことは、用いつつ、また何ものでもないものへと還元しつつ、この忘却そのものまでも忘却しつつ、焼き尽くし〔consumer〕、破壊することをも、等しく意味している。「摂‐立の本質とは、自らのうちに集められた、立てること（*Stellen*）である。この立てることは、忘却しつつ、その固有の本質真性を、追い立てる（*nachstellt*）。そしてこの追い立ては、次のことによって、自らを偽装する（*verstellt*）。つまりそれが、あらゆる現前者を用象として用立てること（*Bestellen*）において、自らを展開し、そしてそこに住まいを整え、用象として〔8〕支配する、ということである[7]」。手短に言うなら、摂‐立がそれへと応えているところの有の呼びかけは、それ自身、摂‐立の諸々の部品の中の一部品となり、技術は、有を忘却にまで追い立て、そして「摂‐立がそのようなものとして現成する（*west*）ところの立てることの、最も内的な本質とは、特徴づけられた〔意味での〕追い立てること（*Nachstellen*）である[8][9]」。そこで、古高ドイツ語では「追い立てること」は*fara*と言われていた、ということを喚起しつつ、ハイデッガーは、技術の本質を、***Gefahr***〔危険〕、危険と名づけて、「摂‐立の本質とは、危険である[9]」と、主張することができるのである。

この危険は、何に由来し、そして何が危険に晒されているのだろうか。近代技術の本質は、有るものの有に関わり、それは有るものの有の忘却を完成する。あるいは換言するなら、近代技術の本質が現成するのは、現前性がそこから湧き出ているところのアレーテイア〔真性、非覆蔵性〕から、現前性をそらすことによってであり、現前性を、その本質の真性から転じることによってである。そしてもし摂‐立が、それによって有がそれ自身の忘却として性起するところの、その上有に固有であるものの覆蔵として性起するところの、開蔵の仕方であるとするなら、それならば「摂‐立は、有の本質として、有をその本質の真性から取り出し置き、有をその真性から脱し置く（*entsetzt*）」。われわれは、アナクシマンドロスの箴言に、技術の時代の方から問いかけているのだが、そのような技術の時代においては、「有はそれ自身、その本質の真性から自らを脱し置くが、しかしながら、このような脱し‐置くことと、自らを離し置くこととにおいて（*in diesem Ent-setzen und Sichabsetzen*）、決して自らを、真有の本質から切断することができない」[10]。有を脅かす危険は、有に由来する。しかし、有が危険でありうるのと、有が危険な状態にありうるのとは、同じ資格においてではない。もし「真有は、真有として、その固有の本質の危険である」[11]のだとするなら、真有は、摂‐立として脅かすものであり、その固有の本質真性において、脅かされているのである。したがって、一方で有の忘却を仕上げる摂‐立と、他方で有の本質真性である世界とは、もしひとが、〈同じもの〉ということによって、「相違の関わり合い」のことを解するのであれば、「同じものである」[12]。しかし、同じものの相違化された関わり合いは、いかにして完遂されるのだろうか。「同じもの、〔つまり〕有の自らにおいて相違的な本質は、自己からして或る対立のうちにあり、しかも、世界が自らを、覆蔵された仕方から、摂‐立のうちへと脱し置くという仕方で、或る対立のうちにある」[13][10]。もし覆蔵性が否定性と混同されうるのなら、弁証法的でもあろうこの命題、いったいこの命題が記述しているのは、次のような運動ではなくて、何であろうか。つまりそれは、それによって技術の本質が、有ると言えるものすべてと有それ自身とを、その固有の本質真性の外に、すなわち明け開けの性起としての世界の外に脱し置くことによって、その支配を広げるというような運動なのである。

有をその本質の外に、世界に対する摂‐立の対立のうちに、あるいは本来本質的なものに対する本質的に非本質的なものの対立のうちに、脱し置くということによって、有がその真性から引きずり出され、有ると言えるあらゆるものの現前する仕様が、危険にも凍えさせられてしまうのだが、このような脱し置きは、同時に世界の覆蔵でも、有論的差異の出来《しゅったい》でもある。それは、明け開けの性起としての、また有の本質の真性としての世界の、覆蔵であり、それは、有論的差異の出来である。なぜなら世界の覆蔵は、世界がその完遂の仕方であるところの〈ともに - 滞留すること〉を、無化してしまい、「固執するという病的欲望」を、形而上学を、流露させてしまうからである。技術の本質が記しているのは、形而上学の完成なのである[14]。しかし、この状況はまさしく、少なくともその原理においては、アナクシマンドロスの箴言の第二の文章が記述している状況ではないだろうか。それでは、西洋の諸箴言の中でも最古の箴言が、あらためてわれわれに語り始めうるのは、われわれがそこからその箴言に問いかけているところの状況〔すなわち今日的状況〕が、この箴言において思索されている状況のうちに、その起源を見出すから、この理由からではないだろうか。そしてもしわれわれが、そこで問われているものによって、すなわち敬意を属せしめることにおける *ἀδικία*〔不 - 当〕の超克によって、襲いかかられているのではないとするなら、〔また〕もしわれわれが、有の本質がそれであるところの危険に、必ずしも晒されているのではないとするなら、この最古の箴言には、あらためてわれわれに語り始めることなど、できるだろうか。というのも、われわれの有全体が、有への関わり合いのうちに存しているからである。

しかし、われわれが本質上属しているところのこの有は、それ自身で保管されうるのだろうか。あるいは換言するなら、開蔵の仕方ならびに有の歴運としての摂 - 立は、超克されうるのだろうか。有が常に、例えばピュシス〔自然〕、主観性、もしくは摂 - 立といった、そのつど異なる或る「エポック的刻印[15]」の下に、自らを〔歴運的に〕遣わすのであるからには、有のあらゆる歴運は、或る別の歴運へと、遣わされている。そして後者の歴運は、同時にその有を変化せしめられてはいるのだが、だからといって、廃されてしまうわけではない。「有はそれ自身、自らを遣わし、そのつど或る一つの歴運として現成し、したがって、自らを歴運的に変遷せしめる[16]」。それゆえ、有の或る歴運は、決して、或る別の停留所が脱落させにやって来るような、単なる一つの停留所なのではない。そしてもし有が、諸変様を容れうるのだとするなら、技術の本質は、超克されることはありうるのだが、だからといって、活動停止にされたり、すっかり消去されたりするわけではない。

しかしながら人間は、人間だけでは、そのようなことには到達しえないだろう。なぜなら、摂‐立とは、或る仕方で、有そのものなのだから、われわれには、われわれの有全体がその番人たることであるようなもの〔すなわち有そのもの・有それ自身〕の歴運の上に突出して、この歴運を支配することなど、できないからである。「その本質が有それ自身であるところの技術は、人間によっては、決して超克されない。それでは人間が、有の主《あるじ》だとでも謂わんばかりであろう[17]」。しかし、たとえ人間が有を支配するのではないにしても、それでもやはり有は、人間を、有の真性の居場所として要求する。そして人間的には超克不可能ではあっても、それでも技術の本質は、「人間本質の手助け[18]」なしには、決して超克されることはないであろう。

人間本質の手助けとは、どのようなものでありうるのだろうか。また、いかにしてわれわれは、有とわれわれの有とを、摂‐立という危険から守ることに、貢献しうるのだろうか。すでに見たように、技術の本質が現成するのは、あらゆる有るものを、可能的開発の用象部品として現れさせることによってであり、手短に言うなら、人間を、その覆蔵性における有に、自性化〔適合〕せしめることによってである。しかし、もし人間を「用象の用立て人[19]」にしてしまうこの性起が、摂‐立と有の忘却との管轄に属するのだとするなら、われわれは、その只中で技術がその本質を展開するところの次元に接近することなしには、手短に言うなら、その真性における有へと自性化〔適合〕せしめられることなしには、技術を超克するのを助けることなど、できないだろう。「技術の本質を克服するためには、もちろん、人間が用いられる」、しかし、とハイデッガーは詳述する、「人間がここで用いられるのは、この克服に呼応するその本質においてである。したがって、人間の本質は、まず技術の本質に自らを開かなければならないのだが、そのことは、人間が技術とその手段とを肯定し、促進するという過程とは、まったく別の或る性起（*Ereignis*）である。しかし、人間本質が技術の本質に留意的になるためには、〔また〕技術と人間との間に、それらの本質に関して、或る本質関わり合いが創設されるためには、近世的人間は、何よりもまず初めに、一度その本質空間の広がりのうちへと、戻らなければならない。しかし、人間本質のこの本質空間が、それを接合するその次元を受け取るのは、唯一次のような関わり合い（*Verhältnis*）からのみ、すなわち、そのようなものとして真有それ自身の守りが、真有に用いられるものとしての人間の本質に自性化〔適合〕せしめられるような、関わり合いからのみである。それとは別様には、つまり、人間がまず最初に[11]、その本質空間のうちに定住してそこに住まう、というのとは別様には、人間は、今統べている歴運の内部で、何一つ本質的なことをなしえないのである。このことを熟慮しつつ、われわれは、マイスター・エックハルトの或る語に注目する。この語を、その根底から思索することによって。それは、次のように述べている。〝大いなる本質を持たない者たちが、どのような行為をなそうとも、そこからは何も生じてこない。〟／人間の大いなる本質は、それが有の本質に帰属して、有の本質をその真性のうちに守るよう有によって用いられるということのうちに、存しているのである[20]」。

それゆえ、技術の本質は、人間が技術の本質に自らを開くということなしには、超克されえないだろう。しかし、技術の本質に自らを開くことが意味しているのは、摂‐立がその一つの歴運であるところの有の本質の真性に、自らを開くことでないとするなら、〔あるいは〕ハイデッガーがここで「関わり合い」もしくは「関わり合いの支え」と名づけているものに、手短に言うなら、性起がそれであるところの「諸々の関わり合い中の関わり合い」に、自らを開くことでないとするなら、何だというのだろうか。そしてもし、この開けを完遂することが、人間にとって、その只中で人間がその住居を建てうるところの「本質空間を、再び見出すこと」であり、したがって、四方としての世界を取り戻すことであるとするなら、その場合、ハイデッガーの思索は――このことは、通りすがりに記しておくことにしよう――彼自身がニーチェの思索をそれによって特徴づけているところの運動に類比した、或る一つの運動を記述しているのだということになる。ニーチェの思索は、「根本において何も転覆したいのではなく、ただ、何かを取り返したいだけ[21]」なのである。一方では、実際、諸々の価値の転倒（*Umkehrung*）は、祭司的な価値変容が正義を無力の一機能にしてしまった後に、正義を力の一機能にし直そうとし、「〝真〟、〝善〟、〝理性的なもの〟、〝美〟を、転倒された諸力の個別諸事例でしかないように[22]」還元することによって、人間と世界との本質を変様することに、専念する。他方では、技術の本質を思索することが意味しているのは、まずもって「有が、その本質の忘却のうちへと、この本質から去りつつ転回し、そのようにして同時に、その本質の真性に反して転回する[23]」仕様を思索することであり、続いて、それによって有がその最も固有の本質の真性へと性起するところの、〔また〕それによって人間が〈彼の「大いなる本質」が彼に授けているもの〉の大きさに接近するところの、或る転回（*Kehre*）の可能性が、技術の本質のうちに覆蔵されている[12]のだということを、思索することである。したがって、価値変容や有の問いによって要請されている諸々の破壊の広がりが、どのようなものであろうとも、両者とも、決して、おそらくは異なる仕方で、或る一つの構築の前兆となるということしか、していないのである。「さあ、われわれの諸真性で砕ける――ことのできる――あらゆるものは、砕けるがよい！　建てるべき多くの家が、まだある！[24]」と、ツァラトゥストラは述べている。そして自性 - 性起を「それを通って人間と有とが、形而上学がそれらに貸し与えた諸規定を失うことによって、相互にそれらの本質に達し、それらの本質現成者を獲得するところの、自らのうちで振動している境域」と規定した後で、ハイデッガーは、こうつけ加えていたのである。「性起を自性 - 性起として（*das Ereignis als Er-eignis*）思索することとは、この自らのうちで振動している境域の建築に、従事することを謂う[25]」。

　しかし、なぜこの建築は、技術の時代に、まったく同時に可能的、かつ必要なのだろうか。あるいは、中断されたままの或る一つの問いに立ち返るなら、いかにして思索は、始源的には思索を免れていたものに、遅まきながら到達し、このようにして、アナクシマンドロスの箴言が述べているものに、接近することができるのだろうか。摂 - 立は、人間と有とを、両者とも出頭するよう勧告〔徴発〕することによって、人間を有に自性化〔適合〕せしめ（*ver-eignen*）、有を人間の本質に自性的に〔固有的に〕- 捧げる（*zu-eignen*）のだということを示した後で、ハイデッガーは、こう続けていた。「そこにおいて人間と有とが、相互に固有化 - せしめられるところの、この固有化すること（*Eignen*）を、端的に経験することが、すなわち、われわれが ***Ereignis***〔性起〕[13]と名づけているもののうちに現入する（*einkehren*）ことが、肝要である」。次いで、動詞 ***er-eignen***〔自性 - 性起せしめる〕、性起させる、が、もともとは ***er-äugen***〔眼で知覚する〕、まなざしで捉える、もしくはまなざしで呼ぶ、ということを意味していたのだということを、一度喚起した後で、彼は、こうつけ加えていた。「われわれが近代技術的世界を通じて、有と人間との星位としての摂 - 立において経験しているものは、***Er-eignis***〔自性 - 性起〕と謂われるものの、一つの前奏である。とはいえ、***Er-eignis***〔自性 - 性起〕は、必ずしもその前奏に拘執しない。なぜなら、***Er-eignis***〔自性 - 性起〕のうちでは、それが摂 - 立の単なる統べを、或るいっそう始源的な性起せしめることのうちへと克服するという可能性が、語りかけているからである」[14][26]。

それゆえ、摂 - 立については、或る一つの両義性がある。一方では摂 - 立は、有の忘却を仕上げることによって、人間を有に自性化〔適合〕せしめ、他方では摂 - 立は、性起それ自身の、すなわち有の本質の真性の、一つの「先行現出」、もしくは一つの「先行形式」[27]である。しかし、〔一方で〕有論的差異の克服と、〔他方で〕***Ereignis***〔性起〕の思索とを可能ならしめる、この二元性[28]は、いかにしてそのようなものとして、浮かび上がることができるのだろうか。問いは、二重である。すなわち、いかにして摂 - 立は、その両義的な性格を、あらわれさせるのだろうか。そして摂 - 立に呼応し、摂 - 立に接近するためには、人間は、何であらねばならないのだろうか。摂 - 立とは、それによって有が、その固有の本質から隔てられはするが、〔しかし〕決してその固有の本質から分離されはしえないところの、有の歴運である。それゆえ摂 - 立は、摂 - 立がそこから本質的に不可分であるまさにそのものを、忘却や覆蔵性という仕方で現成せしめることなしには、現成することなどできないだろう。換言するなら、「有の本質の[15]忘却の完成された歴運としての摂 - 立において、目立たぬ仕方で、世界の遠き到来の一条の光線が、輝いている」[29]。そして技術の本質の支配の下では、有の本質の真性としての世界は、〈自らを脱去せしめ、自らを拒絶するもの〉として、〈非覆蔵性をも、非覆蔵性において現前するものをも、認与する覆蔵性〉として、性起するのである。「世界がその世界することを拒絶する限りにおいて、世界の無が生起するのではなく〈世界については何一つ生起しないわけではなく〕、拒絶は、世界の最も遠き遠さの大いなる近さを、放射する」[30]。

それでは、いかにしてわれわれは、有の本質の真性の目立たぬ微光を、すなわち四方としての世界を、覚知することができるのだろうか。「有の最極端の脱去において、初めて思索は、有の本質を観取する」と述べた後で、ハイデッガーは、こう記していた。「実際、もしわれわれが、〈われわれに属しているものは、失われたものの喪失において、初めてわれわれに輝き出す〉というような性質のものになっているのだとするなら、おそらくこのこと〔先に述べたこと〕は、徹底的に人間本質にかなっている」[31]。それゆえ、有それ自身にならって、われわれが、われわれの本質を失うほどにも、われわれの本質から隔てられ、われわれの本質から遠ざかりうるのだからこそ、われわれは、〈われわれに最も固有で、それへとわれわれが本質的に自性化〔適合〕せしめられているところのもの〉の微光を、覚知することができるのである。しかし、われわれがわれわれの本質から形而上学的に隔てられる時――そして形而上学とは、この隔たりの名である――われわれとは、誰なのだろうか。そしてわれわれの本質の居場所を再び見出すためには、われわれは、何にならなければならないのだろうか。

この問いに答える前に、たとえ人間が、人間だけでは、技術の支配という有の歴運を、超克しえないのだとしても、それでも人間は、摂－立の本質に、すなわち有それ自身の危険たる限りでの有に、自らを開くことによって、そのことに手を貸すことができるのだということを、喚起しておくことにしよう。その固有の本質からそれる限りにおける有に接近しつつ、人間は、その只中において有がその本質の真性へと性起しうるところの、したがって、有の忘却が存在するのをやめうるところの次元に、接近する。しかし、もし人間が有から不可分であり、また思索とは、人間が有の呼びかけに応える仕方であるのだとするなら、有の忘却から有の真性の保管への転回は、われわれの本質ならびにわれわれの思索の或る変様なしには、ゆかないだろう。逆に、有の真性についての問いを立てることは、「この転回の到来の、あらかじめ投げられた影のうちに、すでに立っている」[32]ことであり、この転回に呼応し始めることである。そうであるならば、われわれが技術の本質の超克を準備しうるのは、有の真性を監視することによってであり、われわれを有の真性に自性化〔適合〕せしめることによってではないだろうか。

しかし、いかにしてわれわれは、死すべき者たちになることなしに、また同時に、自らを形而上学的に理性的動物として思索するのをやめることなしに、有の本質の真性に、四方に、属することができるというのだろうか。われわれは、大地や天空や神的なものたちを、それらのそれぞれを四方の一重襞から出発して思索することなしには、思索しえないのだということを説明した後で、ハイデッガーは、死すべき者たちに着手する。「死すべき者たちとは」と彼は言う、「人間たちのことである。彼らが死すべき者たちと謂われるのは、彼らが死ぬことができるからである。死ぬこととは、死を死として能うことを謂う。ただ人間だけが、死ぬ。動物は、絶命する。動物は、死としての死を、自らの前にも、自らの背後にも、持たない。死とは、無の櫃《ひつ》である。すなわち、あらゆる観点において、決して何か単に有るものではないが、しかし、それにもかかわらず現成する（*west*）、しかも、有それ自身の密令として現成するものの、櫃である。死は、無の櫃として、有の本質現成者を、自らのうちに蔵している。死は、無の櫃として、有の蔵態である。死すべき者たちを、今やわれわれは、死すべき者たちと名づける――この世での彼らの生が終焉するからではなく、彼らが死を死として能うからである。死すべき者たちは、有の蔵態のうちに現成しつつ、死すべき者たちとして、彼らがそれであるところの者たちである。彼らは、有としての有への、現成しつつある関わり合いである。／反対に形而上学は、人間を animal〔動物〕として、生物として表象する。たとえ *ratio*〔理性〕が、*animalitas*〔動物性〕を統べ尽くしているのだとしても、人間有は、生きることと体験することとの方から規定されたままである。理性的生物は、初めて、死すべき者たちにならなければならないのである」[33]。それゆえ、人間に関する限り、人間が技術の本質を超克するのに貢献しうるようになるのは、自らの本質から形而上学的に隔てられるのをやめることによってであり、理性的動物であることをやめて、ハイデッガーの強調するように、有の真性に自性化〔適合〕せしめられた死すべき者になることによってである。そして、たとえ有の歴運を変えてしまうことが、われわれには依存しないのだとしても、われわれにとっては、すべてがここでは、理性を授けられた生物というステイタスから、死すべき者というステイタスへと移行することに依存しているのだということに、また、やはりわれわれにとっては、すべてがここでは、思索し・有るわれわれの仕様、〔つまり〕有の真性を思索し・この思索で有るわれわれの仕様における、このような変化の上に集摂されるのだということに、変わりがあるわけではない。なぜなら、「もし行為すること（*Handeln*）が、有の本質に手（*Hand*）を貸すことを謂うのだとするなら、思索することとは、本来的な行為することである」からである。「つまりそれは、有の本質のために、有るものの只中で、そのうちへと有が自らとその本質とを言葉にもたらすところの所在地を、用意する（建てる）ことなのである(34)」。

VII　世界における貧困と被造物の待ち焦がれ

われわれがこのようにしてたどり着いた地点において、われわれは、ハイデッガーが有論的差異と形而上学との到来を記述している奇妙なる言語に関する問いを、すっかり見失ってしまったのではないだろうか。それは確かではない。実際われわれは、有論的差異がそれに由来するところのまさにそのものの方から実施することなしには、〈少なくとも一部は、この言語に、その根源的な意味とその記述の力とを授けているところの経験領野〉について、調査することなどできないだろう。ところで、もし死すべき者たちが、有の本質の真性としての世界に自性化〔適合〕せしめられるために、死すべき者たちとなるのだとするなら、反対に、また *Ereignis*〔性起〕の方から考察されるなら、*ζῷον λόγον ἔχον*〔ロゴスを持つ動物〕としての、理性的動物としての人間、この形而上学的人間は、自らを拒絶する限りでの世界から、その本質を引き出している。そして世界のこの拒絶は、天空、大地、神的なものたち、死すべき者たちを集摂する限りでの諸物に、やはり現れることを禁じ、そうした諸物を「無化」[1]してしまう。あるいは換言するなら、また、もし無化が、一つの変様であるとするなら、世界が自らを拒絶することは、諸物を諸々の存立的な有るものへと変様し、諸物の下に滞留する死すべき者たちを、その有における有るものに開かれた、理性を具えた生物へと、変様してしまう。つまりは、有と有るものとの間の関わり合い、有論的差異は、世界と物との間の関わり合いに由来する、ということなのだろうか。

おそらくそうである。講演『時と有』の一節を説明しつつ、ハイデッガーは、*Anwesenlassen*〔現前せしめること〕、有ら‐しめること、もしくは現前‐せしめること、という表現が持つ二つの意味を、区別するに至らしめられる。一方で、有ら‐しめることとは、有がまさしく有らしめる有るものへと関わり合う限りにおける、有のことであり、させることは、非覆蔵性のうちに来させることを意味する。他方で、有ら‐しめることは、有そのものに関わり、そこから出発して有があるところのもの、そこへと有が属するところのものを指し示し、させることは、与えること、もしくは遣わすことを意味する。一方では、有ら‐しめることは、形而上学の依拠する有論的差異の方から思索されており、他方では、有ら‐しめることは、有の本質の真性としての*Ereignis*〔性起〕との関係において思索されている。それでは、有ら‐しめることのこれら二つの対立する理解は、どのような関係を維持しているのだろうか。「形式的に言われるなら」と、ハイデッガーは答える、「対立の両項の間には、或る規定的な関わり合い〔ein Bestimmungsverhältnis〕が存している。つまり、現前することをさせること（das Lassen von Anwesen）がある限りにおいてのみ、現前者を現前させること（das Anwesenlassen von Anwesendem）[1]が、可能なのである」。しかし、この関わり合いは、どのように思索されなければならないのだろうか。そして有ら‐しめることの二つの意味の間にある区別は、どのようにして*Ereignis*〔性起〕から出発して規定されなければならないのだろうか。「主要な困難は」と、ハイデッガーは続ける、「思索に有論的差異を免除することが、*Ereignis*〔性起〕の方から必要だということのうちに、存している[2]。ところで、*Ereignis*〔性起〕の方からは、反対に、この関わり合いは、世界と物との関わり合いとして示される。この関わり合いは、差し当たってはまだ、或る仕方で、有と有るものとの関わり合いとして把捉されえようが、しかし、その場合、この関わり合いの持つ特有のものが、失われてしまうのである[2]」。

すでに見たように、世界と物との間の差異（*Austrag*〔決着・担い支え〕）は、世界と物との間の端的なる隔たりではなくて、次のような運動である。すなわち、両者を両者のそれぞれに固有であるものへと担いながら、両者を調和させつつ・両者を相互に関わり合わせ、両者の本質の十字交差において両者を相互に開くような運動、そして性起それ自身が、〔つまり〕明け開けを明け開くことが完遂される仕方を、構成するような運動である。換言するなら、また、或る不適切なる言語で語るなら、有ら-しめることと有ら-しめることとは、相互のうちに移行し、しかも混同されることがない。しかし世界、つまり明け開けの性起が、自らを拒絶するに至る時には、有ら-しめることが、有ら-しめることのみのために、すなわち有るものと異なる限りでの有のために、自らを脱去せしめてしまう。*Ereignis*〔性起〕の方から思索されるなら、有論的差異とは、世界が自らを拒絶して、この拒絶が物を無化する時の、物と世界との差異にほかならないのである。

それでは、有論的差異の到来を記述している諸動詞が、それらの意味をそこから受け取っているところの経験境域を、われわれが同定するに至るのは、有論的差異を、このように、つまり性起の方から、理解することによってではないだろうか。世界が自らを拒絶するに至る時、死すべき者たちや諸物には、何が生起しているのだろうか。それらは、それらの本質の真性を、取り去られている。諸物に関して言うなら、世界の脱去は、〈ともに-滞留すること〉を侵害し、*ἀδικία*〔不-当〕を産出し、そして同時に、有論的差異を産出する。死すべき者たちに関して言うなら、世界の脱去は、死すべき者たちが本来それへと本質的に開かれているところのまさにそのものに対して、すなわち明け開けの性起に対して、死すべき者たちを閉ざしてしまい、死すべき者たちを、有るものから有を差異化するのに適した、理性的動物にしてしまう。しかし、もし諸物が脱世界化されるのだとするなら、死すべき者たちの方はと言えば、彼らは——剥奪ということで、持ち-うることに基づいた、持た-ないことが、解されるのであるからには——世界を剥奪されているのである。ところで、ハイデッガーによれば、動物性が、またいっそう一般的には、生が規定されるのは、世界のこのような剥奪によってである。確かに生物が世界を剥奪されているという場合の世界とは、一つの有り方のことであって、有の本質の真性のことではないのだが、しかし、実存疇としての世界を剥奪することによって、必然的に、四方としての世界が剥奪される。というのも、四方としての世界は、実存疇としての世界の、真性だからである。そして、もし「われわれにとって決定的な有論的伝統、そのような伝統の始源において——パルメニデスにおいては明示的に――世界という現象が、跳び越えられてしまった」[3]のだとするなら、後者〔世界という現象〕の剝奪は、人間の形而上学的規定にとって、本質的だということになる。それゆえ、一方で有の本質の真性に関する限りでの理性的動物、他方で有るものの有に関する限りでの単なる動物は、剝奪という同じ一つの状況のうちにあり、そしてこの類似は、少なくとも一部は、かつてハイデッガーが「動物とのほとんど思索し尽くしえない、深淵的な、身体的親近性」[4]と名づけたものの管轄に、属しているのである。

しかし、もし死すべき者をして理性的動物たらしめている世界の拒絶が、先に見たように、摂‐立として現成し、そしてもし、*Ereignis*〔性起〕の方から考察されるなら、人間の動物性、有論的差異、技術の本質が、世界の同じ拒絶に由来していて、近世的人間、ニーチェが「末人」と名づけていた人間が、「技術化された動物」[5]として理解されうるほどであるとするなら、そこからひとは、現前に対する現前者の蜂起をハイデッガーが記述している諸動詞は、それらの意味を、生の境域から得ているのだと、結論しなければならないのではないだろうか。否である。なぜなら、なるほど四方としての世界の剝奪が、死すべき者を、ζῷον λόγον ἔχον〔ロゴスを持つ動物〕に、理性的動物にしてしまうのだとしても、あらゆる有るものを生物と見なすことは、明らかに不可能だからである。しかしながら、この回答は、見かけほど否定的ではない。なぜなら、少なくともそれは、ハイデッガーが有論的差異の「本質系譜」[6]をたどり直しているのは、〈有るもの一般の蜂起が、われわれがそれであるところの生物の蜂起に結びつけられているような、或る一つの経験領野〉の方からだということを、意味しているからである。それでは、ついにはわれわれが、生の属しているはずの境域に――もっとも生は、この境域を定義するには、十分ではないのだが――接近することができるのは、生物ならびに動物性の本質に、問いかけることによってではないだろうか。そして生物の有り方としての有機体についての有論的分析が、いつかこの境域を露呈させ、透けて見えるようにさせてくれるはずなのではないだろうか。

「動物は世界において貧困的である」というテーゼを導きの糸として、有機体の本質を長々と記述した後で、ハイデッガーは、自己自身に向けられた或る一つの異論というかたちで、このテーゼに立ち返る。動物には、常に世界が閉ざされていたのであるからには、動物が世界を剝奪されていると主張するのは、言いすぎではないだろうか。そして動物、もしくは生物を、世界における貧困によって特徴づけることは、世界形成的であることを本質とする人間に動物を比較することによって、動物の有が持つ諸限界を、超過してしまうことではないだろうか。「ただ人間の方から見てのみ、動物は、世界において貧困的である。しかし、動物で有ることは、それ自身において、世界無しで済ますことではない。なおいっそう判明に、さらに進んで語るなら、もし、無しで済ますということが、或る変容において、一つの受苦であるとするなら、それならば、世界無しで済ますことと貧困で有ることとが、動物の有に属している場合、動物界全体と生一般の界とを、或る一つの受苦と、或る一つの苦悩とが、貫いているにちがいない。[6] そのことについて、生物学は、端的に何も知らない。そのようなことについて物語るのは、おそらくは詩人の特権である。〝それは学問とは何の関係もない〟[7]。或る吟味、その詳細はここでは重要ではないのだが、その吟味の結論として、ハイデッガーは、〈動物は世界において貧困的である〉というテーゼを、〈動物はまったく世界を持たないであろう〉という別のテーゼのために放棄することを、最終的には拒絶してしまう。「むしろ」と、そこでハイデッガーは、有機体についての分析を中断して、世界についての分析に着手する折に、書いている。「われわれは、世界の本質についての本来的で表明的な形而上学[7]的理解が、動物における世界の非所有を、それでも、或る一つの無しで済ますこととして理解するよう、また、動物としての動物の有り方のうちに、或る一つの貧困で有ること[8]を見出すよう、われわれに強制するという可能性を、開かれたままにしておかなければならない。生物学が、このようなことを知らないということは、形而上学に対する反証ではない。おそらくは詩人たちのみが、時たまそのことについて語るということは、形而上学が聞き流してはならない、一つの論拠である。[9] 結局のところ、パウロ（『ローマの信徒への手紙』Ⅷ、一九[10]）が、*ἀποκαραδοκία τῆς κτίσεως*〔被造物の待ち焦がれ〕について、被造物や創造物のあこがれに満ちたうかがいについて、書いている語の何がしかを理解するために、キリスト教信仰が初めて必要だというわけではない。被造物や創造物の道は、『第四エズラ書』七、一二[11]も言うように、この時代には、狭く、悲しく、辛苦に満ちたものになってしまっていた。しかし、動物の世界貧困性を、動物性それ自身[12]の内的問題として展開しうるために、或る一つのペシミズムが必要だというわけでもない。なぜなら、抑制から解放することに対して動物が開かれているということとともに、動物は、その昏蒙において、或る他なるもののうちへと、本質的に立て出されているからである。この他なるものは、なるほど動物にとっては、有るものとしても、有らぬものとしても、そのつど顕わではありえないのだが、しかし、抑制から解放するものとして、そこに含まれているすべての〈抑制から解放することの諸変容〉とともに、動物の本質のうちに、或る一つの本質的な震撼をもたらすのである[8]」。

それゆえ、動物もしくは生に固有の、受苦ないし世界における貧困を、結局のところ解明しにやって来るのは、聖書からの或る引用なのであり、ハイデッガーが自らのテーゼを立証するために訴えるのは、例えば〔リルケの〕『ドゥイノの悲歌』の第八の悲歌というよりも、むしろ『ローマの信徒への手紙』なのである[9]。たとえこの指示が、前代未聞というわけではないにしても。というのも、「あらゆる有限な生にまつわりつく悲しみ」や「あらゆる生の深く破壊しえない憂鬱[10]」について語りつつ、すでにシェリングが、同じ節に、反響していたからである。だが、たとえそうだとしても、ここではこの指示は、或る一つの例外的な性格を有している。実際、初期の諸講義は留保するとして、ハイデッガーは、決して聖書の権威に訴えたりなどせず、そして稀にしばしば聖書のしかじかの言葉を喚起するようなことが彼に起こるにしても、それは常に、乗り越えがたき或る距離を記すためなのである[11]。〔しかるに〕ここでは、事情は単純にそうだというわけではない。実際ハイデッガーは、何と言っているのだろうか。間接的に彼が主張しているのは、あらゆる信仰はわきにどけておいて、一方で *ἀποκαραδοκία τῆς κτίσεως*〔被造物の待ち焦がれ〕と、他方で世界における貧困とは、生物としての生物に内属する受苦を表現する二つの仕様だということであり、あるいはまた、世界における貧困は、*ἀποκαραδοκία τῆς κτίσεως*〔被造物の待ち焦がれ〕の、「有論的」内容だということである。しかし、そしてこれがこの主張の直接的に提起している問いなのだが、聖パウロの信仰を捨象しつつ、彼の言葉に何かを聞くなどということは、可能なのだろうか。あるいは換言するなら、使徒のまなざしは、或る一つの有論的なまなざしと、或る一つのキリスト教的なまなざしとへと、〔つまり〕或る一つの非‐信仰的なまなざしと、或る一つの信仰的なまなざしとへと、二分化されるのだろうか。

『ローマの信徒への手紙』に、いっそう正確には、問題とされている聖書抜抄句《ペリコーペ》に、立ち返ることにしよう。そこで聖パウロは、贖罪を被造物の総体へと拡張し、救済の希望を創造物全体のドラマにする。「現在の諸々の受苦は、われわれのうちで啓示〔顕示〕されることになるであろう栄光に直面するなら、たいしたことはない」と告げた後で、彼は、こう説明している。「なぜなら、被造物の緊迫した期待は、神の息子たちの啓示を、切望しているからである。なぜなら、創造物は、虚栄心に服従してしまったのだが、それは、自らの意向によってではなく、創造物を虚栄心に服従せしめられた方を考慮に入れてのことであり、また、希望のうちにおいてのことだからである。それは、創造物が、神の子たちの栄光の自由のために、腐敗の隷属から解放されるであろうからである。なぜならわれわれは、創造物が全員一致して、今までうめき声を上げ、出産の苦しみを受苦しているのだということを、知っているからである。そして創造物のみならず、〈精霊〉の初穂を有するわれわれ、われわれもまた、養子縁組を、われわれの身体の贖罪を、期待しつつ、われわれ自身のうちで、うめき声を上げているのである」[12]。

それゆえ聖パウロは、二つの時代を区別し、われわれが「苦難と不安」[13]のうちにいる時代の方から、やって来る時代を、告げているのである。二つの時代とは、どのようなものなのだろうか。もし現在の時が、虚栄心の時であり、腐敗への隷属と受苦との時であるとするなら、来るべき時とは、啓示された栄光の、精神における自由の、養子縁組の、贖罪の時であろう。これら二つの時代は、単に人間に関わるだけではなく、神が自らの似像に似せて人間を創造することによって、人間に服従せしめた創造物全体にも、関わっている。人間は、罪人として、創造物全体を、自らの堕落へと引きずり込んだのである[13]。このように罪の支配に隷従しつつ、被造物たちは、生物であるということを人間と共有する被造物たちも、アダム以来、またカインの殺人以来、呪いがその上にのしかかっているところの大地それ自身も[14]、うめき声を上げながら、すなわち、言葉もなく自己表現しながら、期待しており、われわれがそれであるところの身体の贖罪や、彼ら自身の解放を、期待している。したがって、被造物の総体が発する嘆き声は、救済についてのわれわれ自身の希望を支え、強めているのであって、そして「被造物の緊迫した期待」がもっぱらその意味を得るのは、唯一啓示からのみなのである。それゆえ聖パウロは、動物的受苦に照らして、贖罪の希望を見ているのではない。反対に彼は、生けるものすべての、創造されているものすべての苦しみを――そして創造の地平においては、動物との身体的な親縁性は、それが神のうちに基づいているからには、おそらくは測り知れないままなのだが、しかし、想像不可能であることはやめる――死して復活したキリストという唯一の光の方から、理解しているのである。そしてもし、「使徒の持つその鋭い眼で、聖パウロは、すべての被造物のうちに、聖なる十字架を、十分に-愛された十字架を見た」[15]のだとするなら、*ἀποκαραδοκία τῆς κτίσεως*〔被造物の待ち焦がれ〕は、キリスト教の啓示とは不可分なのであって、聖パウロは、唯一のまなざししか有していないのだということになり、ハイデッガーの言に反して、*ἀποκαραδοκία τῆς κτίσεως*〔被造物の待ち焦がれ〕の知解は、キリスト教の啓示への信仰を、要求するのだということになる。信ずるために理解する以前に、理解するために信じなければならない。*crede ut intellegas sed intellege ut credas*〔理解するために信じよ、しかし信ずるために理解せよ〕[16]。おそらく使徒の言葉に何かを聞くために、現在キリスト教徒である必要はないのだが、しかし、少なくとも歴史的には、〈キリスト教徒であったということ〉、〈その記憶を保存しているということ〉、〈その方から啓示が接近可能であり続けるような或る状況のうちにいるのだということ〉が、必要なのである。以後は顕在化することのできない或る一つの過去、という仕方においてであろうとも。キリストが眼を開いた聖パウロを引用しつつ、自分自身の記述を立証するために使徒が見ているものに訴えつつ、してみるとハイデッガーは、単に彼が他のところで「諸々の像の輝き出させる力、諸々の像の根源的で無視しえない現在」[17]と名づけているものに訴えているのみならず、神の息子たちの啓示を期待している緊迫した被造物や、その解放を希望しつつうめき声を上げている創造物といった諸々の像《イマージュ》が、そこからそれらの鋭さと現在性と力とのすべてを受け取っているところのまさにそのもの〔すなわち〈キリスト教の啓示への信仰〉〕に、黙せるままに訴えてもいるのである。

それでは、*ἀποκαραδοκία τῆς κτίσεως*〔被造物の待ち焦がれ〕は、それが記入されている救済の経済への関係からするなら、何を意味しているのだろうか。そしてまず、どのように〔それを〕翻訳すればよいのだろうか。[18] *ἀποκαραδοκία*〔待ち焦がれ〕は、動詞 *ἀποκαραδοκέω*〔熱烈に期待する〕の実詞形で、後者は、「熱烈に期待する」を意味している。そしてこの言葉に魂を与えているのは、苦しい緊張から唯一期待を解放しうるものの方へと、全面的に差し伸べられた或る期待という、この意味であり、ハイデッガーが知っていた様々なドイツ語訳が復原しようと専念しているのは、この理解である。しかし、もし *ἀποκαραδοκία τῆς κτίσεως*〔被造物の待ち焦がれ〕を、ルターが *das ängstliche Harren der Kreatur*〔被造物の不安な待ち焦がれ〕、被造物の不安な期待と、バルトが *das gespannte Harren der Schöpfung*〔創造物の緊迫した待ち焦がれ〕、創造物の緊迫した期待と、カール・ヴァイツゼッカーが *das sehnsüchtige Harren der Schöpfung*〔創造物のあこがれに満ちた待ち焦がれ〕、創造物の熱烈なる期待と訳しているのだとするなら、ハイデッガーはと言えば、彼は、動詞 *Harren*〔待ち焦がれる〕に訴えなどしていない。というのも、彼は、*das sehnsüchtige Ausspähen der Geschöpfe und der Schöpfung*〔被造物と創造物とのあこがれに満ちたうかがい〕、被造物と創造物との熱烈なうかがいと、訳しているからである。[19] この特異なる訳は、解釈上のどのような差異の、刻印なのだろうか。もし動詞 *ausspähen*〔うかがう〕が、ギリシア語の *σκέπτομαι*〔注視する〕、視る、あるいはラテン語の *specio*〔看取する〕、吟味する、と親縁化されて、見張る、もしくは監視する、を意味し、視覚に結びつけられ・目に見える被造物以外の対象を持ちえないような、或る期待を表現しているのだとするなら——古高ドイツ語の *spehŏn*〔うかがう〕は、軍隊の偵察を指し示していた[20]——動詞 *Harren*〔待ち焦がれる〕は、反対に、望みと信頼とを伴って期待することを意味し[21]、もっぱら〈見えないもの〉の方に、神における救済の方に向けられた、希望と信仰とに結びついた或る期待を、表現しているのである。聖パウロは、もしわれわれが贖罪を期待しつつ、うめき声を上げているのだとするなら、それはまさしく、われわれが救済されたという希望のうちにおいてである、と主張した直後に、「ひとが見る希望は、もはや希望ではない。なぜなら、いかにしてひとが見るものを、希望すればよいというのか」[22]と詳述していた。それゆえ *ἀποκαραδοκία*〔待ち焦がれ〕を、*das Harren*〔待ち焦がれ〕というよりも、むしろ *das Ausspähen*〔うかがい〕と訳すことは、期待されているものの本性を変様してしまうことに、そして同時に、期待の意味を変様してしまうことに帰着し、したがって、キリスト教信仰を、唯一キリスト教信仰のみが可視的で知解可能にしてくれるものから、乖離せしめてしまうことに帰着するのである。

あらためて、*ἀποκαραδοκία τῆς κτίσεως*〔被造物の待ち焦がれ〕は、何を意味しているのだろうか。一たび被造物の緊迫した期待が啓示へと復原されるのであれば、〈聖書の各々の節は、聖書の総体を、コンテクストとして持つ〉という原理を手助けにして、〔この問いに〕答えることが可能であり、また正当である。キリストにおける、そしてキリストによる創造の更新を告知しつつ、聖パウロは、『イザヤ書』に反響する。『イザヤ書』は、救世主の来るべき支配を、このように記述していたのである。「正義がその腰部の帯となり、信仰がその腰の帯となろう。狼は、子羊とともに住まい、豹が、子山羊のかたわらに安らうであろう。子牛と子獅子と太った家畜とが、幼き少年によって、ともに導かれるであろう。雌牛と熊が、牧草を食べるであろう。ともにそれらの子供たちが、安らうであろう、そして獅子は、牛と同じように、藁を食べるであろう」[23]。*A contrario*〔反対に〕、アダムが創造物をそこへと陥れた堕落以来、被造物たちは、それぞれお互いを犠牲にしながら生きつつ、贖罪を期待している。狼は子羊をうかがい、豹は子山羊を狩り立て、獅子は牛をむさぼり、すべての被造物は殺し合う。手短に言うなら、神の似像に似せて創造された人間が、大地まで含めて創造物全体を、彼らの唯一なる創造主に対するその蜂起のうちへと引きずり込んで以来、被造物たちの間では、不和と不正とが統べ、被造物たちにとっては、神から分離されているのを受苦することと、お互いから受苦することとは、唯一にして同じ一つの受苦をしか、構成していない。それゆえ、*ἀποκαραδοκία*〔待ち焦がれ〕は、*status corruptionis*〔堕落の状態〕に固有なのであって、被造物の総体がそこにおいて〔堕落の状態において〕生きている仕方を、指し示しているのである。

VIII　有と悪

人間は、創造物全体の戴冠であり、その人間が、創造物の全体を、創造主から背かせてしまったわけなのだが〔1〕、この時代、罪の支配の下で、そのような創造物全体が創造主の方へと苦しみつつ向き直る仕様を特徴づけているのが、緊迫した期待なのである。そのことをこのように喚起した後で、いっそう直接的に、ハイデッガーへと立ち返ることにしよう。彼がなしているように、そして彼がなしている瞬間に、すなわち有機体と生との本質についての究明を中断する瞬間に、*ἀποκαραδοκία τῆς κτίσεως*〔被造物の待ち焦がれ〕を引用しつつ、ハイデッガーが言わんとしているのは、キリスト教的であるものの一切が活動停止にされているのであるからには、動物性に固有の〈世界における貧困〉と、被造物の〈緊迫した期待〉とは、同じ意味を持ち、唯一にして同じ一つの現象を指し示しているのだということである。この主張は、*ἀποκαραδοκία τῆς κτίσεως*〔被造物の待ち焦がれ〕のうちには、世界における貧困のうちよりも、より多くのものがあるのだということを、含意している。というのも、ひとは前者を信仰から分離することによって、後者に接近することができるからである。最も豊かな現象が、最も貧しい現象に対して、常に優位を有するものなのだから、それゆえハイデッガーは、世界の剥奪から被造物の期待へと結論するのではなく、反対に彼は、動物性と生との本質を、*ἀποκαραδοκία τῆς κτίσεως*〔被造物の待ち焦がれ〕の方から思索するのである。

しかし、生物の〈世界における貧困〉を、被造物の〈緊迫した期待〉の方から思索することは、後者〔期待〕を前者〔貧困〕のモデルにすることには、帰着しない。実際、もしひとが、モデルということによって、「自然な前提として、思索がそこから必然的に自らを突き離さなければならず、つまり、この〈そこから〉が、同時に、自らを突き離すことの〈それとともに〉であるようにして、突き離さなければならないところのもの」[1]を解するのであれば、*ἀποκαραδοκία τῆς κτίσεως*〔被造物の待ち焦がれ〕は、*stricto sensu*〔厳密な意味において〕には、世界の剥奪に、モデルとしては役立ちえないだろう。というのも、それは決して、自然的もしくは有るもの的な経験の管轄には、属していないからである。その上、思索が自然的言語から或るモデルを借りてくる時、それは、そのモデルを自然的言語から転じて、自然的言語が運搬する理解の諸仕方を、超克するためである。しかしながら、「超克することは、突き離すことを意味するのではなく、新たに意のままにすることを意味する」[2]、そしてこの〈新たに意のままにすること〉は、常に*terminus a quo*〔起点〕を、*terminus ad quem*〔終点〕の特殊で従属的な一事例とすることに存している。その場合、被造物の緊迫した期待を、動物に固有の世界剥奪のモデルと見なすことは、前者が後者の還元〔＝減少〕された一ヴァージョンでしかないと認めることに、帰着してしまうことになろう。

　動物性の、すなわち生一般の本質[3]についての究明が、その上で閉じているところの、この特異なる聖書への指示は、結局のところ、何を意味しているのだろうか。*ἀποκαραδοκία τῆς κτίσεως*〔被造物の待ち焦がれ〕を、世界における貧困へと同化しつつ、ハイデッガーは、聖パウロの言葉を、有論の言語へと翻訳する。しかし、もし被造物の期待が、権利上、世界における貧困に先立つのだとするなら――というのも、ひとは被造物の期待に魂を与えている信仰から、被造物の期待を隔離することによって、世界における貧困に接近することができるからである――世界における貧困は、すでにそれ自身、*ἀποκαραδοκία τῆς κτίσεως*〔被造物の待ち焦がれ〕の一つの翻訳である。それは、結局は生の有論が、ハイデッガーが事実的生の範型にすることから始めた〈堕落した生についてのキリスト教的経験〉[4]に基づいているということでないなら、何を意味しているというのだろうか。しかしそれでは、そしてもし、理性的動物とは有論的差異の完遂される仕方のことであるとするなら、ギリシアの形而上学が依拠しているものの到来を記述する諸動詞の、黙せる翻訳が生じているのは、キリスト教信仰の経験境域の方からではないだろうか。

しかしながら、有論的差異は、人間の動物性や、人間の動物性に固有であるような或る一つの世界剥奪に、本質的に結びついているのだろうか。有論的差異を初めて明示的に定式化しつつ、ハイデッガーは、こう書いていた。「相違は現で有る、すなわち、相違は現有（*Dasein*）の有り方を有していて、実存に属している。実存とは言わば、〝この相違を遂行することのうちに有ること〟を、謂っている。この相違をなしうるような魂だけが、動物の魂を超えて、人間の魂となる適性を有しているのである」[5]。しかし、たとえ有を有るものから区別することによって動物性を超越することが、われわれの有を構成するのだとしても、それでもわれわれは、超越されるものとしての動物性に関係づけられることを、やめるわけではない。換言するなら、「人間が理性的生物として特筆される時でさえ、人間が現出するのは、常になお、生物としてのその性格が、尺度となるような性格のままに留まる、というようにしてである。動物的なものや植物的なものという意味での生物学的なものが、人間の精神的生を規定するところの人間の理性性格や人格性格に、従属せしめられたままであろうとも」[6]。そして形而上学的人間に本質的な生、もしくは動物性が、本質的に世界において貧困であるからには、*ζῷον λόγον ἔχον*〔ロゴスを持つ動物〕として有論的差異を完遂しつつ、われわれは世界を剥奪されたままに留まると、結論しなければならないのではないだろうか。然りであり、かつ、否である。もし世界ということによって、一つの有り方を解するのであれば、否である。しかし、もし問題とされているのが、明け開けの性起であるとするなら、然りである。

それゆえ有論的差異は、それが有るものの有の方から思索されるのか、それとも有の本質の真性の方から思索されるのかにしたがって、意味を変えてしまう。前者の場合、有論的差異は、人間を動物から区別するが、しかし後者の場合、有論的差異は、死すべき者を動物と親縁化する。これら二つの観点が、同じ序列を有してなどいないことは、明らかなのであって、後者の観点が、前者の観点を、指図しているのである。ところで、もし*Ereignis*〔性起〕の方からすれば、有論的差異は、〈四方としての世界の拒絶、もしくは剥奪〉と、〈理性的動物への、理性を授けられた生物への、死すべき者の変異〉とが完遂される仕方として現れるのだとするなら、その場合、有論的差異の到来をたどり直す言語は、次のような別の言語の痕跡を、担わざるをえない。つまりそれは、今見たばかりのように、世界における貧困がそこから翻訳されているような言語であり、動物性や生がそこから出発して記述されているような言語である。というのも、もう一度〔言うが〕、生と動物性一般との本質が理解され、規定されるのは、〈堕落した生についてのキリスト教的経験〉を基盤にしてのことだからである。ちなみに、このことに驚いてなどいられるだろうか。もし本当に、以下の通りであるとするなら。つまり、もし本当に、かつてハイデッガーが、生や主観性を実存へと決定的に置き換える以前に――この置き換えなしには、有の問いを立てることも、「キリスト教神学の残部」を「哲学的問題構制」の外に「追い払う」(7)(2)ことも、不可能なのだが――述べたように、「ζωή〔生〕、*vita*〔生〕という術語が、人間的 ***Dasein***〔現有〕についてのギリシア的、旧約聖書的、新約聖書 - キリスト教的、ギリシア - キリスト教的な解釈がそこへと集中するところの、一つの根本現象を意味する」のだとするなら。したがって、もし本当に――「術語の多義性は、意味される対象それ自身のうちに、その根を持つであろう」(3)(8)からには――生それ自身が、ユダヤ - キリスト教的啓示にも、ギリシアの形而上学にも、送り返すのだとするなら。

しかし、もし一方で、動物性ならびに生一般の本質が、〈堕落した生についてのキリスト教的経験〉の方から理解され、そして他方では、死すべき者が、有の本質の真性としての世界の覆蔵や剝奪によって――この覆蔵は、有論的差異として完遂される――理性的動物になるのだとするなら、後者〔有論的差異〕についての記述は、その意味のキリスト教的次元を、どこで透けて見えるようにさせているのだろうか。そしていっそう鋭い仕様で問いを立てるなら、有論的差異と罪とは、ハイデッガーの眼には、共通の諸動向を呈示しているのだろうか。もう一度〔言おう〕、この差異が生起するのは、次の時、すなわち、各々の滞留者が「固執するという我意のうちに、反っくり返(9)」り、「他の滞留的なものに対して、反っくり返って」いて、「いかなるものも、他のものの滞留的な本質に、留意しない(10)」時であり、存立性が現前性に対して蜂起し、非覆蔵性の只中での滞留が、或る「蜂起的なもの(11)」という性格を取る時であり、「そのつど‐滞留的なものが、反っくり返りの制限なき我意のうちで、単に固執する存立し続けることへと完全に拡散して、同じ病的欲望において、互いを現在的に現前するものから押しのける」[12]時である。それゆえ、有論的差異の到来とは、蜂起と反っくり返りとである。ところで、ハイデッガーが、彼自身、罪を特徴づけたのは、やはり反っくり返りと蜂起としてなのである。「罪とは不信仰であり、救世主としての神に対する蜂起である」[13]。そして一九三六年、『アナクシマンドロスの箴言』の一〇年前、シェリングが罪に同化された悪の可能性を究明している『人間的自由の本質についての諸探究』〔4〕の諸頁を註釈しつつ、ハイデッガーは、その悪意を、以下の言葉で説明している。「自由についての先与された新しい規定によれば、自由とは、善と悪とへの能力である。したがって、悪は、一箇の固有の意志態度として、しかも、固有の本質法則から自己で有るという意味における自由で有ることの一つの仕方として、自らを通告する。固有意志が、普遍意志を超えて自らを高めるということによって、まさしく固有意志は、この普遍意志それ自身たらんことを意志する。この高まりを通じて、或る固有の仕方の〔固有意志と普遍意志との〕一致化が、それゆえ、或る固有の仕方の〈精神で有ること〉が、遂行されるのである。しかし一致化は、始源的な意志の、一つの倒錯である。すなわち、そこにおいて普遍意志が、根拠の意志と協和しているところの神的世界、そのような神的世界の統一の、一つの倒錯である。意志のこの倒錯においては、反対に、或る転倒された神の、〔つまり〕反精神の生成が遂行され、それとともに〈原本質に対する反乱（*Aufruhr*）〉が、〈真有の本質に対する敵対者性（*Widersachertum*）の反っくり返り〉が、〈非接合構造（*Ungefüge*）のうちへの真有の接合（*Seynsfuge*）の転倒〉が、遂行される。そしてこの転倒において、根拠が実存へと高まり、実存の地位につくのである」[14]。もっと先で、そして相変わらず、シェリングの言語以上というのではないにしても、〔少なくとも〕シェリングの言語と同じほどには自らの言語であるような或る言語において、ハイデッガーは、こうつけ加えることになる。「根拠が悪それ自身を、惹起するわけではない。根拠が悪へと、惹起するのでもない。そうではなくて、ただ根拠は、悪への可能的原理を惹起するだけ〔5〕である。原理とは、根拠と実存との、相互に対する自由な運動性のことであり、両者の歩み分かれの可能性であり、またその点で、共通意志の主人たらんことを目指す固有意志の、反っくり返りの可能性である(15)」。

『人間的自由の本質についての諸探究』を解釈しつつ、このようにしてハイデッガーは、悪の本質を、或る地平の只中で移動させることができるのだが、そのような地平を開いてくれるのは、何であろうか。アナクシマンドロスの箴言である。一方で、実際、シェリングが自由の概念と体系の概念との間の両立可能性について自問している序論に関して、ハイデッガーが強調しているのは、有るものは決して単独ではゆかずに、「有るもののあるところ、そこには接合構造と摂理とがある」限りにおいて、後者〔体系〕の概念が課せられるのだということである。そして彼は、こうつけ加える。「われわれは、すでにここで判明に〔6〕、真有と接合構造との自同性が、透け現れるのを見る。われわれがそもそも〔7〕〝真有〟を理解する限りにおいて、その際われわれは、何か接合構造や摂理のようなものを、思念しているのである。すでにして、西洋哲学のわれわれに伝承された最古の箴言が、〔すなわち〕アナクシマンドロスの箴言が、*δίκη*〔正義、至当〕と*ἀδικία*〔不正、不‐当〕とについて、真有の至当と不当とについて、語っているのだが、その際われわれは、ここでは正義と不正とについてのすべての道徳的で法的な、その上キリスト教的な諸表象を、遠ざけておかなければならない(16)」。他方で、そしてとりわけ、ハイデッガーが彼自身、不‐当（*Un-Fug*）であるところの*ἀδικία*(17)と、悪との間の或る特殊な関連を確立したのは、いかなる理由で自由についての論攷が、とりわけ悪について語るのか、という問いに、以下のように答える時である。「なぜなら悪は、有るもののうちに、最も内的で最も広い不和（*Zwietracht*）を、産出するからである。しかし、何ゆえにまさしく、不和なのか。悪が思索されるのは、不‐当（*Un-fug*）としてのこの最極端の本来的な不和のうちで、同時に、そして最も鋭く、有るもの全体の接合構造の統一が、現出しなければならないからである(18)」。

　明らかにシェリングは、「真有の本質に対する敵対者性の支配」について、語っているのではないのだが、そのシェリングの言語を、自分自身の言語に、また、すでにして『アナクシマンドロスの箴言』のそれであるような言語に翻訳することによって、してみるとハイデッガーは――喚起しておこう、彼によれば、「各々の対話や、独り言において、或る根源的な翻訳が、統べている」[19]——悪の本質を、変様しているのである。いかにしてか。悪を罪に同化しつつ、シェリングは、悪を、創造神への被造物の関わり合いという地平のうちで理解しているのであって、有の本質や真性への有るものの関わり合いという地平のうちで、理解しているのではない。「罪とは」と、ハイデッガーは、この同化に関して述べている、「罪とは、キリスト教的に解釈された悪である、しかも、この解釈において、悪の本質が、まったく特定の或る方向で、いっそう鋭く明るみに出るがごとき仕方で、解釈された悪である。しかし悪は、単に罪であるだけではないし、単に罪として把握しうるだけではない。われわれの解釈が、真有への本来的な、形而上学的な根本の問いをねらう限りにおいて、われわれは悪を、罪という形態のうちで問いにしようとしているのではなく、真有の本質や真性への視向のうちで、究明へともたらそうとしているのである〔8〕。それとともに間接的に、以下のことも告示される。すなわち、倫理の圏域は、悪を把握するには十分ではない、ということであり、むしろ倫理と道徳は、悪の超克と排斥という、あるいはまた悪の無害化という意味での悪への或る振る舞いに関する、一つの立法にのみ関わっているのだということである〔9〕」。そして彼は、こう注意を促している。「いかなる観点において、われわれの解釈が一面的であるのか、しかも、哲学の主要面、真有の問いへの方向において、意識的に一面的であるのかを、正しく測るために、この註記が重要なのである[20]」。

　引き受けられたこの一面性は、いかなる点に存しているのだろうか。この一面性は、何を意味しているのだろうか。そして強調のされ方が不均等でありうる諸〈面〉とは、どのようなものなのだろうか。「シェリングにおいては」と、ハイデッガーは、さらに詳述する、「罪の神学的概念の或る世俗化と、悪の形而上学的概念の或るキリスト教化とが、相互に移行し合っている[21]」。こう言いつつ、後者〔ハイデッガー〕は、前者〔シェリング〕が混同しているものを、区別する。すなわち、一方の〔一方の〈面〉で〕キリスト教神学と、他方の〔他方の〈面〉で〕形而上学であり、そしてハイデッガーが選択するのは、形而上学を強調することなのである。しかしながら、両者がそれぞれ〈面〉として規定されるのだと想定するとして、シェリングは、罪を悪に同化しているのではなく、悪を罪に同化しているのであり[22]、罪を悪の本質と見なしているのであって、罪を悪の諸形態の一つと見なしているのではない。換言するなら、悪の形而上学は、形而上学として、罪についての一つの形而上学なのである。シェリングにとってはキリスト教的次元が、形而上学的に本質的であるからには、〔また〕シェリングが悪に関して述べているすべても、彼がその中でそのことを述べているところの言語も、両者とも罪に関するものであるからには、ハイデッガーがシェリングの言語を自分自身の言語に翻訳しつつ遵守している一面性は、結局のところ、反っくり返りと蜂起とを[23]、信仰の境域から、有とその真性との境域のうちへと翻訳することにしか存しえず、手短に言うなら、逆境〔敵対者性〕がその下で完遂される形式は変えないままに、逆境の対象を変えるということにしか、存しえない。というのも、蜂起と反っくり返りとは、もはや神に関わるのではなく、有に関わるからである。そこで問いは、逆境の対象を、逆境がまとう形式から乖離せしめることが、可能なのか、あるいは、逆境の完遂される仕様が、問題とされているのが神であるのか、有であるのかにしたがって、同じものでありうるのか、ということになる。明らかに、否である。というのも、あらゆる行動は、その意味と、それに固有な運動性の類型とを、それに対して行動が行動するところのものから、受け取るものだからである。したがって、もし反っくり返りと蜂起とが、神への対立が取る諸形式であるとするなら、同じ言葉で有の本質への逆境〔敵対者性〕を記述することは、悪が罪から受け取る完遂の仕方を変様することなく、悪を移動させてしまうことではないだろうか。そして、もし有の本質に対する固執の病的欲望の関係が、神に対する被造物の罪の関係と同じであるとするなら、すなわち、蜂起と反っくり返りであるとするなら、有論的差異の発生がたどり直されるのは、*status corruptionis*〔堕落の状態〕に照らしてではないだろうか[24]。

それゆえ、神の似像に似せて創造された生物としての人間の堕落が、他のすべての被造物の堕落を引きずり込むような、そのような創造物の経験境域の方からこそ、ハイデッガーは、有論的差異の生起を記述する諸動詞を、翻訳しているのである。というのも、*Ereignis*〔性起〕の方から考察されるなら、世界が覆蔵されることによって、〈その生もしくは動物性が、*ἀποκαραδοκία τῆς κτίδεως*〔被造物の待ち焦がれ〕の方から理解されるところの、理性的動物〉が昇進してきて、蜂起と反っくり返りという罪的な諸形式の下で、有と有るものとの差異化が、生ずるからである。それではそこから、キリスト教の信仰は、有の本質の真性の覆蔵なしにはゆかないと、また、有の本質の真性に関して言うなら、本質的に非本質的な有論的差異は、悪であり、善に対立しない一つの悪、善なき一つの悪、つまりは有の悪しき歴運であると、結論しなければならないのだろうか。おそらくはそうであり、そしてアナクシマンドロスの箴言の第二の文章についての解釈の初めに、ハイデッガーがこう書いていた時、彼が述べていたのは、別のことではなかったのである。「思索とは、有の思索である。思索は、成立するのではない〔10〕。思索は、有が現成する限りにおいて、有る。しかし、諸学や信仰のうちへの思索の頽落（*Verfall*）は、有の悪しき歴運である」。或る欄外註記は、次のように、つまびらかにしている。「[*Böse*] ***aber nicht "schlecht"***〔[悪しきは] しかし、〝粗悪な〟ではない〕、悪意による悪であって、欠陥による悪ではない〔11〕(25)」。

IX　用い（ト・クレオーン）と有論的差異の発生

アナクシマンドロスの箴言を構成する二つの文章のうち、最初のものを吟味してしまわない限りは、明らかにわれわれは、第二の文章に関わるものの射程をつまびらかにすることなど、できないだろう。それゆえ、有論的差異が堕落した創造物と保つ関わり合いから、何らかの結論を引き出す前に、ギリシアの思索が持つ諸々の言葉〔箴言〕の中でも最古のものについての解釈を、その二つの文章のうちの第二のものから最初のものへと遡ることによって完成することが、必要なのである。しかし、このような運動の可能性を証してくれるのは、何だろうか。第二の文章のうち、影のうちに取り残された唯一の語、*διδόναι γὰρ αὐτὰ…*〔なぜならそれらは……受け・与え・属せしめるからである〕、なぜならそれらは、属せしめるからである……が、それである。「*γὰρ*〔なぜなら〕」、なぜなら、つまり、は、一つの根拠づけ〔1〕を導入する。いずれにせよ、第二の文章は、先行する文章の中で言われたものが、いかなる限りにおいてそれが言われているがままに振る舞う〔2〕のかを、解明してくれる(1)」。

すでに見たように、もしこの第二の文章が、〈現前者たちが、敬意を属せしめることによって、不 - 当を超克する仕様〉を記述しているのだとするなら、この文章は「現前者を、その現前の仕方において名指している［……］。それは現前者の現前について、解明を与えている」。したがって「最初の文章は、現前それ自身を名指しているにちがいない、しかも現前が、現前者としての現前者を規定する限りにおいて、現前それ自身を名指しているにちがいない。

なぜなら、ただその場合にのみ、そしてただその限りにおいてのみ、逆に第二の文章は、γάρ〔なぜなら〕による最初の文章への遡行関係において、現前者の方から現前を、解明することができるからである。現前は、現前者への関係においては、不断に次のもの、すなわち、それにしたがって現前者が現成するところのものである。最初の文章は、それにしたがって……の現前を、名指している。最初の文章から、ただ最後の〔3〕三つの語のみが、保存される。／すなわち、… κατὰ τὸ χρεών〔必然にしたがって〕[2]」。

まず初めに、τὸ χρεών〔必然〕に先立つ κατά〔にしたがって〕は、何を意味しているのだろうか。上から下へ、である。したがって、「それへの遡行関連において κατά〔にしたがって〕が言われているところのものは、それに沿ってそのものが、他のものとしかじかの事情であるところの或る傾斜を、自らのうちに有している[3]」。そして最初の文章が、現前それ自身にも、現前に固有であるところの〈現前者への関わり合い〉にも、同じほど関わっているのであるからには、現前者が現成するに至るのは、現前の傾斜に沿って、である。「そのつど‐滞留的な現前者は、κατὰ τὸ χρεών〔必然にしたがって〕、滞留する[4]」。正確にはそれは、どういう意味なのだろうか。現前者たちの現前は、次のような病的欲望を超克することとして、すなわち、その可能性が滞留することそれ自身によって開かれているところの、固執という病的欲望を超克することとして、完遂される。そして移行的な滞留者たちは、至当へと属せ‐しめることにおいて、つまり敬意によって、ἀδικία〔不‐当〕の超克を完遂する。「しかし現前者たちは、誰〔4〕に接合の至当を属せしめるのだろうか[5]」。あるいはまた、この至当は、何に固有に帰するのだろうか。「至当は、それに沿って現前が、すなわち克服〔5〕が現成するところのものに、属している。至当とは、κατὰ τὸ χρεών〔必然にしたがって〕である。それとともに、ようやく遠く離れたところからではあるにせよ、χρεών〔必然〕の本質が、明らかにされる。もし τὸ χρεών〔必然〕が、現前の本質として、自らを本質的に現前者に関係づけるのだとするなら、それならばこの関係のうちに、τὸ χρεών〔必然〕が至当を命令し、それとともに敬意をも命令するのだということが、存しているにちがいない。χρεών〔必然〕は、自らに沿って現前者が、至当と敬意とを属せしめることを、命令する。χρεών

〔必然〕は、現前者に、このような命令を送り届け、そしてそのようにして現前者に、そのつど－滞留的なものの滞留としての、その到来の仕方を遣わすのである」[6]。

τὸ χρεών〔必然〕についてのこの最初の解明は、間接的なままに留まっていて、それは τὸ χρεών〔必然〕という語それ自身については何一つ言わず、ほとんど専一的に、第二の文章についての解釈の方から振る舞っているだけである。いったい τὸ χρεών〔必然〕は、何を意味しているのだろうか。もう一度、そして他のどんなところよりもここでは、有のいかなる星位の下でわれわれが問いを立てているのかを、喚起しておくことが大切である。もし「今有るところのもの」が、技術の本質が仕上げる「有の忘却の、すでに先行せる[6]歴運の影のうちに立っている」[7]のだとするなら、われわれが τὸ χρεών〔必然〕という語に問いかけているのは、まさしく、有るものに対する有の差異の忘却としての、有の忘却の方からである。しかしながら、われわれは、もし次のようでないなら、差異化されたものとしての有と有るものとを、今経験することなどできないだろう。次のようとは、もし忘却されたこの差異が、現前者の現前において始源的に露開されたというのではなかったなら、ということであり、もしこの差異が、至高的に現前するものへと現前を違法的に同化するなどということによって、覆い隠されつつも、「そこへと有が来るところの言葉の中で守られたままになっている、或る痕跡を刻印」[7][8]したというのではなかったなら、ということである。そしてこの言葉は、思索にとって、〔有の〕この到来のおかげでも、その覆蔵の痕跡のおかげでも、ギリシア的である。「そのように思索しつつ」と、そこでハイデッガーは言う、「われわれは、有の初期の語においての方が、後代の語においてよりも、むしろ相違は自らを明け開きはしたのだが、ただし、かつて相違として名指されることはなかった、と推測してよい。相違の明け開けは、それゆえ、相違が相違として現出しているということをも、意味しえない。だが反対に、現前としての現前のうちで、現前者への関係が自らを告げ、しかも現前がこの関係として語に至るというようにして、自らを告げるかもしれないのである」[9]。それゆえこの「相違の明け開け」は、まだ *Ereignis*〔性起〕を蔵する有の覆蔵の明け開けではなく、ただ関わり合いが現前それ自身に属する限りでの、現前者への現前の関わり合いの明け開けであるにすぎず、あるいは、もし有が常に有るものの有であるとするなら、「或る発生を、現前からの現前者の或る由来を、名づけている」「この謎めいた多義的な属格」[8][10]の、明け開けであるにすぎない。換言するなら、問題とされている相違の明け開けは、有るものの明け開けと、その覆蔵における有の明け開けとの間に、介入してくるのである。それゆえ相違の明け開けは、本質的に両義的である。というのも、それは、一方では、最も始源的にギリシア的であるようなものの方に、また他方では、もはやギリシア的ではないが、ギリシア的であるものの本質であるようなものの方に、目配せを――そして目配せということによって解さなければならないのは、「ためらいつつ自らを拒むこと」[11]である――送っているからである。そこでハイデッガーの企て全体が、〈そこにおいて有が、有への有るものの関係として自らを述べにくるような、そのような相違の明け開け〉から、自らの可能性を引き出しているのであって、そしてもし「有についての初期の語、*τὸ χρεών*〔必然〕が、このようなものを名指している」[12]のだとするなら、その総体運動における有の真性についての思索が、ついにはアナクシマンドロスの思索に、答えにやって来るのである。

一般に*τὸ χρεών*は、「必然」と訳されており、そして部分的にアナクシマンドロスの箴言について扱っている一九四一年の講義の折には、まだハイデッガーは、*die nötigende Not*〔強制的な必要〕、切迫した必然、と訳していた[13]。五年後、この意味を「派生的な」ものと見なしつつ、彼はこう書いている。「*χρεών*〔必然〕のうちには、*χράω*〔私は必要とする〕、*χράομαι*〔私は使用する〕が、横たわっている。そこから[9][10]*ἡ χείρ*〔手〕、手が、語っている。*χράω*が言うのは、私は何かを取り‐扱う、それに手を伸ばす、それに襲いかかる、それに手を差し伸べる、ということである。それゆえ、同時に*χράω*が意味するのは、手のうちに与える〔委託する〕、手渡しやる、そしてそのようにして手渡しおく、或る属することへと委ねる、ということである。しかるに、このような手渡しおくことは、委ねることと、それとともに委ねられたものとを、手中に保持するような性格のものである」[14]。それゆえ、有るものの有に関連づけられるなら、*τὸ χρεών*は、「現前を手渡しやること」を意味する。そして「そのような手渡しやることは、現前を現前者に手渡しおき、またそのようにして、現前者としての現前者を、まさしく手中に保持する、すなわち、現前のうちに守る」[15]。しかし、もし τὸ χρεών が、関係がただ現前にのみ属する限りでの、現前者への現前の比類なき関係を指し示しているのだとするなら、手短に言うなら、〈有の本質の真性の外に、四方の外に移動させてしまうという危険に、唯一有を晒しうるような、有に固有の動向〉としての有論的差異を、指し示しているのだとするなら、思索がそれによって有を言うべく呼び求められた諸々の語の中でも最古のものを、どのように翻訳すればよいのだろうか。そこでハイデッガーは、最後にこう注意を促す。「アナクシマンドロスは言う、τὸ χρεὼν と。われわれは、奇異に響き、まずもって誤解されやすいままに留まるような或る翻訳を、あえて行う。すなわち、τὸ χρεὼν とは、*der Brauch*〔用い〕である」[16]。

　この翻訳の意味を調査する前に、その負荷とその射程との全体を、測っておくべきである。もし、西洋の思索の最古の箴言についての解釈が、その最初の語、τὸ χρεὼν の翻訳によって、完成するのだとしたら、それはその語が、事柄そのものに関して言うなら、この箴言の中で最も重要な語だからであり、そして翻訳することが、〈言われるものがまなざしで捉えられるような境域のうちに、自らを移送すること〉に存しているからである[17]。それゆえ翻訳は、解釈にさらにつけ加えられにやって来るのではなく、解釈を完遂しにやって来るのである。そしてもし τὸ χρεών〔必然・用い〕が、ギリシアの思索が持つ諸語の中でも最も始源的な語であり、何らかの仕様でパルメニデスの Μοῖρα〔運命〕、ヘラクレイトスの Λόγος〔ロゴス：言葉、理〕、プラトンの ἰδέα〔イデア〕、アリストテレスの ἐνέργεια〔エネルゲイア：現実態〕がそれに応えにやって来るような語であるとするなら[18]、τὸ χρεὼν〔必然・用い〕の翻訳は、思索の構築もしくは再構築としてのギリシア的なものの、礎石を構成するのだということになる。それだけではない。有の動向としての有への有るものの関係に接近することは、有がまったく同時に自らを示し、かつ自らを脱去せしめるような、「ためらいつつ自らを拒むこと」[11][19]の境域のうちに、招集されることである。したがって、そしてもし「《*der Brauch*〔用い〕[12]》という語において、本来的に思索すべきままに留まっているものの或る痕跡、世界歴史的に西洋形而上学として展開する有の歴運の中で、ただちに消滅してしまう或る痕跡を、おそらく *τὸ χρεών*〔必然・用い〕が、名指している[20]」のだとするなら、*τὸ χρεών*〔必然・用い〕がそうであるところのこの痕跡、もしくは一瞬のこのためらいについての解釈が、ついにはギリシア的であるものと、もはやギリシア的ではないものとの間の決断について、答えにやって来るのである。

いかなる道を通って、ハイデッガーは、*τὸ χρεών* を *der Brauch*〔用い〕と訳すよう、導かれているのだろうか。われわれは、まず一般的な仕様で、動詞 *brauchen*〔用いる〕と実詞 *Brauch*〔用い〕とが何を意味しているのかを喚起することなしには、続いて、それらが持つ諸々の意味のうちから、有るものへの有の関係を記述し、思索させてくれるような意味を規定することなしには、最後に、*τὸ χρεών* という語の中で、*der Brauch*〔用い〕に応え、呼応しているものをつまびらかにすることなしには、〔そのような問いに〕答えることなどできないだろう。確かにこの道を通ることは、少なくとも一部は、ドイツ語からギリシア語へ移行することであり、ギリシア語からドイツ語へ移行することではない。しかし、問題とされているのが、何よりもまず事柄そのものに到達することなのだということに加えて、ハイデッガーはまさしく、このようにこそ振る舞っているのであって、彼は、*der Brauch*〔用い〕がどのように *τὸ χρεών* を翻訳しているのかという問いよりも、むしろ「いかなる限りにおいて、*τὸ χρεών* は *der Brauch*〔用い〕で有るのか[21]」という問いに答えることによって、自らの翻訳を説明し、正当化しているのである。

いったい *Brauch* や *brauchen* は、何を意味しているのだろうか。*Brauch* は、用い、有用性（*usus*〔使用〕, *utilitas*〔有用性〕）、もしくはならわしを意味し、そして *frui*〔享受する〕に由来する *brauchen* は、用いる（*uti*〔使用する〕）、適用する、もしくは使う（*adhibere*〔応用する〕）、用い・享受する（*uti*〔使用する〕と *frui*〔享受する〕）、必要とする（*indigere*〔要する〕）を意味する[22]。それでは、現前者への現前の関係を思索することが問題とされる時には、どのように〈用い〉を解さなければならないのだろうか。もしくは、いかなる動向のおかげで〈用い〉は、有るものへの有の関係を記述するのに、適しているのだろうか。『アナクシマンドロスの箴言』の数年後〔の『思惟とは何の謂いか』において〕、一般にフランス語では《il faut〔～しなければならない〕》と、ドイツ語では *es ist nötig*〔～が必要である〕、もしくは *es braucht*〔～が必要である〕と訳され、そしてパルメニデスの断片Ⅵがそこから始まっているところの、また *χρεών*〔必然・用い〕がその中性分詞であるところの、非人称の *χρή*〔～しなければならない〕に関して、ハイデッガーは、いっそう長々と、〈用い〉の本質について立ち返ることになる。「*χρή*〔～しなければならない、必然、運命〕は、動詞 *χράω*〔私は必要とする〕、*χρῆσθαι*〔使用すること〕に属す」のだと、そして後者が *ἡ χείρ*〔手〕、手という語への或る指示を含んでいるのだと主張した後に、彼は、こう続ける。「*χράω*〔私は必要とする〕、*χράομαι*〔私は使用する〕は、私は取り扱い、そのようにして自分のために手中に保持する、私は使用する（*gebrauche*）、私は用いる（*brauche*）を謂う。人間によって行われた、この〈用いること〉から、われわれは、用いることの本質を、指摘しようと試みる。用いることは、決して人間によって初めて調達され、遂行されるのではない[13]。〝用いる〟はまた、単なる利用すること、使い古すこと、利用し尽くすことを意味しているのでもない。利用することは、用いることの、変種にして退化であるにすぎない。例えばわれわれが、或る物を取り扱う時、手は自らを、物に合わせなければならない。用いることのうちには、自らを合わせつつ・呼応することが、横たわっている。本来的な用いることは、用いられるものを低めるのではなく、用いることは、〈用いられるものを、その本質のうちに放任する〉ということのうちに、自らの規定を有しているのである[14]。しかしこの放任は、決して投げやりという無頓着や、その上怠慢を、意味しているのではない[15]。反対に、本来的な用いることは、用いられるものを、初めてその本質[16]のうちにもたらし、それをそのうちに保つ。用い、*der Brauch* は、そのように思索されるなら、それ自身、何かがその本質のうちに放ち入れられ、用いることがそのことをやめない[17]、ということの語りかけである。用いることとは、すなわち、本質のうちに放ち入れることであり、本質のうちでの守りである[23]」。それゆえ用いは、始源的には人間の事柄ではなく、有の事柄であり、また反対に、人間は、格別なる仕様で、有に用いられている。しかしながら人間は、有によって必要とされ〔語りかけられ〕、有へと自性化〔適合〕せしめられることなしには、有に用いられることなどできないだろう。そしてこの観点からするなら、用いは*Ereignis*〔性起〕の方に、目配せしているのだということになる。しかし他方で、もし「用いることは、用いられるものを、その固有の本質に委ねる[24]」のだとするなら、用いることは、有論的差異の完遂にほかならない。*τὸ χρεών* を *der Brauch*〔用い〕と訳しつつ、ハイデッガーがそこへと接近するものとは、有るものの有としての有において、属格そのものであるところのものであり、あらゆる有るものに、〈それによって有るものが有り、留まり、そこに守られるような、有の運動〉を授けるものであり、手短に言うなら、現成であり、いっそう適切に言うなら、*mutatis mutandis*〔適宜変更すれば〕ライプニッツが「必然的な有は、存在化するものである[25][18]」と言いえたような意味において、有を現成化するものなのである。その上、用い〔使用〕の本質を、有るものをその有のうちへ放ち入れ、守るものとして規定しつつ――この規定は、ハンマーの使用のみがわれわれに、ハンマーの有を発見させてくれるのだという、道具性についての分析に反響している[26]――ハイデッガーは、それによって *der Brauch*、用いが、*τὸ χρεών*〔必然・用い〕に応えているところのものをも、やはり浮かび上がらせている。実際、もし動詞 *χράω*〔私は必要とする〕が、*χρεών*〔必然・用い〕のうちに現前し、それなしには用い〔使用〕が存在しないところの、手への或る指示を含んでいるのだとするなら、*der Brauch*〔用い〕は、*τὸ χρεών* を翻訳することができる、すなわち、*τὸ χρεών* で有ることができるのである[27]。

いっそう直接的に、『アナクシマンドロスの箴言』に立ち返ることにしよう。ここではハイデッガーは、この翻訳を、〔前段で引用された『思惟とは何の謂いか』とは〕異なる仕様で正当化している。利用することとしての用いという、通常の理解を斥けた後で、そして動詞 *brauchen*〔用いる〕からの由来に専念しつつ、彼は、こう書いている。「*brauchen*〔用いること〕とは、*bruchen*〔使用する、享受する〕であり、ラテン語の *frui*〔享受する〕であり、われらが[19]ドイツ語の、*fruchten*〔実を結ぶ〕、*Frucht*〔果実〕である。われわれは、自由にそれを、〝享受する（*genießen*）〟と訳す。しかし *nießen*〔用益権を所有する〕は、或る事柄を喜んでいて、そのようにしてそれを用いることを、意味している。〝享受する〟は、派生的な意味において初めて、単なる食べ尽くすことや、音を立てて飲むことを、意味するのである」[28]。しかしながら、*frui*〔享受する〕としての*brauchen*〔用いる〕の、このような意味は、模範的には、どこで確証されるのだろうか。「*frui*〔享受する〕としての*brauchen*〔用いる〕の、上述の根本意味が出会われるのは」と、ハイデッガーは述べている、「アウグスティヌスが、次のように述べる時である。*Quid enim est aliud quod dicimus frui, nisi praesto habere, quod diligis ?*〔なぜなら、享受するとわれわれが言うものは、汝が愛するものを手近に持つことでないなら、それ以外の何であろうか〕（*De moribus eccl.*〔『カトリック教会の習俗とマニ教の習俗』〕lib. I. c. 3; *de doctrina christiana*〔『キリスト教の教えについて』〕lib. I. c. 2-4 を参照）。*frui*〔享受する〕のうちには、*praesto habere*〔手近に持つ〕が横たわっている。*praesto*〔前に立つ〕、*praesitum*〔前に置かれたもの〕は、ギリシア語では、*ὑποκείμενον*〔基体〕、覆蔵されないもののうちにすでに前に横たわっているもの、*οὐσία*〔実体〕、そのつど現前するものを、謂う。したがって、〝*Brauchen*〔用いること〕〟が意味するのは、何か現前するものを、現前するものとして、現前せしめることである。*frui*〔享受する〕、*bruchen*〔使用する、享受する〕、*brauchen*〔用いる〕、*Brauch*〔用い〕が意味するのは、何かをその固有の本質に手渡しおき、そしてそれを、そのように現前するもの（*Anwesende*）として、守る手のうちに保持することである[29]。次いで改行しつつ、ハイデッガーは、こう続ける。「*τὸ χρεών*〔必然・用い〕の翻訳において、*der Brauch*〔用い〕は、有それ自身における現成者（*das Wesende*）として、思索されている。今や*bruchen*〔使用する、享受する〕、*frui*〔享受する〕は、もはや、単に人間の享受する振る舞いについて、またそれとともに、何らかの有るものへの関係のうちでのみ[20]、言われるのではない。たとえこの有るものが、最高の有るものであろうとも（*beatitudo hominis*〔人間の至福〕としての*fruitio Dei*〔神の享有〕）。そうではなく、今や*der Brauch*〔用い〕が名指しているのは、有それ自身が現前者への関係として現成する仕方なのであって、この関係が、現前者としての現前者に襲い‐かかり、それを取り‐扱うのである。すなわち、*τὸ χρεών*〔必然・用い〕」[30]。

　パルメニデスの*χρή*〔必然、運命〕を明示化する際には、動詞*brauchen*〔用いる〕のラテン語起源については一言も述べられずに、記述的な道によって、用いの本質に到達すべく専心されているの対して、『アナクシマンドロスの箴言』においては、ハイデッガーは、聖アウグスティヌスにおいて動詞 *frui*〔享受する〕がまとう意味から出発してこそ、*der Brauch*〔用い〕による *τὸ χρεών* の翻訳を正当化し、その意味を明示化しているのである。しかしながら、また、そこに到達する両者の仕様の間にある差異からは独立して、*der Brauch* の、用いの意味は、同一のままに留まっている。すなわち、有るものをその有へと来させ、有るものをそこで守る、もしくは護る、ということである。したがって、そしてもし用いの最も固有の意味が、聖アウグスティヌスに訴えることなく固定されうるのだとするなら、問題とされているのが始源的にギリシア的であるものに、〔つまり〕アレーテイア〔真性〕と *Ereignis*〔性起〕との間に介入して、アレーテイア〔真性〕の方から *Ereignis*〔性起〕の方に目配せするものに接近することである時には、両者とも有の忘却の受取人であるところのキリスト教的思索とラテン語とへの、このような指示の意義と射程は、いかなるもの[21]でありうるのだろうか。

X　神の使用、有の用い

いかなる思索運動によって、聖アウグスティヌスへの指示が、記入されにやって来るのだろうか。動詞*brauchen*〔用いる〕がラテン語の*frui*〔享受する〕に由来するのだということを喚起した後で、ハイデッガーは、それを*nießen*〔用益権を所有する〕と、つまり、或る事柄を喜んでいて、そのようにしてそれを用いることと、すなわち、まったく同時に*frui*〔享受する〕をも*uti*〔使用する〕をも意味する或る動詞[1]によって、「自由に訳す」。次いで、動詞*brauchen*〔用いる〕が、用いならびに所有としての享受を指し示しうるのだということを強調するために、ただちに彼は、聖アウグスティヌスからの或る引用を行う。この引用によって、動詞*frui*〔享受する〕がすでにこの同じ意味を受け取っていたのだということが、確証されるのである。

この引用が、ハイデッガーの手続きの中に介入してくる仕様と、彼がそれについて与えている解釈とを分析する前に、ごく手短に、そのもともとのコンテクストを、喚起しておくことにしよう。『カトリック教会の習俗とマニ教の習俗』と題された著書の冒頭において、聖アウグスティヌスは、幸福について扱う。人間は、人間にとって最善であるものを愛し・所有することなしには、幸福へと来着しえないだろうと主張した後で、彼は、こう説明する。「実際、享受することとわれわれが名づけているのは、ひとが愛するものを意のままにすることでなくて、何であろうか。そして人間にとって最善であるものを享受していないような者は、誰一人として、幸福ではない。また、それを享受する者なら、誰しもが、幸福たらざるをえない。それゆえ、もしわれわれが、幸福に生きようともくろむのであれば、われわれにとって最善であるものが、われわれの意のままであるのでなければならない[2]」。それゆえ、享受することは、まったく同時に、われわれにとって最善であるものを愛し、かつ、所有することなのである。そして魂が人間の最善のものだということを確立した後で、聖アウグスティヌスは、魂にとって神が存在する最善のものである、と結論する。幸福であること、それは、「神を持つこと、すなわち神を享受すること[3]」なのだと、彼は『幸福の生』についての対話の末部で、結論することになろう。したがって、享受することとは、神を享受することなのであって、享受を、唯一それが享受する者〔＝神〕から切り離すことは、不可能なのである。

しかしながらそれが、*frui*〔享受する〕から、ただ〈意のままにすること〉のみしか留めないことによって、ハイデッガーのなしていることなのである。「*frui*〔享受する〕のうちには、*praesto habere*〔手近に持つ〕が横たわっている」と、彼は、ただそれだけ書いている。しかし、もし享受することとは、ひとが愛するものを意のままにすることであり、*praesto habere quod diligis*〔汝が愛するものを手近に持つこと〕であるとするなら、そしてもし、結局のところ神についてしか愛は存在しないのだとするなら、*praesto habere*〔手近に持つ〕の、意のままにすることの意味は、ここでは、ひとが愛するもの、*quod diligis*〔汝が愛するもの〕の意味と、函数関係にあり、*frui*〔享受する〕の意味が神に依存するのは、意のままにすることに依存すること[1]より、以前だということになる。前者〔神に依存すること〕を犠牲にして後者〔意のままにすること〕を強調するということによって、してみるとハイデッガーは、享受を、それがもっぱら享受する者〔＝神〕から、切り離してしまっているのであって、またこのようにしつつ、彼は、彼が訴えているアウグスティヌスの引用の意味を、ラディカルに変様してしまっているのである。というのも、彼はこの引用から、その神学的な、キリスト教的な性格を、剝奪してしまっているからである。それでは享受は、どのような必然に、応えにやって来るのだろうか。そしてハイデッガーが *praesto habere*〔手近に持つ〕の意味を明示化する仕方は、このことを、つまびらかにさせてくれるのだろうか。副詞 *praesto*〔手近に〕を、**praesito,* 前に立てる、もしくは置く[4]、から出発して理解しつつ、ハイデッガーは、*praesitum*〔前に置かれた〕、前に‐置かれたものを、ギリシア語の*ὑποκείμενον*〔基体〕のラテン語ヴァージョンとして理解する。そしてこのギリシア語を、習慣的に彼は、*substantia*〔実体〕、もしくは*subjectum*〔基体〕と訳している[5]。このようにギリシア語が、再びラテン語の下に見出されるなら、以下のことを理解することが、可能となる。すなわち、まずは字義通りに、*ὑποκείμενον*〔基体〕を〈すでに非覆蔵性のうちで前に横たわっていて、そのつど現前的であるもの〉として理解することであり、次いで*der Brauch*〔用い〕を、〈有ると言えるものを意のままにすること、もしくはそれを手‐の下に‐持つこと〉として、またその動詞的意味を強調しつつ、〈現前者を現前せしめるもの〉として、〈現前者に現前を手渡しやること〉として、理解することである。現前者に現前を手渡しやることが、あらゆる有るものに、〈それによって有るものが有り、留まり、そこに守られるような有〉を、授けるのである。

　ラテン語へのギリシア語の翻訳が、始源的な経験を、もはや始源的ではない或る思索の仕方のうちへと移転させてしまい、同時に存立性への現前性の変異を強化してしまった後になって、ラテン語からギリシア語へと直接戻ることは、可能なのだろうか、という問いを捨象するなら、先に言われたことは、おそらくは、享受についてのアウグスティヌスの規定に訴えることについて、釈明するに十分だろう。ただしそれは、もしハイデッガーが、ただちに人間的至福としての*fruitio Dei*〔神の享有〕を、有るものへの関わり合いにおける有の現成の仕方としての用いに、対置するのでなければ、の話である。ハイデッガーは、このようにして、人間が神に対して持ちうる関わり合いを、人間が有に対して持ちうる関わり合いと、平行に置いているのである。というのも、「有はその本質において、人間の本質を用い（*braucht*）[2][6]」、そして人間とは、「真有の真性の現成を堪え忍ぶことへと、真有によって用いられて（*gebraucht*）いる者[7]」のことだからである。それゆえ、最も始源的にギリシア的であるものに接近することが問題とされている時に、神の享有と、有が取り‐扱うこととしての用いとの、平行性の意味をつまびらかにすることなしに、聖アウグスティヌスへの指示が持ちうる意義を規定することは、不可能なのである。

ハイデッガーは、アウグスティヌスの引用の方から、有の管轄に属する限りでの用いへと、接近しているのだが、彼は、アウグスティヌスの引用の出所を述べた後、*uti*〔使用する〕と*frui*〔享受する〕、使用すると享受するを区別することを対象とする、『キリスト教の教えについて』の二つの章への、或る簡単な註記をつけ加える。しかしながら、このような指示は、もしハイデッガーが以前に立ち止まっていたこの区別が、*der Brauch*〔用い〕ということによって解さなければならないものに、何らかの仕様で関わっているというのでなければ、意味を剝奪されてしまうことだろう。それゆえ、なぜ*fruitio Dei*〔神の享有〕と、有の動向としての用いとが、互いに関連づけられうるのかを理解しようとするためには、そのことを、詳細に吟味すべきなのである。

『キリスト教の教えについて』の中で、聖アウグスティヌスは、聖書解釈に必要な諸規則を、教えようとする。聖書についての研究が、理解されなければならないものを発見する仕様と、それについて理解されたものを表現する仕様とに、依拠するのだと主張した後に、〔また〕あらゆる学説は、諸事物や諸記号に及び、ひとが前者〔諸事物〕を学びうるのは、後者〔諸記号〕によってであると喚起した後に、聖アウグスティヌス、彼にとっては「いかなる事物(*res*)でもないものは、絶対に何ものでもない[8]」のだが、聖アウグスティヌスは、諸事物を、享受しなければならない諸事物〔享受対象〕と、使用しなければならない諸事物〔使用対象〕と、享受し使用する諸事物〔享受者・使用者〕とに分割する。「享受しなければならない諸事物は、われわれを幸福にしてくれる。使用しなければならない諸事物は、われわれが、われわれを幸福にしてくれる諸事物にまで来着して・そのような諸事物に専心しうるために、至福の方へと向かう時、われわれを助け、言わばわれわれを支えてくれる。享受し使用するわれわれに関して言うなら、われわれは、一方と他方の間に置かれている[9]」。

この分割の原理とは、どのようなものなのだろうか。それは、神と世界とに対する、人間の二重の関わり合いである。実際、もし一方で、「享受することとは、或る事物それ自身のために、その事物に愛で専心すること」であり、他方で「使用することとは、ひとが使用するものを、ひとが愛するもの、ただしそれを愛さなければならないとしてだが、ひとが愛するものの所有へと、関わり合わせること[10]」なのだとするなら、われわれは、神を享受し、世界を使用しなければならないということになる。それでは、世界のうちでわれわれとともにある隣人は、どうなっているのだろうか。われわれは、隣人を、彼自身のために愛し、享受しなければならないのだろうか。それともわれわれは、隣人を、他の事物のために愛し、使用しなければならないのだろうか。「あらゆる人間は、人間である限りは、神のために愛されなければならないのだが、しかし神は、神自身のために愛されなければならない[11]」。なぜなら愛は、神についてしか存在しないからであり、あるいは換言するなら、「神によって確立された愛の規則[12]」についての陳述によって、隣人愛より、主への愛の方が、優先されるからである[13]。

それゆえ、一方には確かに、「われわれが享受しなければならない諸事物」があり、それは「〈父〉、〈息子〉、〈聖霊〉、また同時に〈三位一体〉」であり、そして「もしそれが一つの事物であって、万物の原因ではないとするなら、もしそれが一つの原因であるとするなら」、それは「それを享受する者たちに共通の、唯一なる至高の事物[14]」である。そして他方には、問題とされているのが世界なのであれ、「われわれとともに神を享受しうる者たち[15]」なのであれ、われわれが使用しなければならない諸事物がある。そして彼らが神を享受しうるために、神は、これらの者たちを愛するよう、われわれに命ずるのである。というのも、「自らの隣人をまさに愛する者は、誰であれ、隣人もまたその心の全体から、その魂の全体から、その精神の全体から神を愛するようにと、隣人とともに行動しなければならない」からであり、また「このように自分自身と同じ様に隣人を愛しつつ、彼は、自己自身と隣人との愛の全体を、神への愛に関連づける」からである。そして「神へのこの愛は、最小の流れさえも、つまり、それを放水することによってこの愛が減少してしまうような最小の流れさえも、ひとがこの愛からそらすことを、容認しない[16]」のである。したがって、享受と使用とは、神もしくは世界への、またわれわれの隣人たちへの、人間の諸々の関わり合いを指し示している。もちろん、いつでもわれわれは、世界を神と取り違えて、使用しかしてはならないものを、享受することができるのだということは、了解済みのこととしてではあるが。「あらゆる人間的堕落、ひとが悪徳と呼んでいるものは、享受しなければならないものを、使用せんと欲し、使用しなければならないものを、享受することに存している。反対に秩序、ひとが徳と名づけているものは、享受しなければならないものを享受し、使用しなければならないものを使用することに、存している」[17]。

ということはつまり、享受と使用とは、両方とも人間的諸可能性でしかない、ということなのだろうか。それはまったく確かというわけではない。享受することは、或る事物をそれ自身のために愛することを意味しているのだから、われわれは、その所有がわれわれを幸福にしてくれるようなもののみを、享受しなければならず、他のすべての諸事物は、使用しなければならない、という主張に立ち返りつつ、聖アウグスティヌスはそこに、或る曖昧さを見る。「実際神は、われわれを愛し、神的なる聖書は、しばしば、われわれに対する神の愛を強調する。いったい神は、いかなる仕様で愛するのだろうか。われわれを使用するためだろうか、それとも、われわれを享受するためだろうか。しかし、もし神がわれわれを享受するのであれば、神は、われわれの善を必要としていることになるが、そんなことは、分別ある者なら、誰一人述べえないことだろう。なぜなら、われわれの善全体が、神自身であるか、あるいは神自身に由来するからである。そして光自身が照らし出した諸事物の煌めきを、光は必要としてはいないのだということが、誰にとって昏かったり、疑わしかったりするというのだろうか。預言者もまた、きわめて明晰に、こう述べている。〝私は主に言った、汝はわが神である、というのも、汝は私の諸々の善を、必要としてはいないからである〟。それゆえ神は、われわれを享受するのではなく、われわれを使用するのである。なぜなら、もし神が享受も使用もしないのだとするなら、いかにして神が愛するのか、私には分からないからである」[18]。

曖昧さは、どこに存しているのだろうか。愛とは、神がわれわれに対して持つ愛であるのか、それともわれわれが神に対して持つ愛であるのかに応じて、愛が持つ〔異なる〕意味のうちに、である。後者〔われわれが神に対して持つ愛〕は、前者〔神がわれわれに対して持つ愛〕の恩寵に、応えている。というのも、神とは、単に〈それを享受することによって、われわれが幸福になるところの者〉のことであるのみならず、さらにまた、そしてとりわけ、「彼を愛するすべての者が、そこから彼らの有をも、彼に対する彼らの愛をも、得るところの者」[19]のことだからである。そしてもし、神の命じているように神を愛することが、神を享受することであり、また、われわれの隣人たちを、互いに享受し合うために、ただし神のうちで享受し合うために、使用することであるのだとするなら、反対に、神は、われわれを享受することなどできないだろう。というのも、本質的にそこへと享受が指図されているところの、またわれわれが、われわれの祖国への途上にあるようにして、そこへの途上にあるところの、至高で不動の善とは、神自身のことだからである。それゆえ神は、われわれを享受するのではなく、そしてもし愛が、使用か享受であるとするなら、神は、われわれを使用することによってよりほかには、われわれを愛しえないだろう。

しかし、われわれが諸事物を使用するようにしては、われわれを使用しえないであろうところの神、神は、いかにしてわれわれを使用するのだろうか。もしわれわれが、われわれの使用するものを、神の善良さの享受に関わり合わせるのだとするなら――不法な使用は、使用（*usus*〔使用〕）ではなく、悪用（*abusus vel abusio*〔濫用もしくは誤用〕）である[20]――「神は、神がわれわれについてなす使用を、自分自身の善良さに関わり合わせているのである。実際、神が善良であるのだから、われわれは有り、そしてわれわれが有る限りにおいて、われわれは善良なのである。その上、神は義でもあるのだから、われわれは、悪でありつつ罰せられないことはなく、そしてわれわれが悪である限りにおいて、同じ限りにおいてわれわれは、いっそう少なく有るのでもある。なぜなら、絶対に不動で、まったき充実のうちにこう言いえた方が、至高的に、かつ本元的に、有るのだからである。すなわち〝私は有るところの者である〟、また、〝汝は彼らに言うべし、有るところの者が、私を汝らに遣わしたのだ、と〟。かくして、有るところの他のすべての諸事物は、神なしには有りえず、また、それらが有るために受け取ったものに比例してしか、善良ではありえないだろう。それゆえ、神がわれわれについてなすと言われる使用は、神の有用性に関わるのではなく、われわれの有用性と、神のみの善良さとに、関わるのである」[21]。

神がわれわれについてなす使用に固有の動向とは、どのようなものなのだろうか。あるいは、いっそう正確に問いを立てるのであれば、あらゆる使用は、ひとが使用するものを、他の事物に関わらせるのであるからには、何に関して、そしていかにして、神はわれわれを使用するのだろうか。神がわれわれを使用するのは、神がわれわれに有を恵与することによって、われわれを、神自身の善良さに関わり合わせるからである。そしてもし、神とは「有るところの者」のことであり、至高的に、本元的に、不動的に有るところの者のことであるとするなら、神がわれわれと創造物の総体とについてなす使用とは、有るところのすべてのものが、何にもまして有るところの神に、それによって関わるところのものである。それゆえ使用は、有るところのものと、そのものがそれによって有るところの者との間の、〔つまり〕創造と被造物との間の差異を、完遂するのである。われわれを使用しつつ、その上神は、われわれにとって有用である。というのも、神はわれわれに、われわれが神を享受するために有ることを、許してくれるからである。したがって、神がわれわれについてなす使用は、われわれが神について持ちうる享受にも、その享受に来着することを許可してくれるものについてわれわれがなしうる使用にも、先立っている。あるいは換言するなら、人間的諸可能性としての使用すること（*uti*〔使用すること〕）と享受すること（*frui*〔享受すること〕）は、神的な *usus*〔使用〕に、基づいているのである。

fruitio Dei〔神の享有〕は、その起源を、神的な *usus*〔使用〕から得ていて、神的な *usus*〔使用〕なしにはゆかないのだが、以後われわれは、そのような *fruitio Dei*〔神の享有〕と *der Brauch*〔用い〕との間にある対置、もしくは平行性を、理解することができるだろうか。おそらくはできよう、ただし、三つの註記をつけ加えた後に、である。

㈠ *uti*〔使用する〕と *frui*〔享受する〕との間にある差異は、それ自身、使用の二つの仕方の間にある一つの差異として、理解されうる。聖アウグスティヌスの言うには、一方で「享受すること」と「楽しんで使用すること」[3]とは、そのそれぞれの意味が「極度に近い」[22]諸表現であり、他方でもし「或る事物を使用することが、それを意志の力能に服従させることであるとするなら、享受することとは、反対に、いまだ希望を、ではないにしても、しかし、すでに事物を、喜んで使用することである。そこから帰結するのは」と彼は続ける、「或る事物を享受する者は、それを使用している、ということである。というのも、彼は、或る事物を、楽しみのために、意志の力能に服従させているからである。しかるに、或る事物を使用する者は、もし彼が、意志の力能に服従させている事物を、それ自身のためにではなく、他の事物のために求めているのであれば、それを享受してはいないのである[23]。手短に言うなら、*frui*〔享受する〕は、*uti cum delectatione*〔楽しんで使用する〕、もしくは*uti cum gaudio*〔喜んで使用する〕と、等価なのであって、それがどのようなものであれ、喜びや楽しみを伴っているのであれ、伴っていないのであれ、人間的な***usus***〔使用〕は、神的な***usus***〔使用〕に、応えにやって来るのである。㈡たとえ*fruitio Dei*〔神の享有〕が、その善良さが人間の有と有〔一般〕との源泉にあるところの神に対して、人間が持ちうる愛、そのような愛が完遂される仕方を、原理的に指し示しているのだとしても、それでもこの享有を、有るものや至高の事物に関する人間の享受的な振る舞いとして理解することは、可能であり続ける。ただしそれは、もっぱら二次的で、派生的な資格においてのことである。換言するなら、*fruitio Dei*〔神の享有〕に訴えることとは、至高の有るものに対面しての人間の態度に訴える以前に、三位一体と神的な***usus***〔使用〕とに訴えることなのである。㈢他方で、有の動向として、あらゆる有るものをその固有の有へと導入する使用〔用い〕は、同時に、われわれがそれであるところの有るものにも、関わっている。他の諸々の有るものにならって、われわれは、われわれの有を、有がわれわれについてなす使用〔用い〕から受け取るのだが、しかし、他の諸々の有るものとはちがって、われわれは、有の本質の真性が保管されるために、すなわち思索されるために、有が使用する〔用いる〕者なのであって、有の本質は、われわれの本質でもある。というのも、われわれの有全体が、有に帰属しているからである。

そこで、*beatitudo hominis*〔人間の至福〕としての*fruitio Dei*〔神の享有〕と、有論的差異が現成する仕方としての使用〔用い〕とを、平行に置きつつ、してみるとハイデッガーは、単に、一方で三位一体に対する人間の関わり合いを、他方で有るもの一般に対する有の関わり合いに、対置するのみならず、さらにいっそう、そして暗黙のうちに、すなわち黙せるままに、彼は、神的な***usus***〔使用〕――それなくしてはわれわれは、神を享受することなど、できないだろう、というのも、われわれが有るのは、神的な *usus*〔使用〕によってだからである——を、〈われわれがそこからわれわれの有を受け取り、そこへとわれわれが自性化〔適合〕せしめられているところの、有〉を現成せしめるものとしての使用〔用い〕に、対置しているのである。そしてもし「今」、*bruchen*〔使用する、享受する〕と *frui*〔享受する〕という諸動詞が、もはや「たとえ至高の〔最高の〕有るものであろうとも、何らかの有るものへの関係のうちでの、人間の享受する振る舞い」[4]を指し示しているのではないとするなら、すなわち、もしこれらの諸動詞が、もはや〈その善良さが、有るところのあらゆるものの根源においてあるところの、神〉への関係を、意味しているのではないとするなら——その善良さとの関連において、神は、われわれを使用するのであって、したがって、その善良さがなければ、どのような有るものであれ、有るものへのいささかの絆も、存在しえないことだろう——そうではなくて、もし、相変わらず「今」、これらの諸動詞が、「有それ自身が有るものへの関係として現成する仕方」[5]を指し示しているのだとするなら、それならば、τὸ χρεών〔必然・用い〕を der Brauch〔用い〕と訳すことは、或る使用、神の使用から、別の使用、有の使用〔用い〕へと移行するということなしには、〔つまり〕使用〔用い〕が、神の経験の境域から、有の経験の境域のうちへと移送され、翻訳されるということなしには、ゆかないのである。アナクシマンドロスの箴言の二つの文章の各々についての解釈が、このような移送を生ぜしめているのだから、ただちにひとは、そこから、有についての最古の箴言〔言葉〕は、神の言葉から翻訳されているのだと、もしくは、ハイデッガーの構築するがままの始源的なギリシア的なものは、キリスト教的なものから翻訳されているのだと、結論しなければならないのだろうか。使用〔用い〕に固有の、有と有るものとの間の関係が、それ自身、神と創造物との間の関係からの翻訳ではないのかどうかを、われわれが吟味してしまわない限りは、そのことについて決定することは、不可能なままであり続けるだろう。

使用〔用い〕を *fruitio Dei*〔神の享有〕に対置した直後に、最後にハイデッガーは、用い〔使用〕に立ち返って、その完遂の仕方をつまびらかにしようとする。用いは、現前者をその現前に、すなわちその滞留に、手渡しおく。しかし後者〔滞留〕は、移行的であり、滞留者たちは、互いに敬意を表することによって至当を与えるのだから、「用いは、至当と敬意とを、次のような仕方で手渡しおく、すなわち、用いが手渡しおかれるものを、あらかじめ自らの手許に残しておき、自己へと集摂し、手渡しおかれるものを、現前者として、現前のうちに蔵する、という仕方である」[24]。この点においては、用いは有るものを、有それ自身の只中に有らしめる。現前者がそれにしたがって現前するところの敬意と至当へと、このように現前者を手渡しおきつつ、用いは、「滞留のうちへと放免し（*losläßt*）、現前者を、そのつどその滞留へと委ねる（*überläßt*）[6]。しかし、それとともに現前者は、滞留的な拘執から単なる固執へと硬化するという、立て続けの危険のうちに放ち入れられ（*eingelassen*）もする。それゆえ用いは、自らのうちで同時に、現前を不-当（*Un-Fug*）のうちへと手渡しおくことでもあり続ける。用いは、不-を接合する（*der Brauch fügt das Un-*）」[25]。[7]

アナクシマンドロスの箴言についての解釈全体を、また或る仕方で、形而上学の歴運全体を簡潔に集摂しているこの命題は、何を意味しているのだろうか。この命題は、まず、そしてあらためて、有のためらいを強調している。というのも、現前者を現前のうちに蔵するようにと、現前者を現前へ手渡しおくことによって、同時に用いは、現前に対する現前者の蜂起の可能性と、現前者たちのそれら相互に対する蜂起の可能性とを、開いているからである。続いてこの命題は、〈用いにおいて、また用いによって完遂される、有への有るものの関係〉は、「有の悪しき歴運」[8]の起源の場所だということを、意味している。というのも、悪とは、その関係の不-当のことだからである。最後にこの命題は、始源的なギリシア的なものは、キリスト教的なものからよく翻訳されるのだということを、含意している。なぜなら、もし有論的差異が、*status corruptionis*〔堕落の状態〕から翻訳され、そして有に固有の用い〔使用〕が、神的な *usus*〔使用〕から翻訳されるのだとするなら、神に対する創造物の関係は、その有に対する有るものの関係とまったく同様に、悪の起源の場所であり、ただし罪という形態のもとでの悪の起源の場所だからである。

おわりに——有の言語と神の言葉

Ereignis〔性起〕と有論的差異の方へ目配せを送りつつ、アナクシマンドロスの箴言は、この両義性そのもののゆえに、有の始源的な箴言〔言葉〕である。つまりそれは、この箴言が、両側で等しく、神の言葉から翻訳されている限りにおいて、ということだろうか。明らかに否である。しかし、もし〈有の歴史という点からするなら、ギリシア的であるもの〉のみが、すなわち、〈唯一なるアレーテイア〔真性、非覆蔵性〕の、そしてアレーテイアのみの支配が流露させ、怒り狂って流布するところのあらゆるもの〉が、キリスト教の啓示の、多少とも直接的な光の中で、記述、もしくは理解されているのだとするなら、ギリシア的であるものの非ギリシア的な本質、すなわち *Ereignis*〔性起〕が、そのことによって関与されざるをえないということに、変わりがあるわけではない。それではこの特異なる状況は、何を意味し、いかなる問いを提起しているのだろうか。

もし有論的差異と用い〔使用〕とが、両者ともに、キリスト教的なものから翻訳されているのだとするなら、すなわち、信仰の経験境域の管轄に属するものを、有の経験境域のうちに移送することによって、記述され、理解されているのだとするなら、等しくそこから翻訳されているのは、現象学的な構築もしくは再構築たる限りでの、ギリシア的なものであり、またそれを超えて、形而上学の総体である。この点では、ギリシア人たち以来、有は神の痕跡を担っており、有の声は、諸々の固有のアクセントで、神の声に反響しているのである。有に面した時、「言わばわれわれは、なおもただ〝汝〟と言いうるのみである」(1)と、一度、しかしこれを最後に、ハイデッガーは述べた。そして始源的なギリシア的なものが、神の言葉からの一つの翻訳であるからには、この翻訳は、有の言語を、有の言語それ自身に開く。ハイデッガーが、自らの「神学的な由来」を喚起しつつ、次のような打ち明け話をする時、たとえ彼がさらに別のことをも述べているのだとしても、おそらく彼は、ほかのことを述べているわけではない。「その当時、特に私は、聖書の語と、神学的‐思弁的な思索との間の関わり合いについての問いに、追い回されておりました。それは、お望みなら、同じ関わり合い、つまり、言葉と有との間にあるのと同じ関わり合いだったのですが、ただこの関わり合いは、包み隠されていて、私には近づきえないものだったので、私は、多くの回り道とわき道とにそれながら、むなしくも一つの導きの糸を、探し求めていたのです[2]」。実際、もしこれら二つの関わり合いが、相互に翻訳可能でないとするなら、いかにしてそれらを平行に置けば、その上両者を同一視すれば、よいというのだろうか。そしてもし、今度は有の言語と神の言葉が、相互に翻訳可能でないとするなら、いかにしてこれら二つの関わり合いが、相互に翻訳可能だというのだろうか。

　神の言葉を有の言語に、ギリシア的なもの〔ギリシア語〕に翻訳すること――そしてあらためて、ギリシア的なものは、そこで自らを脱去させつつ現成する有によって、ギリシア的であるのだが――この翻訳は、『七十人訳旧約聖書〔1〕』の翻訳からは、区別される。問題とされているのは、実際、もはや異教の民に面してモーゼの律法を翻訳し、布告することではなく、有に関しては名前しかギリシア的なものを持たない新約聖書的なギリシア語[3]と、それとともにキリスト教国のラテン語とを、始源的なギリシア的なもの〔ギリシア語〕に再翻訳することなのであって、この始源的なギリシア的なもの〔ギリシア語〕にその尺度を与えるのは、ただアレーテイア〔真性、非覆蔵性〕のみであり、そしてこの始源的なギリシア的なもの〔ギリシア語〕は、啓示の総体にはまったく疎遠なのである。翻訳とは、ここでは、脱神学化の最もラディカルな形式である。なぜならこの翻訳は、かつて神が参加した唯一の翻訳に――『七十人訳旧約聖書』の翻訳《ヴァージョン》は、霊感を受けている――逆行するからであり、したがって、神の言葉を翻訳しつつ、ハイデッガーは、黙せるままに神の死を宣告することを、やめないからである。黙せるままに、である。なぜなら、神の言葉の翻訳が、有の言語をそれ自身に開く時以来、同時にこの翻訳は、有の歴運である形而上学との対決がその只中で生じうるような次元を、開いてくれるからである。そしてこの次元を開くために、この翻訳は、自らをこの次元からは除外してしまうので、キリスト教との対決は、有の言語に関する限り、必然的に沈黙へと捧げられているのである。

しかし、もし始源的なギリシア的なもの〔ギリシア語〕が、このようにキリスト教的なものに負っているのだとするなら、ギリシア的なものの非ギリシア的な本質もまたやはり、非キリスト教的なものであらねばならないのではないだろうか。そしてひとは、有論的差異と啓示を超克することなしに、*Ereignis*〔性起〕へと接近することなど、できるのだろうか。しかしながら、有論的差異を超克することが、ギリシア的なものの非ギリシア的な本質に接近することを意味する時に、キリスト教の啓示を超克することは、何を意味しているのだろうか。それは、キリスト教的であるものの非キリスト教的な本質に、接近することなのだろうか。それともそれは、むしろハイデッガーが *der letzte Gott*〔最後の神〕と、究極の、もしくは最後の神と名づけている者の方を、向くことではないだろうか――われわれは、あらかじめ *Ereignis*〔性起〕に到達してしまうことなしには、最後の神の到来を待つことなど、できないだろう、そして最後の神とは、「既在の神々に対して、とりわけ／キリスト教の神に対して／まったく別のもの」(4)なのである――。おそらくそう〔それは最後の神の方を向くこと〕ではあるが、しかし、キリスト教の啓示との対決、神の言葉との、そして言葉としての神との対決を、ただ沈黙にのみ託しつつ、いかにしてこの他性の寸法を測り、この最後の神が意味しうるものを、思索すればよいというのだろうか。それでは、そして *Ereignis*〔性起〕それ自身に関連しつつ、形而上学に関わる対決が常に伴ってきたキリスト教との対決を、沈黙から逃れさせるべきなのではないだろうか。

しかしながら、この沈黙を、それ自身のために、またそれ自身において思索することなしに、いかにしてそこに到達すればよいというのだろうか。そしてあらかじめ、キリスト教的なものからギリシア的なものへの翻訳が、いかなる共通空間からその可能性を受け取るのか、という問いが立てられることなしに、あるいは換言するなら、そこから

出発して *frui*〔享受する〕が、神への人間の関係を指し示すことをやめ、*der Brauch*〔用い〕が、有に固有の使用〔用い〕を意味し始めるような「今」――「今」とは、そこから出発して、もはや〈逗留すること〉が〈固執すること〉を意味するのではなく、〈自性化せしめること〉を意味するような、〔また〕そこから出発して、もはや差異〔相違〕が有るものへの有の関わり合いを名指すのではなく、性起が自性化せしめる仕方を名指すような、そのような「今」でもあるのだが――そのような「今」の属する次元が規定されることなしに、いかにしてこの沈黙を、それ自身のために、またそれ自身において、思索することができるというのだろうか。キリスト教の神に、もしくは有論的差異に、世界の覆蔵と諸物の無化とに、あるいは *Ereignis*〔性起〕に接近しうるためには、いかなる唯一的次元の只中に、まなざしと思索とが移動して、立たなければならないのだろうか。あるいはまた、そして最後に、もし一方で、言語とは「性起せしめることの最も固有の仕方[5]」であるはずであり、また他方で、もはや神の言葉との対決が、沈黙に取っておかれるのであってはならないのだとするなら、言語の本質を、どのように思索しなければならないのだろうか。

原註

題辞

（1）*Winke*〔「目配せ」〕(1941), in *Aus der Erfahrung des Denkens*〔『思惟の経験から』〕, Gesamtausgabe (GA), Bd. 13, p. 33〔創文社『決定版ハイデッガー全集』第一三巻、四七頁〕.

はじめに——形而上学との対決、キリスト教との対決

（1）《Ein Rückblick auf den Weg〔道への一回顧〕》, in *Besinnung*〔『省察』〕, GA, Bd. 66, p. 415-416. このテクストは、ハイデッガー自身によって、一九三六 - 一九三七年のものと記載されている。

（2）《Der Spruch des Anaximander〔アナクシマンドロスの箴言〕》, in *Holzwege*〔『杣径』〕, GA, Bd. 5, p. 321〔創文社『決定版ハイデッガー全集』第五巻、三五七頁〕と《Beilage zu Wunsch und Wille〔願望と意志への附論〕》, in *Besinnung*〔『省察』〕, GA, Bd. 66, p. 420を参照。

（3）《Spiegel-Gespräch〔シュピーゲル紙 - 談話〕》, in *Reden und andere Zeugnisse eines Lebensweges*〔『演説。挨拶、追憶、祝辞、呼びかけ』〕, GA, Bd. 16, p. 653.『西洋哲学の元初』と題された一九三二年夏学期の講義は、アナクシマンドロスとパルメニデスについて扱っている。

I　現前と現前者

（1）《Der Spruch des Anaximander〔アナクシマンドロスの箴言〕》, in *Holzwege*〔『杣径』〕, GA, Bd. 5, p. 329〔創文社『決定版ハイデッガー全集』第五巻、三六七頁〕.

（2）*Ibid.*, p. 330〔同訳書、三六八頁〕.

（3）*Ibid.*, p. 334〔同訳書、三七二頁〕.

（4）*Ibid.*, p. 340〔同訳書、三七八 - 三七九頁〕. J. Burnet〔バーネット〕, *L'aurore de la philosophie grecque*〔『ギリシア哲学の黎明』〕, trad. franç., p. 55, n. 2 と、F. Dirlmeier〔ディールマイアー〕,《Der Satz des Anaximandros〔アナクシマンドロスの命題〕》, in *Rheinisches Museum für Philologie*〔『ライン文献学博物館』〕, Neue Folge, Bd. 87, p. 377を参照。ハイデッガーは、この研究を指示する際に、正確を期して、以下のように述べている。「私は、テクストの範囲画定には同意するが、しかしその根拠づけには、同意しない」, in *Holzwege*〔『杣径』〕, GA, Bd. 5, p. 376〔創文社『決定版ハイデッガー全集』第五巻、四一三頁〕.

（5）F・ディールマイアーが、*κατὰ τὴν τοῦ χρόνου τάξιν*〔時の定めにしたがって〕の後代性を確立したのは、ヘラクレイトスに関するシムプリキオスの一節を、参照することによってである。《Der Satz des Anaximandros〔アナクシマンドロスの命題〕》, in *op. cit.*, p. 379 sq. を参照。そして当のシムプリキオスのテクストに関しては、D. K.〔ディールス、クランツ編『ソクラテス以前哲学者断片集』〕22 A 5〔岩波書店『ソクラテス以前哲学者断片集』第一分冊、一八一頁〕を参照。

（6）《Der Spruch des Anaximander〔アナクシマンドロスの箴

言〕》, in *Holzwege*〔『杣径』〕, GA, Bd. 5, p. 341〔創文社『決定版ハイデッガー全集』第五巻、三八〇頁〕. 一九四一年の講義 *Grundbegriffe*〔『根本諸概念』〕, GA, Bd. 51の第二部、p. 94 et sq.〔創文社『決定版ハイデッガー全集』第五一巻、九九頁以下〕においては、まだハイデッガーは、ディールスの教えにしたがっていた。

(7) *Ibid.*, p. 336〔「アナクシマンドロスの箴言」同訳書、三七四頁〕.

(8) ハイデッガーは、この表現を、*Sein und Zeit*〔『有と時』〕の§72〔創文社『決定版ハイデッガー全集』第二巻、五五五頁〕, *Kant und das Problem der Metaphysik*〔『カントと形而上学の問題』〕の§42〔創文社『決定版ハイデッガー全集』第三巻、二二六頁〕、一九二七年の講義 *Die Grundprobleme der Phänomenologie*〔『現象学の根本諸問題』〕, GA, Bd. 24の§5〔創文社『決定版ハイデッガー全集』第二四巻、二九頁〕において使用している。そして部分的にアナクシマンドロスの箴言に捧げられた一九四一年の講義の中で、ハイデッガーが「哲学的な諸構築と恣意性とについての恐れ」〔フランクは「恣意的な哲学的諸構築を前にしての文献学者の恐れ」と訳している——訳註〕を喚起する時、皮肉は、名詞〔構築〕よりも、形容詞〔現象学的／哲学的〕に及んでいる。*Grundbegriffe*〔『根本諸概念』〕, GA, Bd. 51, p. 100〔創文社『決定版ハイデッガー全集』第五一巻、一〇五頁〕を参照。

(9) 《Der Spruch des Anaximander〔アナクシマンドロスの箴言〕》, in *Holzwege*〔『杣径』〕, GA, Bd. 5, p. 336〔創文社『決定版ハイデッガー全集』第五巻、三七四頁〕.

(10) *Ibid.*, p. 336-337〔同訳書、三七四－三七五頁〕.〈西洋〔夕べの国〕的なもの〉の意味については、p. 326〔同訳書、三六二－三六三頁〕を参照。

(11) *Heraklit*〔『ヘラクレイトス』〕, GA, Bd. 55, p. 135〔創文社『決定版ハイデッガー全集』第五五巻、一五四頁〕.

(12) *Erläuterungen zu Hölderlins Dichtung*〔『ヘルダーリンの詩作の解明』〕, GA, Bd. 4, p. 56〔創文社『決定版ハイデッガー全集』第四巻、八〇頁〕. *Einführung in die Metaphysik*〔『形而上学入門』〕, GA, Bd. 40, p. 16 sq.〔創文社『決定版ハイデッガー全集』第四〇巻、一六頁以下〕を参照。またピュシス〔自然〕とアレーテイア〔真性〕との間の関連については、p. 109-110〔同訳書、一一三－一一五頁〕を参照。

(13) 《Der Spruch des Anaximander〔アナクシマンドロスの箴言〕》, in *Holzwege*〔『杣径』〕, GA, Bd. 5, p. 342〔創文社『決定版ハイデッガー全集』第五巻、三八〇頁〕.

(14) *Ibid.*〔同訳書、同所〕

(15) *Ibid.*, p. 343〔同訳書、三八二頁〕.

(16) *Ibid.*, p. 342〔同訳書、三八一頁〕.

(17) *Ibid.*, p. 346〔同訳書、三八六頁〕.

(18) *Anwesen*〔現前する〕を venir-en-présance〔現前する、現前－のうちに－至る〕と、あるいは *Anwesenheit*〔現前性〕を présance〔現前、現前性〕と、そして *das Anwesende*〔現前者〕を présant〔現前者〕と訳すのは、ここでは窮余の策でしかない。『有とは別様に、もしくは存在作用の彼方〔*Autrement qu'être ou au-delà de l'essence*〕』の「予備的註記」の中で、レヴィナスは、こう注意を促していた。「*essence* という言葉は、そこでは、*l'étant*〔有るもの〕とは違う*l'être*〔有〕を、*Seiendes*〔有るもの〕とは異なるドイツ語の*Sein*〔有〕を、スコラの*ens*〔有るもの〕とは異なるラテン語の*esse*〔有〕を、言い表している。*antia* もしくは *entia* に由来する接尾辞 *ance* が、行為〔作用〕の抽象名詞を産んできた、という言語史が要請するであろうように、それを*essance*と書くことを、あえてわれわれはなさなかった」〔E. Lévinas, *Autrement qu'être ou au-delà de l'essence*, La Haye, Martinus Nijhoff, 1978, p. IX——訳註〕。それにもかかわらず、あえて*Anwesen*〔現前する〕をprésance〔現前、現前性〕と訳すことによって、われわれは、その動詞的意味を強調することを、また、可能な限りフランス語で、*das Anwesende*〔現前者〕と*das Gegenwärtige*〔現在的なもの〕との間にある差異を、聴き取りうるのではないにしても、少なくとも読み取りうるようにすることを、望んでいるのである。

(19)『オデュッセイア』I、一四〇。われわれが引用しているのは、Ph. Jaccottet〔ジャコッテ〕の訳である。

(20)《Der Spruch des Anaximander〔アナクシマンドロスの箴言〕》, in *Holzwege*〔『杣径』〕, GA, Bd. 5, p. 346-347〔創文社『決定版ハイデッガー全集』第五巻、三八六－三八七頁〕.

(21) *Ibid.*, p. 347〔同訳書、三八七頁〕.

(22) *Ibid.*〔同訳書、同所〕

(23) *Ibid.*〔同訳書、三八八頁〕

(24) *Ibid.*〔同訳書、同所〕

(25) P. Chantraine〔シャントレーヌ〕の*Dictionnaire étymologique de la langue grecque*〔『ギリシア語語源辞典』〕によれば、*μαίνομαι*〔私は気が狂う〕は、「形式的にはサンスクリットの*manyate*, 思惟する、に応えて」いて、「ギリシア語の動詞は、"思惟する"の一般概念から乖離して、気が狂い、怒り狂った熱情の概念に、適用されるようになった」とのことである。

(26)《Der Spruch des Anaximander〔アナクシマンドロスの箴言〕》, in *Holzwege*〔『杣径』〕, GA, Bd. 5, p. 347〔創文社『決定版ハイデッガー全集』第五巻、三八八頁〕.

(27) *Ibid.*, p. 348〔同訳書、三八八頁〕.

(28) *Ibid.*〔同訳書、三八八－三八九頁〕

(29) *Ibid.*, p. 349〔同訳書、三八九頁〕.

(30) *Ibid.*, p. 348〔同訳書、三八九頁〕.

(31) *Ibid.*, p. 352〔同訳書、三九四頁〕.

(32) *Parmenides*〔『パルメニデス』〕, GA, Bd. 54, p. 17-18〔創文社『決定版ハイデッガー全集』第五四巻、二一－二二頁〕. *Einführung in die Metaphysik*〔『形而上学入門』〕, GA, Bd. 40, p. 29〔創文社『決定版ハイデッガー全集』第四〇巻、三〇頁〕を参照。ここではハイデッガーは、「詩人は常に、あたかも有るものが初めて言い表され、語りかけられたかのように、語る」と述べた後で、こう続けている。「詩人の詩作することと思索者の思索することにおいては、常に、きわめて大きな世界空間が空けておかれているので、そこでは各々の物が、一本の樹木、一つの山、一軒の家、一声の鳥歌が、無頓着さと月並みさを、まったく失うのである」。

(33) *Ibid.*, p. 18〔同訳書、二二頁〕.

(34) *Philosophie der Mythologie*〔『神話の哲学』〕(1842), *Sämtliche Werke*,〔Ergänz.〕Bd. V, p. 457.

(35) *Einführung in die Metaphysik*〔『形而上学入門』〕, GA, Bd. 40, p. 61〔創文社『決定版ハイデッガー全集』第四〇巻、六二頁〕.

(36)《Der Spruch des Anaximander〔アナクシマンドロスの箴言〕》, in *Holzwege*〔『杣径』〕, GA, Bd. 5, p. 350〔創文社『決定版ハイデッガー全集』第五巻、三九〇‐三九一頁〕.

II　アナクシマンドロスの箴言——至当、不‐当、有論的差異

(1)《Der Spruch des Anaximander〔アナクシマンドロスの箴言〕》, in *Holzwege*〔『杣径』〕, GA, Bd. 5, p. 353〔創文社『決定版ハイデッガー全集』第五巻、三九五頁〕.

(2) *Ibid.*〔同訳書、三九五‐三九六頁〕

(3) 孤立せる道具など存在せず、「道具はその道具性に呼応しつつ、常に他の道具への帰属性から有る」と主張することによって、世界内部的な有るものの有についての分析に着手しつつ、すでにハイデッガーは、諸物の有を、それらが相互間に保つ関連のうちに、位置づけていたのである。*Sein und Zeit*〔『有と時』〕, §15〔創文社『決定版ハイデッガー全集』第二巻、一〇八頁〕を参照。

(4) E. Benveniste〔バンヴェニスト〕, *Le vocabulaire des institutions indo-européennes*〔『インド＝ヨーロッパ諸制度語彙集』〕, t. 2, p. 107 et sq. を参照。

(5)《Der Spruch des Anaximander〔アナクシマンドロスの箴言〕》, in *Holzwege*〔『杣径』〕, GA, Bd. 5, p. 354〔創文社『決定版ハイデッガー全集』第五巻、三九七頁〕.

(6) *Ibid.*, p. 355〔同訳書、三九七頁〕. *Was heißt Denken?*〔『思惟とは何の謂いか』〕, GA, Bd. 8, p. 239-241を参照。

(7) *Ibid.*〔同訳書、三九八頁〕

(8) *Ibid.*〔同訳書、同所〕

(9) *Ibid.*, p. 356〔同訳書、三九九頁〕.

(10) *Grundbegriffe*〔『根本諸概念』〕, GA, Bd. 51, p. 113〔創文社『決定版ハイデッガー全集』第五一巻、一一九‐一二〇頁〕. p. 112, 114, 116, 117, 119〔同訳書、一一九、一二〇、一二三、一二三、一二五頁〕を参照。

(11)《Das Ende der Philosophie und die Aufgabe des Denkens〔哲学の終焉と思索の課題〕》, in *Zur Sache des Denkens*〔『思索の事柄へ』〕, p. 78を参照。

(12)《Der Spruch des Anaximander〔アナクシマンドロスの箴言〕》, in *Holzwege*〔『杣径』〕, GA, Bd. 5, p. 356-357〔創文社『決定版ハイデッガー全集』第五巻、三九九‐四〇〇頁〕.

(13) *Ibid.*, p. 357〔同訳書、四〇〇頁〕.

(14) *Einführung in die Metaphysik*〔『形而上学入門』〕, GA, Bd. 40, p. 169〔創文社『決定版ハイデッガー全集』第四〇巻、一八一頁〕.

(15) *Ibid.*, p. 175〔同訳書、一八七頁〕. ハイデッガーは、アナクシマンドロスの箴言とヘラクレイトスの諸断片D. K.〔ディールス、クランツ〕80, 23, 28を指示した後で、こう続けている、「*δίχη*〔至当〕のこの意味が、パルメニデスの〝教訓詩〟の力強い冒頭三〇行から取り出されるということは、明白である」。明らかにこのことは、アナクシマンドロス、パルメニデス、あるいはヘラクレイトスが、唯一にして同じ一つの仕様で*δίχη*〔至当〕を理解しているなどということには、帰するものではな

い。

(16)《Der Spruch des Anaximander〔アナクシマンドロスの箴言〕》. in *Holzwege*〔『杣径』〕. GA. Bd. 5. p. 357〔創文社『決定版ハイデッガー全集』第五巻、四〇〇頁〕.

(17) *Ibid.*〔同訳書、同所〕

(18) *Ibid.*, p. 358〔同訳書、四〇一–四〇二頁〕.

(19) *Ibid.* p. 358-359〔同訳書、四〇二頁〕. ハイデッガーによれば、である。なぜなら、Liddell-Scott-Jones〔リッデル、スコット、ジョーンズ〕の *Greek-English Lexicon*〔『希英辞典』〕によれば、能動相で「負債を支払う」を、中動相で「償いをさせる」もしくは「罰する」を意味する動詞 *τίνω* に由来する *τίσις* は、もっぱら「返礼としての支払い」、「報い」、「復讐」を意味するからである。おそらくハイデッガーは、ここで E. Boisacq〔ボワザック〕の *Dictionnaire étymologique de la langue grecque*〔『ギリシア語語源辞典』〕を、よりどころにしているのであろう。ちなみにハイデッガーは、一度明示的に、ボワザックを指示している。そしてボワザックによれば、動詞 *τίνω* は、動詞 *τίω*、「尊崇する」、「尊重する」の、一つの形なのだという。*op. cit., sub. τίω*〔上掲書、*τίω* の項目〕と、Heidegger〔ハイデッガー〕, *Ontologie*〔『オントロギー』〕. GA. Bd. 63. p. 9〔創文社『決定版ハイデッガー全集』第六三巻、一一頁〕を参照。そこで *τίσις* という語に、当の二重の意味を認めることが、可能となるわけである。しかしながら、*τίω* と *τίνω* の間のこの関係は、同時代に Liddell-Scott-Jones〔リッデル、スコット、ジョーンズ〕の辞典によって、排除されていたのだということ、またそれ以後、H. Frisk〔フリスク〕や P. Chantraine〔シャントレーヌ〕の語源辞典によっても、排除されているのだということを、指摘しておかなければならない。同じく E. Benveniste〔バンヴェニスト〕, *Le vocabulaire des institutions indo-européennes*〔『インド＝ヨーロッパ諸制度語彙集』〕, t. 2. p. 50-55も参照。それゆえハイデッガーは、語源にしたがうどころか、他のいたるところと同様、ここでも、語源を事柄そのものにしたがわせたのだということになる。

(20) *Ibid.*, p. 359〔同訳書、四〇二–四〇三頁〕. 動詞 *zögern* は、ためらう、〜するのにぐずぐずする、を意味する。

(21) *Ibid.*〔同訳書、同所〕

(22) *Ibid.*〔同訳書、同所〕

(23) *Sein und Zeit*〔『有と時』〕. §26. p. 123〔創文社『決定版ハイデッガー全集』第二巻、一八九–一九〇頁〕を参照。

(24)《Der Spruch des Anaximander〔アナクシマンドロスの箴言〕》. in *Holzwege*〔『杣径』〕. GA. Bd. 5. p. 359-360〔創文社『決定版ハイデッガー全集』第五巻、四〇四頁〕.

(25) *Ibid.*, p. 360〔同訳書、四〇四頁〕.

(26) *Ibid.*〔同訳書、同所〕

(27) *Ibid.*, p. 360-361〔同訳書、四〇五頁〕.

(28) *Ibid.*, p. 361〔同訳書、四〇五頁〕.

(29) 現象概念に関しては、『有と時』〔創文社『決定版ハイデッガー全集』第二巻〕§7を、手許にある有るものの「自らのうちに立つ」(*Ansichhalten*〔自らおいて立ち止まる〕) ことの説明については、§16. p. 75-76〔同訳書、一一九頁〕を参照。

III 敬意の問題、アレーテイアとレーテー

（1）《Der Ursprung des Kunstwerkes〔芸術作品の根源〕》, in *Holzwege*〔『杣径』〕, GA, Bd. 5, p. 27-28〔創文社『決定版ハイデッガー全集』第五巻、三八‐三九頁〕.

（2）*Ibid.*, p. 28-29〔同訳書、三九‐四〇頁〕.

（3）*Ibid.*, p. 4〔同訳書、九頁〕.

（4）*Ibid.*, p. 56-58〔同訳書、七二‐七五頁〕.

（5）自らのうちに安らうこと（*das Insichruhen*）については、*id.*, p. 9, 11, 19〔同訳書、一七、一九、二九頁〕を参照。常立性（*Ständigkeit*）については、p. 11〔同訳書、一九頁〕を参照。そして諸物の自ずから成長する性格（*das Eigenwüchsige*）については、p. 9, 14 et 47〔同訳書、一七、二二、六二頁〕を参照。最後の箇所〔p. 47, 六二頁〕においては、問われているのは、「自ずから成長しつつ立ち現れる有るもの」としてのピュシス〔自然〕である。

（6）*Ibid.*, p. 17〔同訳書、二六頁〕.

（7）*Ibid.*, p. 14〔同訳書、二二頁〕.

（8）《Das Ding〔物〕》, in *Vorträge und Aufsätze*〔『講演と論文』〕, GA, Bd. 7, p. 167-168 を参照。

（9）*Ibid.*, p. 168.《Der Ursprung des Kunstwerkes〔芸術作品の根源〕》, in *Holzwege*〔『杣径』〕, GA, Bd. 5, p. 5〔創文社『決定版ハイデッガー全集』第五巻、一一頁〕を参照。ここにおいてすでに、諸物の間に、瓶が姿を見せていた。

（10）*Id.*, p. 169.

（11）*Ibid.*

（12）*Ibid.*

（13）*Ibid.*

（14）*Ibid.*

（15）*Ibid.*, p. 170.

（16）《Die Frage nach der Technik〔技術への問い〕》, in *Vorträge und Aufsätze*〔『講演と論文』〕, GA, Bd. 7, p. 13.

（17）*ἔργον*〔作品〕のギリシア的意味については、《Wissenschaft und Besinnung〔学と省察〕》, in *Vorträge und Aufsätze*〔『講演と論文』〕, GA, Bd. 7, p. 43-44 を参照。

（18）《Das Ding〔物〕》, in *Vorträge und Aufsätze*〔『講演と論文』〕, GA, Bd. 7, p. 170.

（19）*Ibid.*, p. 171.

（20）*Ibid.*, p. 173-174.「二重の収容すること」とは、〈受け取ること〉と〈保持すること〉としての、収容することである。

（21）*Sein und Zeit*〔『有と時』〕, §18, p. 84〔創文社『決定版ハイデッガー全集』第二巻、一三二頁〕を参照。

（22）《Das Ding〔物〕》, in *Vorträge und Aufsätze*〔『講演と論文』〕, GA, Bd. 7, p. 174.

（23）*Ibid.* 印欧語の動詞**gheu*については、E. Benveniste〔バンヴェニスト〕, *Le vocabulaire des institutions indo-européennes*〔『インド＝ヨーロッパ諸制度語彙集』〕, t. 2, p. 216を参照。ここでは動詞*χέειν*〔注ぐ〕の「宗教的」意味が、強調されている。

（24）*Id.*, p. 175. われわれが*Geviert*〔四方〕をそれによって訳しているところの*quadrat*もしくは*cadrat*〔クワタ：活字組版で半角から4倍までの空白部を埋めるもの〕という語は、文字より低くて、行の空白部を埋める役割を担っている、或るフォン

トの小片を指し示す印刷用語である。この語はラテン語の *quadratus*〔四角の〕に由来するがゆえに、われわれは、あえてここで、その意味を曲げて用いることにする。

(25)《Der Spruch des Anaximander〔アナクシマンドロスの箴言〕》, in *Holzwege*〔『杣径』〕, GA. Bd. 5, p. 357〔創文社『決定版ハイデッガー全集』第五巻、四〇一頁〕.

(26) *Id.*, p. 359〔同訳書、四〇三頁〕, déjà cité〔IIの原註(20)で、すでに引用〕.

(27) *Id.*, p. 336〔同訳書、三七四‐三七五頁〕, déjà cité〔Iの原註(10)で、すでに引用〕.

(28)《Die Gefahr〔危険〕》, in *Bremer und Freiburger Vorträge*〔『ブレーメン講演とフライブルク講演』〕, GA. Bd. 79, p. 49-50〔創文社『決定版ハイデッガー全集』第七九巻、六五‐六六頁〕. 『有ると言えるもののうちへの観入』という表題の下に集摂されたこれら四つの講演は、順に『物』、『摂‐立(*Ge-Stell*)』、『危険』、『転回』という表題を有している。ついでながら、物としての瓶についての記述は、一九四九年の講演以前のものだということに、注意を促しておくことにしよう。というのも、それは一九四四‐一九四五年に、つまり『アナクシマンドロスの箴言』の最終ヴァージョンの一年前に書かれた或る対話の中に、現れているからである。《*Ἀγχιβασίη*〔アンキバシエー〕》, in *Feldweg-Gespräche*〔『野の道での会話』〕, GA. Bd. 77, p. 126 et sq.〔創文社『決定版ハイデッガー全集』第七七巻、一七二頁以下〕を参照。

(29)《Aletheia (Heraklit, Fragment 16)〔アレーテイア(ヘラクレイトス、断片一六)〕》, in *Vorträge und Aufsätze*〔『講演と論文』〕, GA. Bd. 7, p. 269-270. この分析は、「忘却」についての分析(p. 272-273)によって立証されているのだが、本質的なことに関しては、一九四二‐一九四三年のパルメニデス講義の二つの節を、再録している。*Parmenides*〔『パルメニデス』〕, GA. Bd. 54, p. 34 et sq. と p. 40 et sq.〔創文社『決定版ハイデッガー全集』第五四巻、四〇頁以下と四七頁以下〕を参照。真性の本質についての一九三一‐一九三二年の講義の中で、*λανθάνω*〔～の目を逃れる〕という動詞の意味を説明するために、すでにハイデッガーは、この同じホメロスの詩句を引用していたのだが、彼は、打ち明け話という仕様で、「学校〔で学んで〕以来、いまだにわれわれの耳に残っている詩句」と、つけ加えていたのである。*Vom Wesen der Wahrheit*〔『真理の本質について』〕, GA. Bd. 34, p. 141〔創文社『決定版ハイデッガー全集』第三四巻、一四九頁〕を参照。ギリシア語からドイツ語への翻訳について当てはまることは、ギリシア語からフランス語への翻訳についても当てはまる。例えば Ph. Jacottet〔ジャコッテ〕は、「かくしてすべての者たちに、彼は自らの涙を包み隠すことができた〔Ainsi à tout le monde il put dissimuler ses larmes〕」と訳している。

(30) *Id.*, p. 270. *Was heißt Denken?*〔『思惟とは何の謂いか』〕, GA. Bd. 8, p. 262を参照。ここでは、こう言われている。「言葉は、非覆蔵性、〈ア‐レーテイア〔非‐覆蔵性、真性〕〉が性起する(*sich ereignet*)限りにおいて、有る」。

(31)《Hegel und die Griechen〔ヘーゲルとギリシア人たち〕》, in *Wegmarken*〔『道標』〕, GA. Bd. 9, p. 443〔創文社『決定版ハイデッガー全集』第九巻、五五〇頁〕. ヘラクレイトスのロゴス〔言葉、理〕に関して、また「現-前することは、現れ来たってしまって、覆蔵されないもののうちに持続することを意味する」のだということを喚起した後で、ハイデッガーは、こう続けていた。「〈ロゴス〉が、前に横たわっているものを、前に横たわっているものとして、前に横たわらせる限りにおいて、〈ロゴス〉は、現前者を、その現前のうちへと開蔵する。しかるに開蔵することとは、〈アレーテイア〔非覆蔵性〕〉である。〈アレーテイア〉と〈ロゴス〔Λόγος〕〉とは、同じものである。*λέγειν*〔言うこと、集めること〕が、*ἀληθέα*〔真なるもの、覆蔵されないもの〕を、覆蔵されないものとしての覆蔵されないものを、前に横たわらせるのである（〔ヘラクレイトス、断片〕B一一二）。あらゆる開蔵は、現前者に、覆蔵性を免れさせる。開蔵は、覆蔵性を用いる〔必要とする〕。〈ア-レーテイア〔非-覆蔵性〕〉は、〈レーテー〔覆蔵性〕〉のうちに安らい、〈レーテー〉から汲み、〈レーテー〉によってうしろに置かれた（*hinterlegt*）ままに留まっているものを、前に置く（*legt vor*）。〈ロゴス〉とは、自らにおいて同時に、開蔵すること、かつ、覆蔵することである。それは〈アレーテイア〉なのである」。《Logos (Heraklit, Fragment 50)〔ロゴス（ヘラクレイトス、断片五〇）〕》, in *Vorträge und Aufsätze*〔『講演と論文』〕, GA, Bd. 7, p. 225-226を参照。うしろ（*hinter*）から前（*vor*）へのこの運動こそが、形而上学〔*métaphysique*, 超自然学、後自然学〕に、その最も深い意味を与えているのである。

（32） *Parmenides*〔『パルメニデス』〕, GA, Bd. 54, p. 129〔創文社『決定版ハイデッガー全集』第五四巻、一四八-一四九頁〕.『オリュンピア大祭典競技祝勝歌』第七歌第四五行以下に関しては、p. 109 et sq.〔一二六頁以下〕と120 et sq.〔一三九頁以下〕を参照。ギリシア人たちとアレーテイアとの関係については、一九三七-一九三八年の講義 *Grundfragen der Philosophie*〔『哲学の根本的問い』〕, GA, Bd. 45, p. 108 et sq.〔創文社『決定版ハイデッガー全集』第四五巻、一一四頁以下〕を参照。

Ⅳ アレーテイアから性起へ（ヘラクレイトス DK一六）

（1） 《Protokoll zu einem Seminar über den Vortrag "Zeit und Sein"〔講演「時と有」についての或るゼミナールへのプロトコル〕》, in *Zur Sache des Denkens*〔『思索の事柄へ』〕, p. 56. 問題とされているのは、もちろん断片一二三である。

（2） *Heraklit*〔〈ヘラクレイトス〉〕, GA, Bd. 55, p. 28 et sq.〔創文社『決定版ハイデッガー全集』第五五巻、三四頁以下〕を参照。

（3） 《Aletheia (Heraklit, Fragment 16)〔アレーテイア（ヘラクレイトス、断片一六）〕》, in *Vorträge und Aufsätze*〔『講演と論文』〕, GA, Bd. 7, p. 265-266.

（4） *Ibid.*, p. 269.

（5） 自家本の欄外に、そして「ヘラクレイトス自身も……言うことができたものの……充実」という節の中にある指示代名詞に関して、ハイデッガーは、「これは何か。*Ereignis*〔性起〕か」と記した。*Mutatis mutandis*〔適宜変更すれば〕、同じことは、パルメニデスの断片三の *τὸ αὐτό*〔同じもの〕についても当てはまる。《Moira (Parmenides VIII, 34-41)〔モイラ（パルメニデスⅧ、三四－四一)』》, in *Vorträge und Aufsätze*〔『講演と論文』〕, GA, Bd. 7, p. 260 と《Der Satz der Identität〔同一律〕》, in *Identität und Differenz*〔『同一性と差異』〕, p. 24–27を参照。

(6)《Aletheia (Heraklit, Fragment 16)〔アレーテイア(ヘラクレイトス、断片一六)〕》, in *Vorträge und Aufsätze*〔『講演と論文』〕, GA, Bd. 7, p. 271.

(7) *Id.*, p. 275. アッティカ散文では、*μὴ… ποτε*,〈一度もない〉、〈決してない〉は、ただ一語、*μήποτε* と書かれる。

(8) *Id.*, p. 276.

(9) *Id.*, p. 277.

(10) *Id.*, p. 278–279.

(11) *Id.*, p. 279.

(12) *Id.*, p. 280.

(13) *Ibid.* et *Sein und Zeit*〔『有と時』〕, §7, p. 38〔創文社『決定版ハイデッガー全集』第二巻、五九頁〕.

(14) *Id.*, p. 281. 動詞 *ζάω*〔私は生きる〕, *ζώω*〔私は生きる〕は、語根 *ζα-* とは、語源的には関係ないのだが、語根 *ζα-* の詩的用法に全面的に依拠する、生きることについてのこのような解釈に関しては、*Heraklit*〔『ヘラクレイトス』〕, GA, Bd. 55, p. 93 et sq.〔創文社『決定版ハイデッガー全集』第五五巻、一〇六頁以下〕を参照。

(15) *Id.*, p. 281.『ピュティア祝勝歌集』第五歌七〇と『イストミア祝勝歌集』第一歌三二を参照。

(16) *Id.*, p. 282.

(17) K. Reinhardt〔ラインハルト〕,《Heraklits Lehre vom Feuer〔火についてのヘラクレイトスの教え〕》, in *Vermächtnis der Antike*〔『古代の遺言』〕, p. 41–71を参照。

(18)《Aletheia (Heraklit, Fragment 16)〔アレーテイア(ヘラクレイトス、断片一六)〕》, in *Vorträge und Aufsätze*〔『講演と論文』〕, GA, Bd. 7, p. 283.

(19) *Ibid.*

(20)《Das Ende der Philosophie und die Aufgabe des Denkens〔哲学の終焉と思索の課題〕》, in *Zur Sache des Denkens*〔『思索の事柄へ』〕, p. 71 et 72; p. 74を参照。

(21) *Ibid.*, p. 75.

(22) *Ibid.*, p. 78.

(23) *Ibid.*, p. 79. 一九三八－一九三九年に、すでにハイデッガーは、「有るものの開性として非覆蔵性を捉えること」を、「注目に値する意味において、非-ギリシア的」なことと見なしていた。*Besinnung*〔『省察』〕, GA, Bd. 66, p. 316を参照。

(24)《Aus einem Gespräch von der Sprache〔言葉についての対話より〕》, in *Unterwegs zur Sprache*〔『言葉への途上』〕, GA, Bd. 12, p. 127〔創文社『決定版ハイデッガー全集』第一二巻、一五九－一六〇頁〕.

(25)《Aletheia (Heraklit, Fragment 16)〔アレーテイア(ヘラクレイトス、断片一六)〕》, in *Vorträge und Aufsätze*〔『講演と論文』〕, GA, Bd. 7, p. 284. 同じ定式、もしくはほとんど同じ定式が、数年後、講演 *Hegel und die Griechen*〔『ヘーゲルとギリシア人たち』〕の中で、現前することが「覆蔵性から、非覆蔵性のうちへと、前方へ-持続すること(*das aus der Verborgenheit her in die Unverborgenheit vor-Währen*)」と

して明示化される時、再び現れる。*Wegmarken*〔『道標』〕, GA, Bd. 9, p. 441〔創文社『決定版ハイデッガー全集』第九巻、五五七頁〕を参照。この定式は、動詞を除いて、〔つまり〕*bringen*〔もたらす〕の代わりに*währen*〔持続する〕を用いつつ、先に（p. 46〔Ⅲの原註（16）の箇所〕）引用された、ハイデッガーが産 - 出とピュシス〔自然〕とを特徴づけている定式を、再現している。《Die Gefahr〔危険〕》, in *Bremer und Freiburger Vorträge*〔『ブレーメン講演とフライブルク講演』〕, GA, Bd. 79, p. 64〔創文社『決定版ハイデッガー全集』第七九巻、八一頁〕も参照。

（26）《Aletheia（Heraklit, Fragment 16）〔アレーテイア（ヘラクレイトス、断片一六）〕》, in *Vorträge und Aufsätze*〔『講演と論文』〕, GA, Bd. 7, p. 285.

（27）*Id.*, p. 284. *θεάομαι*〔私は眺める〕, *blicken*〔観る〕、視るという動詞の意味について、視る者へと神々を同化することについて、また、人間を、そのまなざしが自らを示すものの提供する視（*Blick*〔まなざし〕）に答えるところの者として、そのまなざしが有のまなざしに答えるところの者として、まなざしを向けられた者（*An-geblickte*〔眺められた者〕）として規定することについては、*Parmenides*〔『パルメニデス』〕, GA, Bd. 54, p. 152-162〔創文社『決定版ハイデッガー全集』第五四巻、一七五 - 一八七頁〕、特にp. 158 et 160〔一八二頁と一八四頁〕を参照。

（28）*Id.*, p. 285.

（29）*Id.*, p. 286.

（30）*Ibid.*

（31）*Beiträge zur Philosophie*〔『哲学への寄与論稿』〕, GA, Bd. 65, p. 73〔創文社『決定版ハイデッガー全集』第六五巻、八一頁〕.

（32）このようなコンテクストの中で決断〔Entscheidung〕が持ちうる意味については、*Beiträge zur Philosophie*〔『哲学への寄与論稿』〕, GA, Bd. 65, p. 87 et sq.〔創文社『決定版ハイデッガー全集』第六五巻、九六頁以下〕を参照。

V　物と四者の世界

（1）*Grundfragen der Philosophie*〔『哲学の根本的問い』〕, GA, Bd. 45, p. 210〔創文社『決定版ハイデッガー全集』第四五巻、二二八頁〕.

（2）*Ibid.*, p. 211〔同訳書、二二八頁〕. *Beiträge zur Philosophie*〔『哲学への寄与論稿』〕, GA, Bd. 65, p. 346〔創文社『決定版ハイデッガー全集』第六五巻、三七四頁〕を参照。

（3）*Beiträge zur Philosophie*〔『哲学への寄与論稿』〕, GA, Bd. 65, p. 318〔創文社『決定版ハイデッガー全集』第六五巻、三四四頁〕.『有と時』の時期に、すでにハイデッガーは、「真性は、*Dasein*〔現有〕が有る限りにおいてのみ、そして*Dasein*〔現有〕が有る間にのみ、〝ある〔es gibt, 与えられてある〕〟」と主張していた。*op. cit.*, §44 c, p. 226〔創文社『決定版ハイデッガー全集』第二巻、三四〇頁〕を参照。

（4）*Id.*, p. 297〔創文社『決定版ハイデッガー全集』第六五巻、三二〇頁〕.

（5）*Id.*, p. 344〔同訳書、三七三頁〕.

（6）《Der Weg zur Sprache〔言葉への道〕》, in *Unterwegs zur*

Sprache〔『言葉への途上』〕, GA, Bd. 12, p. 256〔創文社『決定版ハイデッガー全集』第一二巻、三三二頁〕.《Das Wesen der Sprache〔言葉の本質〕》, *id.*, p. 203〔同訳書、二六一頁〕を参照。ここではやはり言葉が、「すべての関わり合い中の関わり合い」として理解されている。

（7）《Zeit und Sein〔時と有〕》, in *Zur Sache des Denkens*〔『思索の事柄へ』〕, p. 24.

（8）《Zur Seinsfrage〔有の問いへ〕》, in *Wegmarken*〔『道標』〕, GA, Bd. 9, p. 407-408〔創文社『決定版ハイデッガー全集』第九巻、五〇九頁〕.

（9）*Ibid.*, p. 408〔同訳書、五一〇頁〕.

（10）《Protokoll zu einem Seminar über den Vortrag "Zeit und Sein"〔講演「時と有」についての或るゼミナールへのプロトコル〕》, in *Zur Sache des Denkens*〔『思索の事柄へ』〕, p. 44. p. 32を参照。ここ〔p. 32〕では、有の忘却から目覚める（*Entwachen*）ことによって、思索が性起へと目覚める（*Erwachen*）と言われている。形而上学の超克に関わる諸ノート（一九三六－一九四六年）の最初のものの中で、ハイデッガーは、「その中で有それ自身が克服されるところの自性－性起」を、「そこから初めて有の歴史がその本質を開顕するところの根拠」として理解している。《Überwindung der Metaphysik〔形而上学の超克〕》, in *Vorträge und Aufsätze*〔『講演と論文』〕, GA, Bd. 7, p. 69を参照。

（11）《Der Spruch des Anaximander〔アナクシマンドロスの箴言〕》, in *Holzwege*〔『杣径』〕, GA, Bd. 5, p. 359〔創文社『決定版ハイデッガー全集』第五巻、四〇三頁〕, déjà cité〔IIの原註（21）で、すでに引用〕.

（12）《Moira（Parmenides VIII, 34-41）〔モイラ（パルメニデスVIII、三四－四一）〕》, in *Vorträge und Aufsätze*〔『講演と論文』〕, GA, Bd. 7, p. 256を参照。

（13）《Aletheia（Heraklit, Fragment 16）〔アレーテイア（ヘラクレイトス、断片一六）〕》, in *Vorträge und Aufsätze*〔『講演と論文』〕, GA, Bd. 7, p. 283.

（14）《Das Ding〔物〕》, in *Vorträge und Aufsätze*〔『講演と論文』〕, GA, Bd. 7, p. 175.

（15）*Ibid.*

（16）《Bauen Wohnen Denken〔建てる、住まう、思索する〕》, in *Vorträge und Aufsätze*〔『講演と論文』〕, GA, Bd. 7, p. 151.

（17）《Das Ding〔物〕》, in *Vorträge und Aufsätze*〔『講演と論文』〕, GA, Bd. 7, p. 175.

（18）*Ibid.*, p. 180.

（19）Lettre à Cazalis du 28 avril 1866〔一八六六年四月二八日付けのカザリス宛書簡〕, in *Œuvres complètes*, La Pléiade, t. I, p. 698.

（20）《Das Ding〔物〕》, in *Vorträge und Aufsätze*〔『講演と論文』〕, GA, Bd. 7, p. 180-181.

（21）《Das Wesen der Sprache〔言葉の本質〕》, in *Unterwegs zur Sprache*〔『言葉への途上』〕, GA, Bd. 12, p. 199〔創文社『決定版ハイデッガー全集』第一二巻、二五六頁〕.「その〈自らを覆蔵すること〉において、開けている」の欄外註として、ハイデッガーは、「相互に信頼して任された遠きものたち」と記した。

(22)《Das Ding〔物〕》, in *Vorträge und Aufsätze*〔『講演と論文』〕, GA, Bd. 7, p. 181.

(23) *Id.*, p. 175, déjà cité〔Ⅲの原註(24)で、すでに引用〕.

(24)《Die Gefahr〔危険〕》, in *Bremer und Freiburger Vorträge*〔『ブレーメン講演とフライブルク講演』〕, GA, Bd. 79, p. 48〔創文社『決定版ハイデッガー全集』第七九巻、六三頁〕. *Beiträge zur Philosophie*〔『哲学への寄与論稿』〕, GA, Bd. 65, p. 485〔創文社『決定版ハイデッガー全集』第六五巻、五二一頁〕を参照。

(25) *Id.*, p. 48-49〔創文社『決定版ハイデッガー全集』第七九巻、六四頁〕.《Zeit und Sein〔時と有〕》, in *Zur Sache des Denkens*〔『思索の事柄へ』〕, p. 22を参照。ここでは「有は性起のうちで消滅する」と言われている。浄化する、掃除するを意味する《monder》という動詞は、*mundus*〔世界〕という名詞に由来するのではなく、清潔な、という形容詞 *mundus* に由来する。われわれは、名詞の動詞化に本質的な定式を、可能な限り復原するために、この動詞に、或る別の意味〔=「世界する」〕を与えているのである。

(26)《Das Ding〔物〕》, in *Vorträge und Aufsätze*〔『講演と論文』〕, GA, Bd. 7, p. 181.

(27) *Ibid.*, p. 182.

(28) 1885, 38 (12); 1884, 26 (193), 1888, 14 (188) ad. 5 と 1885, 35 (39) を参照〔フランクはニーチェを *Sämtliche Werke*, Kritische Studienausgabe, herausgegeben von G. Colli und M. Montinari から引用しており、数字は順に、遺稿テクストの年号、帳面番号、ノート番号を示している。Didier Franck, *Nietzsche et l'ombre de Dieu*, Paris, P. U. F., 1998, p. 39, note 2を参照。ちなみにここで参照指示されている四箇所は、それぞれ順に、Bd. 11, S. 610-611; Bd. 11, S. 201; Bd. 13, S. 376; Bd. 11, S. 528である――訳註〕。この最後の箇所〔1885, 35 (39)〕においては、『正午と永遠』の第三部が、「諸輪の輪について。もしくは〝鏡〟」と題されている。両側において、問題とされているのは、存立性〔恒常性〕を揺さぶることである。

(29) *Besinnung*〔『省察』〕, GA, Bd. 66, p. 314.

(30)《Cézanne〔セザンヌ〕》, in *Aus der Erfahrung des Denkens*〔『思惟の経験から』〕, GA, Bd. 13, p. 223〔創文社『決定版ハイデッガー全集』第一三巻、二七九頁〕. 一九五八年三月二〇日、エクサン - プロヴァンスで、講演『ヘーゲルとギリシア人たち』に先立って行われた若干の謝辞の折に、ハイデッガーは、こう打ち明け話をしていた。「私はここで、ポール・セザンヌの道を見出しました。この道には、或る仕方で私自身の思索の道が、その開始からその終末まで、呼応しているのです」。《Liebeserklärung an die Provence〔プロヴァンスへの愛の言葉〕》, in *Reden und andere Zeugnisse eines Lebensweges*〔『演説。挨拶、追憶、祝辞、呼びかけ』〕, GA, Bd. 16, p. 551を参照。

(31) A. Lowit〔ロウィ〕,《Que signifient les *δοκοῦντα* du Poème de Parménide ?〔パルメニデスの詩の *δοκοῦντα*〔思われるものども〕は何を意味するか〕》, in *Heidegger Studies*〔『ハイデッガー研究』〕, 1995, p. 123 et sq. を参照。すでにここでは、ギリシア的なものからもはやギリシア的ではないものへの移行が、「自らを‐示すこと」から「*Ereignis*〔性起〕のうちで示すこと」への移行として、理解されているのである。同様に、《Heidegger et les Grecs〔ハイデッガーとギリシア人たち〕》, in *Revue de Métaphysique et de Morale*〔『形而上学・道徳雑誌』〕, 1/1982 も参照。

(32)《Die Sprache〔言葉〕》, in *Unterwegs zur Sprache*〔『言葉への途上』〕, GA, Bd. 12, p. 21-22〔創文社『決定版ハイデッガー全集』第一二巻、二一頁〕.

(33) *Ibid.*, p. 22〔同訳書、同所〕.

(34) *Ibid.*, p. 26〔同訳書、二六頁〕.

(35) *Besinnung*〔『省察』〕, GA, Bd. 66, p. 307を参照。

(36)《Die Sprache〔言葉〕》, in *Unterwegs zur Sprache*〔『言葉への途上』〕, GA, Bd. 12, p. 22〔創文社『決定版ハイデッガー全集』第一二巻、二一‐二二頁〕.

(37) *Beiträge zur Philosophie*〔『哲学への寄与論稿』〕, GA, Bd. 65, p. 73〔創文社『決定版ハイデッガー全集』第六五巻、八一頁〕; déjà cité〔Ⅳの原註(31)で、すでに引用〕.

(38) *Besinnung*〔『省察』〕, GA, Bd. 66, p. 15. ヘーゲルが同一性と相違(*Unterschied*)と矛盾とについて扱っている『大論理学』の章(第二巻、第一篇、第二章)を喚起する表題を持つ論集『同一性と差異』の冒頭にある緒言の中で、ハイデッガーは、こう注意を促していた。「いかなる限りにおいて、差異が同一性の本質に由来するのか、そのことを読者は、*Ereignis*〔性起〕と*Austrag*〔決着、担い支え〕の間を統べる協和を聞くことによって、自ら見出さなければならない」, *op. cit.* p. 8. それゆえ、性起から出発してこそ、ハイデッガーとヘーゲルとの間の特異なる関わり合いが、理解されなければならないのだが、この関わり合いについては、「時と有」についてのゼミナールの中で、問題とされている。《Protokoll zu einem Seminar über den Vortrag "Zeit und Sein"〔講演「時と有」についての或るゼミナールへのプロトコル〕》, in *Zur Sache des Denkens*〔『思索の事柄へ』〕, p. 28-29を参照。

(39) Martin Heidegger-Eugen Fink〔マルティン・ハイデッガー／オイゲン・フィンク〕,《Heraklit〔ヘラクレイトス〕》, in *Seminare*〔『ゼミナール』〕, GA, Bd. 15, p. 183 と 197を参照。

(40) *Besinnung*〔『省察』〕, GA, Bd. 66, p. 307;《Der europäische Nihilismus〔ヨーロッパのニヒリズム〕》, in *Nietzsche II*〔『ニーチェⅡ』〕, GA, Bd. 6.2, p. 186〔創文社『決定版ハイデッガー全集』第六‐二巻、一九三頁〕;《Die onto-theo-logische Verfassung der Metaphysik〔形而上学の有‐神‐論的体制〕》, in *Identität und Differenz*〔『同一性と差異』〕, p. 57 et sq. を参照。

(41) *Besinnung*〔『省察』〕, GA, Bd. 66, p. 83-84 ; 307-311 ; 314-315を参照。

(42)《Die Sprache〔言葉〕》, in *Unterwegs zur Sprache*〔『言葉への途上』〕, GA, Bd. 12, p. 22〔創文社『決定版ハイデッガー全集』第一二巻、二二頁〕. 先に(p. 19〔同訳書、一八頁〕)ハイデッガーが、動詞*austragen*の意味は、部分的に、古いドイツ語*bären*, 実る、世界へ置く、の意味と重なり、この後者の動詞に由来するのが、*gebären*, 終項にもたらす、産むと、*Gebärde*, 身振りとである、と喚起していたので、われわれはここで、*Gebärde*という語を、「もたらし」と訳したのである。

Ⅵ　世界と摂－立

（1）《Der Spruch des Anaximander〔アナクシマンドロスの箴言〕》, in *Holzwege*〔『杣径』〕, GA, Bd. 5, p. 355, 356 et 359〔創文社『決定版ハイデッガー全集』第五巻、三九八、三九九、四〇三頁〕, déjà citées〔Ⅱの原註（8）（9）（20）で、すでに引用〕.

（2）*Id.*, p. 372〔同訳書、四一九－四二〇頁〕.

（3）《Der Satz der Identität〔同一律〕》, in *Identität und Differenz*〔『同一性と差異』〕, p. 22-23.

（4）*Id.*, p. 24.「真有の星位」については、《Die Kehre〔転回〕》, in *Bremer und Freiburger Vorträge*〔『ブレーメン講演とフライブルク講演』〕, GA, Bd. 79, p. 75 et sq.〔創文社『決定版ハイデッガー全集』第七九巻、九四頁以下〕を参照。

（5）《Wissenschaft und Besinnung〔学と省察〕》, in *Vorträge und Aufsätze*〔『講演と論文』〕, GA, Bd. 7, p. 54-55. このテクストは、一九五三年のものである。《*Ἀγχιβασίη*〔アンキバシエー〕》, in *Feldweg-Gespräche*〔『野の道での会話』〕, GA, Bd. 77〔創文社『決定版ハイデッガー全集』第七七巻〕を参照。ここでは長々と、物理学のステイタスが、技術へのその関連において、問われている。また、*Der Satz vom Grund*〔『根拠律』〕, GA, Bd. 10, p. 9を参照。

（6）*Id.*, p. 57, 欄外ノート。不確定性の関係とは、不適切にも不確実性の関係と呼ばれているもののことである。しかも「部品」は、「全体の部分」を意味するのではなく、「切り離された部品」「交換可能な部品」を意味する。《Das Ge-stell〔摂－立〕》, in *Bremer und Freiburger Vorträge*〔『ブレーメン講演とフライブルク講演』〕, GA, Bd. 79, p. 36-37〔創文社『決定版ハイデッガー全集』第七九巻、四七－四九頁〕を参照。ここではハイデッガーは、用象の持つこのような本質的な性格について長々と論じつつ、こう結論している。つまり技術の君臨の下では、「人間は、それなりの仕方で、用象ならびに部品という諸語が持つ厳密なる意味における、用象－部品である」。

（7）《*Die Kehre*〔転回〕》, in *Bremer und Freiburger Vorträge*〔『ブレーメン講演とフライブルク講演』〕, GA, Bd. 79, p. 68〔創文社『決定版ハイデッガー全集』第七九巻、八六頁〕. *nachstellen*〔追い立てる〕という動詞は、追跡する、罠を張る、狩り出す、を意味している。ハイデッガーは、「復讐」のニーチェ的意味をつまびらかにするためにも、この動詞に訴えている。《Wer ist Nietzsches Zarathoustra〔ニーチェのツァラトゥストラとは誰であるか〕》, in *Vorträge und Aufsätze*〔『講演と論文』〕, GA, Bd. 7, p. 111を参照。

（8）《Die Gefahr〔危険〕》, in *Bremer und Freiburger Vorträge*〔『ブレーメン講演とフライブルク講演』〕, GA, Bd. 79, p. 53〔創文社『決定版ハイデッガー全集』第七九巻、七〇頁〕.

（9）《*Die Kehre*〔転回〕》, in *Bremer und Freiburger Vorträge*〔『ブレーメン講演とフライブルク講演』〕, GA, Bd. 79, p. 71〔創文社『決定版ハイデッガー全集』第七九巻、八九頁〕.

（10）《Die Gefahr〔危険〕》, in *Bremer und Freiburger Vorträge*〔『ブレーメン講演とフライブルク講演』〕, GA, Bd. 79, p. 52〔創文社『決定版ハイデッガー全集』第七九巻、六八－六九頁〕. ドイツ語の動詞*entsetzen*は、一般には「怖がらせる」を意味するが、しかし字義的には、「捨て置く」「脱し置く」を意味している。フランス語の動詞 *effrayer*〔怖がらせる〕に関して言うなら、それは口語ラテン語の *exfridare*,「平和から脱せしめる」から生じたものである。

(11) *Ibid.*, p. 53〔同訳書、七〇頁〕.

(12) *Ibid.*, p. 52〔同訳書、六八頁〕. *Der Satz vom Grund*〔『根拠律』〕, GA, Bd. 10, p. 133を参照。

(13) *Ibid.*, p. 53〔同訳書、六九頁〕.

(14) 《Überwindung der Metaphysik〔形而上学の超克〕》, in *Vorträge und Aufsätze*〔『講演と論文』〕, GA, Bd. 7, p. 79を参照。ここで言われているのは、〈技術ということによって、形而上学の完成以外のものを、解してはならない〉ということである。

(15) 《Die onto-theo-logische Verfassung der Metaphysik〔形而上学の有－神－論的体制〕》, in *Identität und Differenz*〔『同一性と差異』〕, p. 59.

(16) 《*Die Kehre*〔転回〕》, in *Bremer und Freiburger Vorträge*〔『ブレーメン講演とフライブルク講演』〕, GA, Bd. 79, p. 69〔創文社『決定版ハイデッガー全集』第七九巻、八七頁〕.

(17) *Id.*〔同訳書、同所〕シェリングは、キリスト教の神を指し示すために、「有の主《あるじ》」という表現を使っている。

(18) *Id.*〔同訳書、八八頁〕

(19) 《Die Frage nach der Technik〔技術への問い〕》, in *Vorträge und Aufsätze*〔『講演と論文』〕, GA, Bd. 7, p. 27-28.

(20) 《*Die Kehre*〔転回〕》, in *Bremer und Freiburger Vorträge*〔『ブレーメン講演とフライブルク講演』〕, GA, Bd. 79, p. 70〔創文社『決定版ハイデッガー全集』第七九巻、八八－八九頁〕et Meister Eckhardt〔マイスター・エックハルト〕,《Die rede der underscheidunge〔教導講話〕》, in *Die deutschen Werke*〔『ドイツ語論述集』〕, herausgegeben von J. Quint, Bd. V, p. 198 et p. 508. ハイデッガーは、一九四九年のこのテクストを、一九六二年に公刊した時には、若干修正し、とりわけ、*Verhältnis*〔関わり合い〕の代わりに *Ver-Hältnis*〔関わり－合い〕と書き、このようにして、〈関わり合いを保ち・維持するもの〉を強調した。《Die Kehre〔転回〕》, in *Die Technik und die Kehre*〔『技術と転回』〕, p. 39を参照。また *Ver-Hältnis*〔関わり－合い〕という語の意味については、《Der Weg zur Sprache〔言葉への道〕》, in *Unterwegs zur Sprache*〔『言葉への途上』〕, GA, Bd. 12, p. 256〔創文社『決定版ハイデッガー全集』第一二巻、三三三頁〕;《Zeit und Sein〔時と有〕》, in *Zur Sache des Denkens*〔『思索の事柄へ』〕, p. 4 et p. 20を参照。

(21) *Was heißt Denken ?*〔『思惟とは何の謂いか』〕, GA, Bd. 8, p. 73.

(22) Nietzsche〔ニーチェ〕, 1885, 43(1)〔*Sämtliche Werke, op. cit.*, Bd. 11, S. 700〕:〈祭司的転倒〉については、*Jenseits von Gut und Böse*〔『善悪の彼岸』〕, §195 と *Zur Genealogie der Moral*〔『道徳の系譜』〕, I, §7 et 8を参照。

(23) 《*Die Kehre*〔転回〕》, in *Bremer und Freiburger Vorträge*〔『ブレーメン講演とフライブルク講演』〕, GA, Bd. 79, p. 71〔創文社『決定版ハイデッガー全集』第七九巻、八九－九〇頁〕.

(24) *Also sprach Zarathoustra*〔『ツァラトゥストラはこう語っ

た』〕, II.《*Von der Selbst-Ueberwindung*〔自己 - 超克について〕》, 末部。初めニーチェは、「家」の代わりに、「世界」と書いていた。1883, 11(16)〔*Sämtliche Werke, op. cit.*, Bd. 10, S. 381〕を参照。

(25)《Der Satz der Identität〔同一律〕》, in *Identität und Differenz*〔『同一性と差異』〕, p. 26.

(26) *Ibid.*〔同訳書〕, p. 24 et p. 25.

(27)《Protokoll zu einem Seminar über den Vortrag "Zeit und Sein"〔講演「時と有」についての或るゼミナールへのプロトコル〕》, in *Zur Sache des Denkens*〔『思索の事柄へ』〕, p. 35 et p. 57.

(28) *Ibid.*, p. 35-36 et《Der Weg zur Sprache〔言葉への道〕》, in *Unterwegs zur Sprache*〔『言葉への途上』〕, GA, Bd. 12, p. 251〔創文社『決定版ハイデッガー全集』第一二巻、三三六頁〕を参照。

(29)《Die Gefahr〔危険〕》, in *Bremer und Freiburger Vorträge*〔『ブレーメン講演とフライブルク講演』〕, GA, Bd. 79, p. 53〔創文社『決定版ハイデッガー全集』第七九巻、六九頁〕.《*Die Kehre*〔転回〕》, *ibid.*, p. 75〔同訳書、九五頁〕も、やはり参照。

(30) *Ibid.*〔同訳書、同所〕

(31) *Der Satz vom Grund*〔『根拠律』〕, GA, Bd. 10, p. 84.

(32)《*Die Kehre*〔転回〕》, in *Bremer und Freiburger Vorträge*〔『ブレーメン講演とフライブルク講演』〕, GA, Bd. 79, p. 71〔創文社『決定版ハイデッガー全集』第七九巻、九〇頁〕.

(33)《Das Ding〔物〕》, in *Vorträge und Aufsätze*〔『講演と論文』〕, GA, Bd. 7, p. 180. *Sein und Zeit*〔『有と時』〕, §49-53 et 61-62〔創文社『決定版ハイデッガー全集』第二巻、三六九 - 三九八頁と四五〇 - 四六二頁〕を参照。ここと今においては、われわれは、ギリシア的というより、いっそうローマ的なのだから、ハイデッガーは、ζῷον λόγον ἔχον〔ロゴスを持つ動物〕についてよりも、むしろ *animal rationale*〔理性的動物〕について、語る権利を有しているのである。このことが言われたとして、人間を「現前者を現出せしめるうるところの、立ち現れる現前者」として規定するようなギリシア的規定は、やはり形而上学的である。けだし、この規定が意味しているのは、われわれは有論的差異が完遂される仕方だということだからである。*Was heißt Denken?*〔『思惟とは何の謂いか』〕, GA, Bd. 8, p. 73 と、*Parmenides*〔『パルメニデス』〕, GA, Bd. 54, p. 100〔創文社『決定版ハイデッガー全集』第五四巻、一一六頁〕を参照。

(34)《Die Kehre〔転回〕》, in *Die Technik und die Kehre*〔『技術と転回』〕, p. 40. ハイデッガーは、動詞「建てる」を括弧の中に挿入し、「有るものの只中で」という語をつけ加えることによって、一九四九年のヴァージョンを変様した。《Die Kehre〔転回〕》, in *Bremer und Freiburger Vorträge*〔『ブレーメン講演とフライブルク講演』〕, GA, Bd. 79, p. 71〔創文社『決定版ハイデッガー全集』第七九巻、八九頁〕を参照。

VII　世界における貧困と被造物の待ち焦がれ

(1)《Das Ding〔物〕》, in *Vorträge und Aufsätze*〔『講演と論文』〕, GA, Bd. 7, p. 172, 173 et 183.

(2)《Protokoll zu einem Seminar über den Vortrag "Zeit

und Sein"〔講演「時と有」についての或るゼミナールへのプロトコル〕》, in *Zur Sache des Denkens*〔『思索の事柄へ』〕, p. 40-41.

(3) *Sein und Zeit*〔『有と時』〕, §21, p. 100〔創文社『決定版ハイデッガー全集』第二巻、一五七頁〕. このような註記をなした後で、ただちにハイデッガーは、「この跳び越えの立て続けの回帰は、何に由るのだろうか」と問い、第一部第三編「時と有」において、そこに立ち返る旨を申し出ていたのだが、この第一部第三編の直前で、『有と時』が中断されたわけである。

(4)《Brief über den "Humanisumus"〔〝ヒューマニズム〟に関する書簡〕》, in *Wegmarken*〔『道標』〕, GA, Bd. 9, p. 326〔創文社『決定版ハイデッガー全集』第九巻、四一二頁〕.

(5) *Beiträge zur Philosophie*〔『哲学への寄与論稿』〕, GA, Bd. 65, p. 275〔創文社『決定版ハイデッガー全集』第六五巻、二九五頁〕.

(6)《Die Gefahr〔危険〕》, in *Bremer und Freiburger Vorträge*〔『ブレーメン講演とフライブルク講演』〕, GA, Bd. 79, p. 65〔創文社『決定版ハイデッガー全集』第七九巻、八三頁〕.

(7) *Die Grundbegriffe der Metaphysik*〔『形而上学の根本諸概念』〕, GA, Bd. 29/30, p. 393〔創文社『決定版ハイデッガー全集』第二九／三〇巻、四二五頁〕. この講義は、一九二九－一九三〇年の冬学期に、講述された。

(8) *Ibid.*, p. 395-396〔同訳書、四二八頁〕. 動物性についてのこのような解釈に関して、〔また〕抑制から解放することや昏蒙に関しては、《L'être et le vivant〔存在〔有〕と生けるもの〔生物〕〕》, in *Dramatique des phénomènes*, p. 35-55〔ディディエ・フランク『現象学を超えて』萌書房、三三－五七頁〕を参照。

(9) *Parmenides*〔『パルメニデス』〕, GA, Bd. 54, p. 225 et sq.〔創文社『決定版ハイデッガー全集』第五四巻、二五七頁以下〕を参照。

(10) Schelling〔シェリング〕, *Über das Wesen des menschlichen Freiheit*〔『人間的自由の本質について』〕, herausgegeben von T. Buchheim, Philosophische Bibliothek, p. 71 ou *Sämtliche Werke*, Bd. VII, p. 399 : Heidegger〔ハイデッガー〕, *Schelling : Vom Wesen des menschlichen Freiheit*〔『シェリング――人間的自由の本質について』〕, GA, Bd. 42, p. 278を参照。

(11) 例えば *Parmenides*〔『パルメニデス』〕, GA, Bd. 54, p. 68〔創文社『決定版ハイデッガー全集』第五四巻、八一－八二頁〕, 《Die Sprache〔言葉〕》, in *Unterwegs zur Sprache*〔『言葉への途上』〕, GA, Bd. 12, p. 12〔創文社『決定版ハイデッガー全集』第一二巻、七頁〕, 《Das Wesen der Sprache〔言葉の本質〕》, *id.*, p. 191-192〔同訳書、二四五－二四六頁〕を参照。

(12)『ローマの信徒への手紙』Ⅷ、一八－二三〔「現在《げんざい》の苦《くる》しみは、将来《しょうらい》わたしたちに現《あらわ》されるはずの栄光《えいこう》に比《くら》べると、取《と》るに足《た》りないとわたしは思《おも》います。被造物《ひぞうぶつ》は、神《かみ》の子《こ》たちの現《あらわ》れるのを切《せつ》に待《ま》ち望《のぞ》んでいます。被造物《ひぞうぶつ》は虚無《きょむ》に服《ふく》していますが、それは、自分《じぶん》の意志《いし》によるものではなく、服従《ふくじゅう》させた方《かた》の意志《いし》によるものであり、同時《どうじ》に希望《きぼう》も持《も》っています。つまり、被造物《ひぞうぶつ》も、いつか滅《ほろ》びへの隷属《れいぞく》から解放《かいほう》されて、神《かみ》の子供《こども》たちの栄光《えいこう》に輝《かがや》く自由《じゆう》にあずかれるからです。被造物《ひぞうぶつ》がすべて今《こん》日《にち》まで、共《とも》にうめき、共《とも》に産《う》みの苦《くる》しみを味《あじ》わっていることを、わたしたちは知《し》っています。被造物《ひぞうぶつ》だけでなく、〝霊《れい》〟の初穂《はつほ》をいただいているわたしたちも、神《かみ》の子《こ》とされること、つまり、体《からだ》の贖《あがな》われることを、心《こころ》の中《なか》でうめきながら待《ま》ち望《のぞ》んでいます」。——新共同訳〕。

(13) *Id.*, II、九〔「苦《くる》しみと悩《なや》み」——新共同訳〕.

(14) 『創世記』III、一七－一八〔「神《かみ》はアダムに向《む》かって言《い》われた。／〝お前《まえ》は女《おんな》の声《こえ》に従《したが》い／取《と》って食《た》べるなと命《めい》じた木《き》から食《た》べた。／お前《まえ》のゆえに、土《つち》は呪《のろ》われるものとなった。／お前《まえ》は、生涯《しょうがい》食《た》べ物《もの》を得《え》ようと苦《くる》しむ。／お前《まえ》に対《たい》して／土《つち》は茨《いばら》とあざみを生《は》えいでさせる／野《の》の草《くさ》を食《た》べようとするお前《まえ》に。／……〟」——新共同訳〕とIV、一〇－一二〔「主《しゅ》は言《い》われた。／〝何《なん》ということをしたのか。お前《まえ》の弟《おとうと》の血《ち》が土《つち》の中《なか》からわたしに向《む》かって叫《さけ》んでいる。今《いま》、お前《まえ》は呪《のろ》われる者《もの》となった。お前《まえ》が流《なが》した弟《おとうと》の血《ち》を、口《くち》を開《あ》けて飲《の》み込《こ》んだ土《つち》よりもなお、呪《のろ》われる。土《つち》を耕《たがや》しても、土《つち》はもはやお前《まえ》のために作物《さくもつ》を産《う》み出《だ》すことはない。お前《まえ》は地上《ちじょう》をさまよい、さすらう者《もの》となる〟」。——新共同訳〕を参照。

(15) しかしながらハイデッガーは、カール・バルトの『ローマの信徒への手紙』の中でそれを読んだからには、ルターのこの言葉を、知っていたのである。バルトは、第VIII章の第一九－二二節に関して、すでに『第四エズラ書』の同じ一節を引用していたのだが、しかし、もし道が、この時代には狭くなってしまったのだとしたなら、それはアダムの違反の結果としてであると詳述することを、忘れはしなかった。*Der Römerbrief* (Erste Fassung)〔『ローマの使徒への手紙』(初稿)〕, 1919, in Karl Barth〔カール・バルト〕, *Gesamtausgabe*〔『全集』〕の、『エズラ書』の引用についてはp. 327を、また同じ聖書抜抄句《ペリコーペ》にルターが捧げた第二の説教から引き出された、ルターからの引用については、p. 326を参照。Luther〔ルター〕,《Predigt am 4. Sonntag nach Trinitatis, nachmittags〔三位一体祭後の第四日曜日、午後の説教〕》(1535), in *Werke*〔『著作集』〕, Kritische Gesamtausgabe, Bd. 41, p. 311を参照。バルトはカルヴァンをも引用しているのだが (p. 327-328)、カルヴァンによれば、第一九－二二節が意味しているのは、「現在の悲惨についての承認によって触れられないかのような、復活の希望の方へと差し伸べられないような、世界のいかなる要素も、いかなる部分もない」ということである。Ioannis Calvini〔ジャン・カルヴァン〕, *Commentarius in epistolam Pauli ad Romanos*〔『パウロのローマの使徒への手紙註解』〕, in *Opera omnia*〔『全集』〕, 2e série, t. XIII, Genève 1999, p. 168.

(16) Saint Augustin〔聖アウグスティヌス〕, *Homélies sur l'évangile de saint Jean*〔『ヨハネ福音書講解』〕, XXIX, 6.

(17) 《Zur Seinsfrage〔有の問いへ〕》, in *Wegmarken*〔『道標』〕, GA, Bd. 9, p. 422〔創文社『決定版ハイデッガー全集』第九巻、五二五頁〕.

(18) 《expect earnestly〔熱心に期待する〕》と、Liddell–Scott–Jones〔リーデル、スコット、ジョーンズ〕の *Greek–English Lexicon*〔『希英辞典』〕は言う。ヘレニズム時代に現れる実詞 *ἀποκαραδοκία*〔待ち焦がれ〕と動詞 *ἀποκαραδοκέω*〔熱烈に期待する〕と動詞 *καραδοκέω*〔待ち受ける〕は、『七十人訳旧約聖書』の翻訳には、不在である。

(19) 一九二〇－一九二一年の冬学期の間、ガラテヤの信徒たちとテサロニケの信徒たちへの聖パウロの書簡についての「現象学的解釈」の初めに、そして「あまりにもルター固有の神学的立場に依存しすぎた」ルターの諸翻訳に対しては警戒した後で、ハイデッガーは、カール・ヴァイツゼッカーとエーベルハルト・ネストゥレの翻訳を薦めているのだが、後者〔ネストゥレ〕は、しばしばルターのテクストを見直しつつ、それ〔ルターのテクスト〕を再現している。*Phänomenologie des religiösen Lebens*〔『宗教的生の現象学』〕, GA, Bd. 60, p. 68を参照。

(20) A. Ernout〔エルヌ〕et A. Meillet〔メィエ〕, *Dictionnaire étymologique de la langue latine*〔『ラテン語語源辞典』〕, *sub. specio*〔specio の項目〕を参照。

(21) 『フィリピの信徒への手紙』I、二〇〔「そして、どんなことにも恥《はじ》をかかず、これまでのように今《いま》も、生《い》きるにも死《し》ぬにも、わたしの身《み》によってキリストが公然《こうぜん》とあがめられるようにと切《せつ》に願《ねが》い、希望《きぼう》しています。」――新共同訳〕を参照。そこでは *ἀποκαραδοκία*〔待ち焦がれ〕が、*ἐλπίς*〔希望〕、希望に連合されている。

(22) 『ローマの信徒への手紙』VIII、二四〔「見《み》えるものに対《たい》する希《き》望《ぼう》は希望《きぼう》ではありません。現《げん》に見《み》ているものをだれがなお望《のぞ》むでしょうか。」――新共同訳〕。

(23) 『イザヤ書』XI、五－七〔「正義《せいぎ》をその腰《こし》の帯《おび》とし／真実《しんじつ》をその身《み》に帯《お》びる。／狼《おおかみ》は小羊《こひつじ》と共《とも》に宿《やど》り／豹《ひょう》は子山羊《こやぎ》と共《とも》に伏《ふ》す。／子牛《こうし》は若獅子《わかじし》と共《とも》に育《そだ》ち／小《ちい》さい子供《こども》がそれらを導《みちび》く。／牛《うし》も熊《くま》も共《とも》に草《くさ》をはみ／その子《こ》らは共《とも》に伏《ふ》し／獅子《しし》も牛《うし》もひとしく干《ほ》し草《くさ》を食《く》らう。」――新共同訳〕。われわれが訳しているのは、ルターのヴァージョンである。創造の更新については、『イザヤ書』LXV、一七、LXVI、二二；『コリントの信徒への手紙二』V、一七；『ガラテヤの信徒への手紙』VI、一五；『マタイによる福音書』XXIV、三五を参照。後者〔『マタイによる福音書』XXIV、三五〕においては、「天空と大地は過ぎ去るであろう」〔「天地《てんち》は滅《ほろ》びるが」――新共同訳〕と告知されている。バルトとハイデッガーが引用している『第四エズラ書』の第七章も、やはりそれを指示している。『第四エズラ書』VII、七五〔「わたしは答えていった。〝主よ、もしみこころにかなうことでしたら、このしもべにお示しください。わたしたちが死んだのち、たましいを天におかえししたとき、あなたが新しい天地を創造されるときまでわたしたちは休息するのでしょうか。それともただちに苦しみにあうのでしょうか〟」――関根正雄編『旧約聖書外典』㈦、講談社文芸文庫、一五八頁〕を参照。

VIII　有と悪

(1) 《Protokoll zu einem Seminar über den Vortrag "Zeit und Sein"〔講演「時と有」についての或るゼミナールへのプロトコル〕》, in *Zur Sache des Denkens*〔『思索の事柄へ』〕, p. 54.

(2) 《Phänomenologie und Theologie〔現象学と神学〕》, in *Wegmarken*〔『道標』〕, GA, Bd. 9, p. 63〔創文社『決定版ハイデッガー全集』第九巻、七三頁〕. この命題を、そのコンテクストへと、復原すべきである。信仰を一つの再生《ルネサンス》〔Wiedergeburt〕として規定し、「*Dasein*〔現有〕の前信仰的な、すなわち非信仰的な実存が止揚される」ことを再生が含意している、と説明した後で、ハイデッガーは、こう続けていた。「止揚されること（*aufgehoben*）は、ここでは〔「ここでは」は、フランクによる補足である――訳註〕除去されることを謂うのではなく、新たなる創造のうちへとさらに高められることを、新たなる創造のうちに保存され、保管されることを謂う。信仰において、なるほど実存的‐有るもの的には、前キリスト教的な実存が、超克されてはいる。しかし、再生としての信仰に属している〈前キリスト教的な実存のこの実存的な超克〉がまさしく意味しているのは、超克された前キリスト教的な*Dasein*〔現有〕が、信仰的な実存のうちに、実存論的‐有論的に、ともに含まれたまま横たわっている、ということである」。次いで、「超克することは、突き離すことを意味するのではなく、新たに意のままにすることを意味する」のだということをつまびらかにした後で、彼は、こう結論していた。「すべての神学的な根本諸概念は、そのつど、そのまったき領域的連関にしたがって受け取られるなら、自らのうちに〔「自らのうちに」を、フランクは訳していない――訳註〕、なるほど実存的には無力だが、すなわち、有るもの的には止揚されてはいるが、しかし、まさしくそのゆえに、それら〔神学的な根本諸概念〕を有論的に規定する、前キリスト教的な、またそれゆえに純粋合理的に捉えることのできる、或る一つの内容を有している。すべての神学的な諸概念は、人間的*Dasein*〔現有〕としての人間的*Dasein*〔現有〕が、そもそもそれが実存する限りにおいて自ずから有しているまさにその有の理解を、自らのうちに必然的に蔵しているのである」〔同訳書、七二‐七三頁〕。しかしながらハイデッガーは、キリスト教神学に対する基礎的有論の関係をこのように考えることによって、前キリスト教的な実存を実存一般に同化することをやめない。ところで、*Dasein*〔現有〕としての人間の本質の規定が、被造物というステイタスと両立しうると想定したとして、前キリスト教的な実存は、キリスト教的な実存にとっては、ユダヤ的な実存、もしくは非ユダヤ的な実存であり、すなわち「異教徒的」な実存である。手短に言うなら、キリスト教の啓示は、神学的に空っぽな、もしくは中立的な或る有論的土壌の上に、生ずるのではない。そしてそれゆえにこそ、また、世界における貧困の方から*ἀποκαραδοκία τῆς κτίσεως*〔被造物の待ち焦がれ〕を理解することは、不可能なのである。

（3） *Die Grundbegriffe der Metaphysik*〔『形而上学の根本諸概念』〕, GA. Bd. 29-30, p. 303〔創文社『決定版ハイデッガー全集』第二九／三〇巻、三三三頁〕を参照。

（4） *Grundprobleme der Phänomenologie*〔『現象学の根本問題』〕(1919-1920), GA. Bd. 58, p. 61を参照。

（5） *Die Grundprobleme der Phänomenologie*〔『現象学の根本諸問題』〕, GA. Bd. 24, p. 454〔創文社『決定版ハイデッガー全集』第二四巻、四六〇頁〕.

（6） *Was heißt Denken ?*〔『思惟とは何の謂いか』〕, GA. Bd. 8, p. 152. 人間の形而上学的規定における動物性の優位については、*Besinnung*〔『省察』〕, GA. Bd. 66, p. 140-142を参照。

（7） *Sein und Zeit*〔『有と時』〕, §44 *c*, p. 229〔創文社『決定版ハイデッガー全集』第二巻、三四四‐三四五頁〕. 有の問いを立てることについては、§2を参照。

（8） *Phänomenologische Interpretationen zu Aristoteles*〔『アリ

ストテレスに関する現象学的解釈』〕(1922), in *Dilthey-Jahrbuch*〔『ディルタイ年鑑』〕, 1989, p. 240.

(9)《Der Spruch des Anaximander〔アナクシマンドロスの箴言〕》, in *Holzwege*〔『杣径』〕, GA, Bd. 5, p. 355〔創文社『決定版ハイデッガー全集』第五巻、三九八頁〕, déjà cité〔Ⅱの原註(8)で、すでに引用〕.

(10) *Ibid.*, p. 359〔同訳書、四〇三頁〕, déjà cité〔Ⅱの原註(21)で、すでに引用〕.

(11) *Ibid.*, p. 356〔同訳書、三九九頁〕, déjà cité〔Ⅱの原註(9)で、すでに引用〕.

(12) *Ibid.*, p. 360〔同訳書、四〇四頁〕, déjà cité〔Ⅱの原註(26)で、〔部分的に〕すでに引用〕.

(13) *Was heißt Denken ?*〔『思惟とは何の謂いか』〕, GA, Bd. 8, p. 108. 同じ時、一九五一年一一月六日にチューリッヒで開かれ、その報告書にハイデッガーが連著した或るゼミナールの折に、彼は、こう言明していた。「原子爆弾は、はるか以前に爆発した。すなわち、人間が有に対する蜂起のうちに歩み入り、有を自己から立て、人間の表象の対象にしてしまった瞬間においてである。これは、デカルト以来のことである」(in《Zürcher Seminar〔チューリッヒのゼミナール〕》, *Seminare*〔『ゼミナール』〕, GA, Bd. 15, p. 433)。有に対する蜂起が、はるかデカルトに先立つのだということは、明らかである。けだし、デカルトから出発してからは、有に対する蜂起は、対象性という形態しか取っていないからである。この主題については、《Das Ding〔物〕》, in *Vorträge und Aufsätze*〔『講演と論文』〕, GA, Bd. 7, p. 168を参照。

(14) *Schelling: Vom Wesen des menschlichen Freiheit*〔『シェリング——人間的自由の本質について』〕, GA, Bd. 42, p. 247-248. 悪を罪と同一視することについては、p. 251以下と、Schelling〔シェリング〕, *Über das Wesen des menschlichen Freiheit*〔『人間的自由の本質について』〕, herausgegeben von T. Buchheim, Philosophische Bibliothek, p. 38もしくは *Sämtliche Werke*, Bd. VII, p. 336を参照。

(15) *Id.*, p. 262-263.

(16) *Id.*, p. 86.

(17)《Der Spruch des Anaximander〔アナクシマンドロスの箴言〕》, in *Holzwege*〔『杣径』〕, GA, Bd. 5, p. 357〔創文社『決定版ハイデッガー全集』第五巻、四〇〇頁〕, déjà cité〔Ⅱの原註(16)で、すでに引用〕を参照。

(18)《Ausgewählte Stücke aus den Manuskripten zur Vorbereitung des Schelling-Seminars Sommersemester 1941〔一九四一年夏学期のシェリング‐ゼミナールの準備のための手稿精選〕》, in *Schelleng*〔『シェリング』〕, p. 216. これらの準備ノートは、シェリングについての一九三六年の講義の、一九七一年の初版への附論として公刊された。これらのノートは、この講義が再編された全集の巻の中には、再録されなかった。

(19) *Parmenides*〔『パルメニデス』〕, GA, Bd. 54, p. 17〔創文社『決定版ハイデッガー全集』第五四巻、二一頁〕, déjà cité〔Ⅰの原註(32)で、すでに引用〕.

(20) *Schelling: Vom Wesen des menschlichen Freiheit*〔『シェリング——人間的自由の本質について』〕, GA, Bd. 42, p. 252-253.

(21) *Ibid.*, p. 251.

(22) *Über das Wesen des menschlichen Freiheit*〔『人間的自由の本質について』〕, édition citée, p. 60（*SW*, Bd. VII, p. 388）を参照。ここでは「根源悪」が、「原罪」に同化されている。

(23) シェリングの言語とハイデッガーの言語とのあらゆる混同を予防しておくために、前者〔シェリング〕は、決して *sich aufspreizen*, 反っくり返るという動詞を、使用しているのではないということ、そして蜂起を言うために、彼は、*Aufstand*〔蜂起〕や *Aufruhr*〔反乱〕よりも、むしろ *Erhebung*〔暴動〕に訴えているのだということに、注意を促しておこう。グリムの辞典によれば、*sich aufspreizen*〔反っくり返る〕という動詞は、ラテン語の諸動詞 *intumescere*〔ふくれる、自慢する、怒り立てる〕、はれる、や *superbire*〔傲慢である、威張る〕、高慢になる、と同じ意味を有している。それゆえ反っくり返りは、*superbia*〔傲慢〕を翻訳しているのであって、『集会の書』（X、一五）によれば、*superbia*〔傲慢〕は、*initium omnis peccati*〔あらゆる罪の開始〕、あらゆる罪の始源である。その上、また相変わらずハイデッガーの言語に関して、すなわち、われわれが言わばその構制と用法とに問いかけているところのハイデッガーの言語に関して〔言うなら〕、ハイデッガーは、「真有の本質に対する敵対者性（*Widersachertum*）の支配」について語りつつ、『テサロニケの信徒への手紙二』の或る一節（II、四）〔「この者《もの》は、すべて神《かみ》と呼ばれたり拝《おが》まれたりするものに反抗《はんこう》して、傲慢《ごうまん》にふるまい、ついには、神殿《しんでん》に座《すわ》り込《こ》み、自分《じぶん》こそは神《かみ》であると宣言《せんげん》するのです。」――新共同訳〕の中で反キリスト者を指し示している語を捉え直しており、そして彼は、聖パウロについての一九二〇－一九二一年の講義の折に、この一節に立ち止まっていたのである。*Phänomenologie des religiösen Lebens*〔『宗教的生の現象学』〕, GA, Bd. 60, p. 99 et 107-108を参照。最後に、『エンチュクロペディー』の§258への附説の中で、ヘーゲルが「今の反っくり返り（*Aufspreizung*）」について語っていて、このテクストが、*Sein und Zeit*〔『有と時』〕§82 *a*, p. 431〔創文社『決定版ハイデッガー全集』第二巻、六三三頁〕において、ハイデッガーによって引用されているのだということに、注意を促しておこう。

(24) 悪の「反乱的」な性格については、《Abendgespräch in einem Kriegsgefangenenlager〔ロシアの捕虜収容所で年下の男と年上の男の間で行われた夕べの会話〕》in *Feldweg-Gespräche*〔『野の道での会話』〕, GA, Bd. 77, p. 207-208〔創文社『決定版ハイデッガー全集』第七七巻、二九〇頁〕を参照。一九四五年のこの会話は、『アナクシマンドロスの箴言』と同時期のものである。

(25)《Der Spruch des Anaximander〔アナクシマンドロスの箴言〕》, in *Holzwege*〔『杣径』〕, GA, Bd. 5, p. 352-353〔創文社『決定版ハイデッガー全集』第五巻、三九四頁〕. *Was heißt Denken?*〔『思惟とは何の謂いか』〕, GA, Bd. 8, p. 32を参照。「悪とは、ただ有それだけの次元である――そして反対に、他〔人〕の方へゆくことは、有の中での人間的なものの突破であり、或る一つの〝有とは別様に〟である」と主張しつつ、レヴィナスは、ハイデッガーが有の形而上学的歴運にのみ保留していたもの〔＝悪〕を――これは喚起しておかなければならないことだが――死すべき者たちがその受取人であるところの有の本質の真性へと、拡張してしまう。この「拡張」は、現前性に対する存立性の蜂起を記述する『アナクシマンドロスの箴言』の諸頁を、誤解釈してしまったことと、密接に連帯している。ノエシス‐ノエマ的なあらゆる相関関係を狂わせる限りにおける、他〔人〕への自我の非対称的な関係に関して、実際レヴィナスは、こう書いている。「主観の自然な措定を、その有における自我の固執を――良心〔自己正当化〕への自我の固執を――自我のうちで問題視すること、自我の *conatus essendi*〔有ることへの努力〕を、有るものとしての自我の執存を、問題視すること。それが、*Holzwege*〔『杣径』〕においてハイデッガーが解釈しているような〝アナクシマンドロスの命題〔箴言〕〟の中で、おそらくはすでに問われている、ぶしつけな――あるいは〝不正な〟――現前性なのである。突然に侵蝕と簒奪とを意味する、その現前性における *esse*〔有ること〕のこの〝積極性〔肯定性〕〟を、問題視すること！ ハイデッガーは、ここで――彼が〝有の思索〟の優位について教えたいと思っているすべてにもかかわらず――倫理の本源的な表意作用に、ぶつかったのではないだろうか」。このような演説調の問いに対しては、しかしながら、否定によって答えなければならない。なぜなら *ἀδικία*〔不‐当〕のうちには、あるいは固執という病的欲望のうちには、*a fortiori*〔ましてや〕*διδόναι αὐτὰ δίκην καὶ τίσιν ἀλλήλοις*〔それらは、罰を受け（至当を与え）、互いに償いをする（敬意を属せしめる）〕のうちには、形而上学にとってでないなら、本来根源的なものは、何一つ存在しないからである。反対に、有の本質の真性の覆蔵は、すなわち有の悪しき歴運は、レヴィナスが「倫理」ということで解しているものをも、また、諸々の有るものの有としての、もしくは有の利害関心性としての *conatus essendi*〔有ることへの努力〕を問題視することをも、可能にしてくれる。そしてレヴィナスが『有とは別様に、もしくは存在作用の彼方』の中で行っているのが、このような問題視なのである。しかしながら、*conatus essendi*〔有ることへの努力〕の規定に関する限り『アナクシマンドロスの箴言』を当てにしている、このような問題視は、*Ereignis*〔性起〕には到達しない。けだし *Ereignis*〔性起〕の只中では、「有の中での人間的なものの突破」に直面することには、何の意味もないからである。そしてハイデッガー自身の思索に関して言うなら、このような問題視は、或る一つの、少なくとも二次的な課題に、留まっている。というのも、それはハイデッガーに対して、ハイデッガーが明示的に超克しようと専念しているものを、投げ返すことに存しているからである。Levinas〔レヴィナス〕,《Philosophie, Justice et Amour〔哲学、正義、愛〕》と《Diachronie et représentation〔ディアクロニーと表象〕》, in *Entre nous*〔『われわれのあいだで』〕, それぞれ p. 132 と p. 187を参照。

IX　用い（ト・クレオーン）と有論的差異の発生

（1）《Der Spruch des Anaximander〔アナクシマンドロスの箴言〕》, in *Holzwege*〔『杣径』〕, GA, Bd. 5, p. 361-362〔創文社『決定版ハイデッガー全集』第五巻、四〇六頁〕.

（2）*Ibid.*, p. 362〔同訳書、四〇六‐四〇七頁〕.

（3）*Ibid.*, p. 363〔同訳書、四〇七‐四〇八頁〕.

（4）*Ibid.*〔同訳書、四〇八頁〕

（5） *Ibid.*, p. 361〔同訳書、四〇六頁〕.

（6） *Ibid.*, p. 363〔同訳書、四〇八頁〕.

（7） *Ibid.*, p. 365〔同訳書、四一〇頁〕.

（8） *Ibid.*〔同訳書、同所〕

（9） *Ibid.*〔同訳書、四一〇 - 四一一頁〕

（10） *Ibid.*, p. 364〔同訳書、四〇九頁〕.

（11） *Beiträge zur Philosophie*〔『哲学への寄与論稿』〕, GA, Bd. 65, p. 383〔創文社『決定版ハイデッガー全集』第六五巻、四一四頁〕.《Aus einem Gespräch von der Sprache〔言葉についての対話より〕》, in *Unterwegs zur Sprache*〔『言葉への途上』〕, GA, Bd. 12, p. 133〔創文社『決定版ハイデッガー全集』第一二巻、一六九頁〕を参照。ここでハイデッガーは、彼の対話者たる日本人に、「目配せ（*Wink*）とは、明け開きつつ包み隠すことの、知らせである」と述べる気遣いを、託している。

（12）《Der Spruch des Anaximander〔アナクシマンドロスの箴言〕》, in *Holzwege*〔『杣径』〕, GA, Bd. 5, p. 365〔創文社『決定版ハイデッガー全集』第五巻、四一一頁〕.

（13） *Grundbegriffe*〔『根本諸概念』〕, GA, Bd. 51, p. 95 et sq.〔創文社『決定版ハイデッガー全集』第五一巻、一〇〇頁以下〕を参照。

（14）《Der Spruch des Anaximander〔アナクシマンドロスの箴言〕》, in *Holzwege*〔『杣径』〕, GA, Bd. 5, p. 366〔創文社『決定版ハイデッガー全集』第五巻、四一一頁〕.

（15） *Ibid.*〔同訳書、四一二頁〕

（16） *Ibid.*〔同訳書、同所〕

（17） *Was heißt Denken ?*〔『思惟とは何の謂いか』〕, GA, Bd. 8, p. 236を参照。

（18）《Der Spruch des Anaximander〔アナクシマンドロスの箴言〕》, in *Holzwege*〔『杣径』〕, GA, Bd. 5, p. 369-371〔創文社『決定版ハイデッガー全集』第五巻、四一五 - 四一八頁〕を参照。

（19） *Grundfragen der Philosophie*〔『哲学の根本的問い』〕, GA, Bd. 45, p. 210〔創文社『決定版ハイデッガー全集』第四五巻、二一八頁〕, déjà cité〔Vの原註（1）で、すでに引用〕.

（20）《Der Spruch des Anaximander〔アナクシマンドロスの箴言〕》, in *Holzwege*〔『杣径』〕, GA, Bd. 5, p. 369〔創文社『決定版ハイデッガー全集』第五巻、四一五頁〕.

（21） *Ibid.*, p. 367〔同訳書、四一二頁〕. で有るは、テクストでは強調されていない。

（22） J. u. W. Grimm〔ヤコブ・グリムとヴィルヘルム・グリム〕, *Deutsches Wörterbuch*〔『ドイツ語辞典』〕, *s. v.*〔その語を参照〕を参照。本書は、諸々の異なる意味を、それらの等価なラテン語を指摘することによって、区別している。

（23） *Was heißt Denken ?*〔『思惟とは何の謂いか』〕, GA, Bd. 8, p. 190.

（24） *Id.*, p. 198; p. 195を参照。

（25）《24 thèses métaphysiques〔二四の形而上学的テーゼ〕》(1697), thèse 4〔第四テーゼ〕, in *Opuscules et Fragments inédits*, édités par L. Couturat〔クーチュラ編『遺稿小品断片集』〕, p. 534; Heidegger〔ハイデッガー〕, *Nietzsche II*〔『ニーチェⅡ』〕, GA, Bd. 6.2, p. 414〔創文社『決定版ハイデッガー全集』第六 - 二巻、四三五頁〕を参照。

(26) *Sein und Zeit*〔『有と時』〕, §15〔創文社『決定版ハイデッガー全集』第二巻、一〇九頁〕を参照。

(27) ハイデッガーは、*χείρ*〔手〕, 手と、*χράω*〔私は必要とする〕, 使用する、利用するとが、親縁化されると言っているのではなく、ただ、その意味は別として、後者が前者に送り返す、と言っているだけである。しかしながら、動詞 *χράω*〔私は必要とする〕は、*χείρ*〔手〕と *χρή*〔～しなければならない、必然、運命〕という諸語に基づいて形成されているのだが、E. Boisacq〔ボワザック〕が、彼の *Dictionnaire étymologique de la langue grecque*〔『ギリシア語語源辞典』〕の、*χείρ* と *χρή* という諸語に捧げられた諸項目の中で、そのつど同じ語根 *gher* を記載しているのだということに、注意を促しておくことにしよう。*χρή*〔～しなければならない、必然、運命〕と *χρῆσθαι*〔使用する〕との間の関わり合いに関して言うなら、P. Chantraine〔シャントレーヌ〕は、こう書いている。「ひとは動詞を、実詞 *χρή* の名詞派生動詞と見なしている。しかし、完了 *κέχρημαι*〔私は使用した〕の諸形式が最古のものと思われるのだが、これらの諸形式が原初的で、動詞全体の出発点を提供したのだということ、そして *χρή* は、名詞－語根として、引き離されて残ったのだということが、ありうることだろう」(in *Dictionnaire étymologique de la langue grecque*〔『ギリシア語語源辞典』〕, *sub. χρή*〔*χρή* の項目〕)。

(28)《Der Spruch des Anaximander〔アナクシマンドロスの箴言〕》, in *Holzwege*〔『杣径』〕, GA, Bd. 5, p. 367〔創文社『決定版ハイデッガー全集』第五巻、四一三頁〕.

(29) *Ibid.*〔同訳書、同所〕

(30) *Ibid.*, p. 367–378〔同訳書、四一三－四一四頁〕.

X 神の使用、有の用い

(1) J. u. W. Grimm〔ヤコブ・グリムとヴィルヘルム・グリム〕, *Deutsches Wörterbuch*〔『ドイツ語辞典』〕, *s. v.*〔その語を参照〕を参照。ハイデッガーが、*genießen*〔享受する〕による *brauchen*〔用いる〕の「翻訳」を、そこから借りているのだということ、また、用益権を表すドイツ語が、*Nießbrauch*〔用益権〕であるということに、注意を促しておくことにしよう。*Id., sub brauchen*〔同書、brauchen の項目〕を参照。

(2) *De moribus catholicae ecclesiae*〔『カトリック教会の習俗とマニ教の習俗』〕, I, III, 4.

(3) *De beata vita*〔『幸福の生』〕, 34.

(4) A. Ernout〔エルヌ〕と A. Meillet〔メイエ〕によれば、「その副詞〔*praesto*〕については様々な説明が提示されたが、そのいずれもが、課されるということはない」、そしてその中に現れるのが、**prae-sito*〔前に－置く〕(*po-situs*〔前に－置かれる〕を見よ)である。*Dictionnaire étymologique de la langue latine*〔『ラテン語語源辞典』〕, *s. v*〔その語を参照〕を参照。

(5) 例えば *Vom Wesen der menschlichen Freiheit*〔『人間的自由の本質について』〕, GA, Bd. 31, p. 65-66〔創文社『決定版ハイデッガー全集』第三一巻、六八－六九頁〕と、《Der Ursprung des Kunstwerkes〔芸術作品の根源〕》, in *Holzwege*〔『杣径』〕, GA, Bd. 5, p. 7-8〔創文社『決定版ハイデッガー全集』第五巻、一四頁〕を参照。ラテン語へのギリシア語の翻訳の一般的意義については、p. 8〔創文社『決定版ハイデッガー全集』第五巻、一五頁〕を参照。

(6)《Der Spruch des Anaximander〔アナクシマンドロスの箴言〕》, in *Holzwege*〔『杣径』〕, GA, Bd. 5, p. 373〔創文社『決定版ハイデッガー全集』第五巻、四二〇頁〕.

(7) *Beiträge zur Philosophie*〔『哲学への寄与論稿』〕, GA, Bd. 65, p. 318〔創文社『決定版ハイデッガー全集』第六五巻、三四四頁〕: déjà cité〔Vの原註(3)で、すでに引用〕.

(8) *De doctrina christiana*〔『キリスト教の教えについて』〕, I, II, 2. ハイデッガーは、『告白』第一〇巻に捧げられた一九二一年の講義「アウグスティヌスと新プラトン主義」の中で、頻繁にこの著作に訴えている。*Phänomenologie des religiösen Lebens*〔『宗教的生の現象学』〕, GA, Bd. 60, p. 270-280を参照。

(9) *Id.*, I, III, 3; I, XXII, 20を参照。ここでは「他の諸事物を享受し使用するわれわれは、言わば諸事物である」と言われている。

(10) *Id.*, I, IV, 4.

(11) *Id.*, I, XXVII, 28.

(12) *Id.*, I, XXII, 21.

(13) *Id.*, I, XXVI, 27. これは『マタイによる福音書』XXII, 37–39を註釈している。

(14) *Id.*, I, V, 5; I, X, 10とI, XXXIII, 37を参照。

(15) *Id.*, I, XXIX, 30.

(16) *Id.*, I, XXII, 21; I, XXXIII, 37を参照。

(17) *De diversis quaestionibus LXXXIII*〔『八十三の問題について』〕、問30。このテクストは、*Phänomenologie des religiösen Lebens*〔『宗教的生の現象学』〕, GA, Bd. 60, p. 271-272において、ハイデッガーによって引用されている。*De Trinitate*〔『三位一体論』〕の中で、意志とは、それによってわれわれが、記憶と知性とを享受、もしくは使用することができるものである、ということを示した後で、聖アウグスティヌスは、こう結論している。「人間たちの生が、悪徳に満ち、罪あるものであるのは、もっぱら悪しき使用と、悪しき享受とによってである」(in *op. cit.*, X, X, 13; *id.*, IX, VIII, 13を参照)。

(18) *De doctrina christiana*〔『キリスト教の教えについて』〕, I, XXXI, 34. 『詩編』XVI, 2〔「主《しゅ》に申《もう》します。/〝あなたはわたしの主《しゅ》。/あなたのほかにわたしの幸《さいわ》いはありません〟」。——新共同訳〕を参照。

(19) *Id.*, I, XXIX, 30; I, XXX, 33を参照。

(20) *Id.*, I, IV, 4を参照。この論証は、明らかに、「悪しく使用するものは、使用していない」ということを、想定している。*De diversis quaestionibus LXXXIII*〔『八十三の問題について』〕, 問30を参照。

(21) *Id.*, I, XXXII, 35. 『出エジプト記』III、一四〔「神《かみ》はモーセに、〝わたしはある。わたしはあるという者《もの》だ〟と言《い》われ、また、〝イスラエルの人々《ひとびと》にこう言《い》うがよい。『わたしはある』という方《かた》がわたしをあなたたちに遣《つか》わされたのだと〟」。——新共同訳〕を参照。

(22) *Id.*, I, XXXIII, 37.

(23) *De Trinitate*〔『三位一体論』〕, X, XI, 17.

(24)《Der Spruch des Anaximander〔アナクシマンドロスの箴言〕》, in *Holzwege*〔『杣径』〕, GA, Bd. 5, p. 368〔創文社『決

定版ハイデッガー全集』第五巻、四一四頁〕.

(25) *Ibid.*〔同訳書、四一五頁〕

おわりに——有の言語と神の言葉

(1) *Vom Wesen der menschlichen Freiheit*〔『人間的自由の本質について』〕, GA, Bd. 31, p. 104〔創文社『決定版ハイデッガー全集』第三一巻、一一一頁〕.

(2) 《Aus einem Gespräch von der Sprache〔言葉についての対話より〕》, in *Unterwegs zur Sprache*〔『言葉への途上』〕, GA, Bd. 12, p. 91〔創文社『決定版ハイデッガー全集』第一二巻、一〇九頁〕.

(3) *Parmenides*〔『パルメニデス』〕, GA, Bd. 54, p. 68〔創文社『決定版ハイデッガー全集』第五四巻、八二頁〕を参照。

(4) *Beiträge zur Philosophie*〔『哲学への寄与論稿』〕, GA, Bd. 65, p. 403〔創文社『決定版ハイデッガー全集』第六五巻、四三七頁〕.

(5) 《Der Weg zur Sprache〔言葉への道〕》, in *Unterwegs zur Sprache*〔『言葉への途上』〕, GA, Bd. 12, p. 251〔創文社『決定版ハイデッガー全集』第一二巻、三二六頁〕.

訳註

題辞

〔1〕フランクは、ハイデッガーの《Sein》も《Seyn》も、等しく《être》と訳しているが、本訳書では、原則として前者を「有」と、後者を「真有」と、訳し分けることにする。

はじめに——形而上学との対決、キリスト教との対決

〔1〕フランクの仏訳だと、「或る現実的に生きられたカトリック的世界」となるが、ハイデッガーの原典に、忠実ではない。

〔2〕「このことを経験しているのかどうか」は、フランクの仏訳だと、「このことを経験しうるのかどうか」となる。

〔3〕「〈一なる〉」は、フランクの仏訳では、省かれている。

〔4〕フランクは、「しかし」を、「そして」と訳している。

〔5〕ハイデッガーの原文では、「いっそう広大な（umfangreicher）」という比較級が用いられているが、フランクの仏訳は、「広大な（vaste）」という原級を用いている。フランクの前後の文脈から、ここは原級で訳しておいた。

I　現前と現前者

〔1〕フランクの仏訳では、単に「われらが母国語において」と訳されている。

〔2〕「それらがプラトンにおいてtermini technici〔専門用語〕として有している意味において」を、フランクは、「プラトンがそれらに与えている専門的意味において」と、ラテン語を用いずに意訳している。

〔3〕フランクの仏訳は、「アナクシマンドロスの」を省いている。

〔4〕フランクの仏訳だと、「このような歴運として」は、「このような歴運にしたがって」となる。

〔5〕ハイデッガーの原典では「そして」だが、フランクは、「あるいは」と訳している。

〔6〕フランクの訳にしたがって「というようにして」と訳しておいたが、ハイデッガーの原典では、「いかにして」と訳すこともできる箇所である。その場合、「……それが〝有〟のうちに守られ、そして〝有〟から解任されはするが、しかしそれでも決して〝有〟から切断されない、というようにして、そのうちに……」は、「……いかにしてそれが〝有〟のうちに守られているのか、そしていかにしてそれが〝有〟から解任されはするが、しかしそれでも決して〝有〟から切断されないのか、ということのうちに……」となる。

〔7〕フランクは、「キリスト教的なもの」と訳しているが、ハイデッガーの原典では、端的に「キリスト教」である。次の段落の冒頭も同様。

〔8〕フランクは、単に「西洋的なもの」と訳している。

〔9〕ハイデッガーの原典では、〈アレーテイア〉も〈レーテー〉も、大文字で始まるギリシア語で書かれているが、フランクは、小文字で始まるギリシア語に書き換えている。

〔10〕フランクの解釈にしたがって、こう訳しておいたが、ハイデ

ッガーの原典からは、「……有は、〈レーテー〔忘却〕〉における〈アレーテイア〔真性〕〉として、この根本動向を、露開するというよりも、むしろ覆蔵してしまう」とも訳しうる箇所である。

〔11〕 フランクの訳では、（ ）の中が省かれている。

〔12〕 フランクの原著では、*Hervorgehen* と書かれているが、フランクが訳者に送ってきた本の中での手書きの修正が示している通り、ハイデッガーの原典では、ここは *Aufgehen* である。

〔13〕 フランクは、誤って *ὄριστος* と書いているが、ハイデッガーの引用でもホメロスの原典でも、ここは *ἄριστος* である。

〔14〕 フランクの原著では、誤って *ἐόνρτα* と書かれているが、フランクが訳者に送ってきた本の中での手書きの修正が示している通り、ここは *ἐόντα* である。

〔15〕 フランクの仏訳を正確に邦訳するなら、「過去と未来は現前するが、しかし非覆蔵性の方面の外においてである」となる。

〔16〕 ハイデッガーの《das Ab-wesende「不‐在者」》の訳語としてフランクが用いている《l'ab-sant》という語は、通例「不在者」を意味する《l'absent》というフランス語に、単純にハイフンを挟んだものではなく、通常のフランス語にはない表現、本章の原註（18）に示されているのと同じ考えに基づいて人為的に作られた表現なのだが、それが「非現在的に現前しているもの」を意味するからには、「非‐現前者」と訳すわけにもゆかないので、やはり《l'ab-sant》には「不‐在者」の、《l'absant》には「不在者」の、《s'absanter》には「不在する」の、《absant》には「不在の」「不在する」等々の訳語を当てておくことにする。

〔17〕 フランクは、gewahrt を gewahren〔気づく〕の過去分詞と見なして、「気づかれて」と訳しているのだが、ここは wahren〔守る〕の過去分詞と見なすべきと思われるので、「守られて」と訳しておいた。

〔18〕 *gewahrt* だと「気づく」という意味になり、フランクも、*gewahrt* の前に「気づく」という意味のフランス語を置いているのだが、先の訳註〔17〕の考えにしたがって、ここは「守る」と訳しておく。

〔19〕 フランクは、「命名され、思索された」と、動詞の順序を変えた上に、わざわざ複合過去で訳しているのだが、ハイデッガーの原典では、単に現在形が用いられている。

〔20〕 フランクの原著には、"traduire" の後に不必要なコンマが挿入されているが、著者が訳者に送ってきた本の中での手書きの修正が示している通り、単なるミスプリである。

〔21〕 「しかしながら」を、フランクは、「その場合」と訳している。

〔22〕 「われわれが或る言い回しを、同じ言語の別の或る言い回しによって」は、フランクの訳では、「同じ一つの言語の只中で、われわれが或る言い回しを、別の或る言い回しの代わりに」となる。

〔23〕 「問いに値すること（Fragwürdigkeit）」を、フランクは、「或る昏さ（une obscurité）」と訳している。

〔24〕 フランクがドイツ語を引用する場合、彼は原典のローマン体を、イタリック体で引用しているので、逆にハイデッガーがイタリック体で強調している部分が、フランクのテクストではローマン体になっているということに、注意されたい。

〔25〕 フランクは、「たいていは」を訳していない。

〔26〕シェリングの原典では、「鍵」ではなく、「排除（Ausschluß）」と書かれているのだが、ここはフランクの仏〔誤?〕訳のままに訳しておいた。

〔27〕ハイデッガーの原典においては（　）で括られている箇所を、フランクは、（　）に括らず、そのまま訳している。

〔28〕ハイデッガーの im vorhinein〔前もって〕を、フランクは、d'emblée〔一挙に〕と訳している。

〔29〕jeweilig は「そのつど」という意味を持ち、je-weilig と分けるなら、je は「そのつど」という意味となり、weilig は、weilen〔滞留する〕から派生したと考えるなら「滞留的」、Weile〔しばらくの間〕から派生したと考えるなら「瞬時的」という意味になるので、フランクは das Je-weilig を、le séjournant-toujours-en-passant〔常に－通りすがりに－滞留するもの〕と訳している。われわれは、「そのつど－滞留的なもの」と訳しておくことにした。

〔30〕フランクの訳だと、「そのつど現前するもの〔das jeweilig Anwesende〕」は、「通りすがりに滞留する現前者〔le présant séjournant en passant〕」という意味になる。

Ⅱ　アナクシマンドロスの箴言――至当、不－当、有論的差異

〔1〕フランクは、「現前する」と訳しているが、ハイデッガーの原典によれば、「現成する」である。

〔2〕フランクは、「現前する」と訳しているが、ここもハイデッガーの原典によれば、「現成する」である。

〔3〕ここでも「現成する」を、フランクは、「現前する」と訳している。またフランクの仏訳には、「その時」が欠落している。

〔4〕フランクの訳には、ハイデッガーの原典に含まれている「非－接合」が、欠落している。

〔5〕「現前としてのその本質に、至当を属せしめる」は、フランクの訳では、「その本質――現前――を、至当に属せしめる」となっている。

〔6〕ここもフランクの訳だと、「至当に属せしめる」となってしまう。

〔7〕フランクは、「本質」を、「有」と訳している。

〔8〕フランクは、「そもそも」を、訳していない。

〔9〕この文章全体を、フランクは、「現前者たちは、それらがそのつど－滞留的なものたちとして、相互に敬意を表する時、至当を与える」と訳している。

〔10〕現在では現在分詞 attenant〔隣接した〕という形でしか用いられることのない attenir は、「隣接する」「近くにある」を意味する古い動詞である――このことは訳者が、フランク本人から、メールで教わった。

Ⅲ　敬意の問題、アレーテイアとレーテー

〔1〕「その世界から、そしてその世界において」のところを、フランクは、「その広がりにおいて、そしてその広がりから出発して」と訳している。代名詞が「世界」を受けるのか、それとも「広がり」を受けるのか、文法的には両方とも可能なのだが、ここは「世界」概念の導入の場所として、「世界」を受けておく方がよいと思う。

〔2〕「何ものへも急き立てられることのない」を、フランクは、「遠ざけられてはならない」と訳している。

〔3〕「その上を過ぎ去る荒れ狂った嵐」は、フランクの訳だと、「それに襲いかかる嵐」となる。

〔4〕フランクの訳だと、「岩の煌めきと輝きとは、外見上はそれ自身、太陽のおかげでのみそう見えても」は、単に「それ自身、太陽のおかげで現れる岩の煌めきと輝きとは」となっており、したがって、ハイデッガーの原典にある「それでも」と「初めて」も、まったく訳されていないという結果に終わっている。

〔5〕フランクの訳には、「初めて」と「そのようにして」が、欠落している。

〔6〕「自ずから成長する（eigenwüchsig）」を、フランクは、「野生の（sauvage）」と訳している。

〔7〕フランクは、まず単に「本来的な」諸事物の境域と書き、次いで「われわれを取り巻き、最も近い使用物」と書いているが、ハイデッガーの原文では、「一般に、われわれの回りの使用物が、最も近く、本来的な諸物である」と書かれている。

〔8〕複合過去を表す助動詞の上に、不必要なアクサンが加えられているが、フランクが訳者に送ってきた本の中での手書きの修正が示している通り、単なるミスプリである。

〔9〕フランクの訳だと、「生起した、そして性起した」というような意味合いになって、ハイデッガーの原典が持つ現在形の意味が、まったく無視されてしまうことになる。またフランクは、「それでも」を、「まさしく」と訳している。

〔10〕ハイデッガーの原典では、現在形で述べられているが、フランクの訳は、「この容器であったから」と、半過去形を用いている。

〔11〕フランクは、「産－出（Her-vor-bringen）」も「制作（Her-stellen）」も、等しくproductionと訳しているので、区別がつかない。

〔12〕フランクは、se déployer, s'accomplir, venir-en-présance, venir à la présance 等々、様々な仏語でハイデッガーの wesen〔現成する〕を訳しているのだが、ここでは être〔有る〕が用いられ、その上で（*west*〔現成する〕）が補足されている。

〔13〕フランクは、「しかも」ではなく、「すなわち」と訳しているが、この場合、フランクの訳の方が、分かりやすい。

〔14〕フランクは、*Gebirg* と書いているが、*Gebirge* が正しい。

〔15〕「天空の」を、フランクは、「天空から」と訳している。

〔16〕「大地の育みと天空の太陽」を、誤ってフランクは、「大地と天空の育み」と訳している。

〔17〕「注ぐこととは」を、フランクは、「注ぐことが意味するのは」と訳している。

〔18〕フランクは、「寄贈の贈り物としての贈ることの贈り物」を、「献酒と寄贈としての注いで出すことの贈り物」と訳している。

〔19〕フランクの訳だと、「〈ア－レーテイア〉が〈レーテー〉として性起する」となってしまう。

〔20〕「けれども」を、フランクは、「そして」と訳している。

〔21〕フランクは、「その上」を、訳していない。

〔22〕フランクは、「現成する」を、「現前する」と訳している。

〔23〕「或る本質的に開けたものの明け開けへと・そのうちへと持続すること」を、フランクは、「世界という性格をした或る開けたものの明け開けのうちへと持続すること」と訳している。

〔24〕フランクの訳だと、「けれども忘却は、決して単に或る人間的な表象が、何かを記憶のうちに堅持しないだけ、ということ

のうちに存しているのではなく」は、「忘却は、決して人間的表象がその記憶を保存していないような何かのうちに存しているのではなく」となってしまう。

〔25〕フランクの訳では、「〈アレーテイア〉の本質の性起（*Ereignis*）としての〈アレーテイア〉からのその本質由来を含めて」は、「〈アレーテイア〉からのその本質由来の本質の性起（*Ereignis*）としての〈アレーテイア〉からのその本質由来を含めて」ということになってしまう。

〔26〕ハイデッガーの原典では、引用符はここまでだが、フランクは誤って、「――涙を流す者として」までを引用符のうちに入れている。

〔27〕「告知している」を、フランクは、「われわれに教える」と訳している。

〔28〕フランクは、「覆蔵されたままに留まること」を、単に「覆蔵性」と訳している。

〔29〕フランクは、「現有」を、「実存」と訳している。

〔30〕「ギリシア精神」とここで訳したGriechentumを、この引用の中で、フランクは、一貫して「ギリシア人たち」と訳している。

〔31〕フランクは、「同時に」を、訳していない。

〔32〕フランクは、「アレーテイア」と「レーテー」も、イタリックで強調しているが、ハイデッガーの原典では、この二語に強調はない。

〔33〕「ギリシア精神においては、アレーテイアもレーテーも、そのつどことさらに、その固有の本質とその本質根拠とに向けて、思索し抜かれてはいない」は、フランクの訳だと、「ギリシア人たちは決して、アレーテイアとレーテーを、それらの固有の本質とその根拠とに関して、ことさらに思索しはしなかった」となる。

〔34〕「なぜならそれらは、あらゆる思索や詩作に先立って、〝本質〟として、思索‐すべきものを、すでに本質現成し抜いている〔徹底的に本質として統べ尽くしている〕からである」は、フランクの訳だと、「なぜならそれらは、思索‐すべきものの〝本質〟として、あらゆる思索することとあらゆる言うこととを、すでに凍えさせてしまっていたからである」となってしまう。

〔35〕〝行為して〟の括弧を、フランクは、二箇所とも省いている。

Ⅳ　アレーテイアから性起へ（ヘラクレイトスＤＫ一六）

〔1〕フランクが訳者に送ってきた本の中での手書きの修正が示すところによると、ここにコンマが挿入される。

〔2〕フランクの訳には、「思索されたものについての」が、欠落している。

〔3〕フランクは、ハイデッガーの原典にある二つの文章を、「ヘラクレイトス」を先行詞とする関係代名詞を用いて一文で表しているので、結果として、「思索者」が訳されていない。

〔4〕フランクは、「それゆえ *μή... ποτε* は、……いつか……ない、を意味する」と訳している。

〔5〕フランクは、二箇所の「現成する」を、二箇所とも「有る（être）」と訳している。

〔6〕フランクは、「接合構造」を、訳していない。

〔7〕フランクは、*Sichver-bergen* の中のハイフンを、記入し忘

れている。

〔8〕「自らを覆蔵すること」を、フランクは「自らを開蔵すること」と訳しているが、まったくの誤訳である。

〔9〕フランクは、「逆方向的に」を、訳していない。

〔10〕フランクは、「φιλεῖ〔好む〕」と書いているが、ハイデッガーの原典では、「φιλεῖν〔好むこと〕」である。

〔11〕「開蔵すること」と「覆蔵すること」に相当するフランス語に、間違ったアクサンが付されているが、フランクが訳者に送ってきた本の中での手書きの修正が示す通り、単なるミスプリである。

〔12〕「現出者」を、フランクは、「現出」と訳している。

〔13〕この「覆蔵すること」にも、フランス語には誤ったアクサンが加えられている。ここも、フランクが訳者に送ってきた本の中では、手書きで修正がなされている。

〔14〕フランクは、「生え育ち」を、省略している。

〔15〕ピュロスはメセーセー〔Μεσήση〕の町、ネストルの居城があった。イストモスはコリントスの地峡である。

〔16〕「それ」は、ハイデッガーの原典では、「世界の火」だが、フランクの文脈だと、単に「火」にしかならない。

〔17〕ハイデッガーの原文だと、das reine Lichten というようにして、das と Lichten との間に「純粋な」が入ってくるのだが、フランクは、「明け開き」のみを原語で示そうとしたので、rei-ne をドイツ語としては呈示しなかったのである。

〔18〕「前者」の前に、フランクは、原典にはない「逆に」という語を補っている。

〔19〕「現前性それ自身の可能的現前」の箇所を、フランクは、「この道それ自身の可能的現前」と訳しているが、それは文法的に不可能である。

〔20〕「有と思索を、〔また〕それらの相互に対する・相互にとっての現前を、初めて認与する明け開け」を、フランクは、「有と思索とを、それらの相互的現前において認与する明け開け」と訳している。またフランクは、ハイデッガーの原典では大文字で始まるギリシア語で書かれている〈アレーテイア〉を、小文字で始まるギリシア語で書いている。

〔21〕ハイデッガーの原典では、肯定疑問文だが、フランクは、否定疑問文で訳している。またフランクは、「このように」を、省いている。

〔22〕フランクの訳には、ここに、「まず」という補足がある。

〔23〕フランクの訳だと、「非覆蔵性のうちで明るいものへ至ることが、現前性を統べている」となる。

〔24〕フランクは「諸物」と訳しているが、ハイデッガーの原典によれば、「現前者」である。

〔25〕フランクの訳だと、「現前者」が「死すべき者たち」に「関わる〔襲い‐かかる〕」ことになってしまうのだが、ハイデッガーの原典に基づく限り、それは文法的に不可能である。

〔26〕「明け開けから明け開けへと」を、フランクは、「明け開けによって、明け開けのために」と訳している。

〔27〕「覆蔵」と「開‐蔵」のフランス語に、不必要なアクサンが付されているが、フランクが訳者に送ってきた本の中での手書きの修正が示す通り、単なるミスプリである。

〔28〕この「開蔵」のフランス語にも、不必要なアクサンがあり、やはりフランクが訳者に送ってきた本の中で、手書きの修正が

なされている。

〔29〕この「開蔵」のフランス語にも、不必要なアクサンがあるのだが、フランクが訳者に送ってきた本でも、修正はなされていない。

〔30〕この「開蔵」と「覆蔵」のフランス語にも、不必要なアクサンが付されているが、フランクが訳者に送ってきた本では、今度は手書きの修正がなされている。

〔31〕「思索し返され」という過去分詞が、フランクの原書では、男性形で書かれているのだが、フランクが訳者に送ってきた本の中での手書きの修正が示す通り、女性形が正しい。

V　**物と四者の世界**

〔1〕「覆蔵する」のフランス語に、間違ってアクサン・テギュが付されているが、フランクが訳者に送ってきた本の中での手書きの修正が示しているように、アクサン・グラヴが正しい。

〔2〕ここも「覆蔵」のフランス語に、不必要なアクサンがあり、フランクが訳者に送ってきた本の中で、手書きの修正がなされている。なお、ハイデッガーの原典に見られる「その上」を、フランクは省略している。

〔3〕ここも「開蔵」のフランス語に不必要なアクサンがあり、フランクが訳者に送ってきた本の中で、手書きの修正がなされている。

〔4〕フランクは、〝有〟の括弧を、省略している。

〔5〕フランクの訳だと、「両者」とは「他の諸々の有るもの」と「有」もしくは「人間」ということになってしまうが、「両者」とは、やはり「有」と「人間」のことであろう。

〔6〕フランクは、「あまりにも多くを」の前にも、「有について」と「常に」を置いているが、ハイデッガーの原典に、これらの言葉はない。

〔7〕フランクは、「それゆえ」を訳していない。

〔8〕フランクは、「大地」と「天空」の順序を、逆にしている。

〔9〕「注がれたものという贈り物が、四者の四方の一重襞を逗留させる」は、フランクの訳だと、「四者の一重襞が、注がれたもの〔liquide, 液体〕という贈り物のうちに逗留する」となる。

〔10〕フランクの原書には、「何とこの大地的な天空は、神的であることか！」としか書かれていないが、フランクが訳者に送ってきた本の中では、「ああ、わが友よ」が、手書きで補足されている。

〔11〕本章原註（12）を参照。

〔12〕フランクは、「初めて」を、訳していない。

〔13〕フランクは、「しかし」を、「そして」と訳している。

〔14〕フランクは、コンマを落としている。

〔15〕フランクは、「踏破する（*durchmessen*）」を、「踏破し‐そして‐測る」と訳している。

〔16〕「別離の‐間」は、フランクによる補足である。

〔17〕「様々な」を、フランクは、「すべての」と訳している。

〔18〕「この一つのものとしてのみ、ある」は、フランクの訳だと、「もっぱら一である」となる。

〔19〕ハイデッガーの原典では、「諸物」と複数形で書かれているが、フランクは、「物」と単数で訳している。

〔20〕「担い尽くす（durchtragen）」を、フランクは、「移送する（transporter）」と訳している。

〔21〕「或る一つのこちらの方にもたらされた中心によって」は、フランクの訳だと、「或る媒介の付加によって」となる。

〔22〕ここでもフランクは、原典の「諸物」を、単数の「物」と訳している。

〔23〕ハイデッガーの原典では、Ereignis〔性起〕と書かれているが、フランクは、誤ってハイフンを入れて、*Er-eignis*〔自性-性起〕としている。

〔24〕逆にここでは、ハイデッガーの原典では*Aus-trag*となっているのに、フランクはハイフンを飛ばして、Austragと書いている。

〔25〕フランクの原典では、ここでは無気記号を用いたἔνが用いられているのだが、有気記号を用いたἕνの誤りではないかと思われる。

VI 世界と摂-立

〔1〕「奇妙にも、箴言は、現今の世界歴運の混乱がどこに存しているのかを、われわれが熟考することによって、われわれが、慣れきった表象の持つわれわれ固有の諸要求を取り去るということに対して、初めて語りかける」は、フランクの訳だと、「逆説的にも、箴言は、現在の世界歴運の混乱がどこに存しているのかを熟考するために、われわれが、われわれの慣れきった表象の持つ諸要求を放棄する時、語り始める」となる。

〔2〕「覆蔵されたる」のフランス語に、不必要なアクサンがあるが、フランクが訳者に送ってきた本の中での手書きによる修正が示すように、単なるミスプリである。

〔3〕フランクの訳だと、「あるいはすでに、有るものそれ自身こそが、計算可能で見積もり可能なものとして、われわれに語りかけることによって、われわれに関わっているのではないだろうか」というような意味になる。

〔4〕フランクの訳だと、「そして有だけではない」という意味になる。

〔5〕フランクは、*zu-stellt*のハイフンを、飛ばしている。

〔6〕フランクは、ハイデッガーの原典にあるGe-Stellのハイフンも、飛ばしている。なお、Gestell, Ge-Stellには、「組み立て」「組み-立て」「集立」「集-立」といった既存の訳語があるようだが、われわれはこれを、「摂立」「摂-立」と訳す。事柄に鑑みるなら、「組み立て」「組み-立て」は少し幼稚すぎるし、逆に「集立」「集-立」では、見た目も響きも、少し美しすぎると思えたからである。

〔7〕「さらには対象もまた」を、フランクは、「対象それ自身が」と訳している。また、「そのようにしてまず第一に」を、フランクは、まったく訳していない。さらに「用象として確保されんと欲している」は、フランクの訳だと、「用象という資格で確実性に到達する」となる。

〔8〕フランクの訳だと、「用象として」は、「追い立てとして」ということになってしまうが、文法的に不可能である。

〔9〕フランクの訳だと、「摂-立がそこにおいて現成する（*west*）ところの立てることの、最も内的な本質とは、この追い立てること（*Nachstellen*）である」となる。

〔10〕フランクの訳だと、「同じもの、〔つまり〕有のそれ自身において相違化された本質は、自己から外に、或る対立のうちへと脱し置かれ、したがって世界が自らを、いっそう覆蔵された仕

様で、摂 - 立のうちへと脱し置く」となる。

〔11〕このあたりのフランクの訳には、かなりの意訳が多いのだが、特に「まず最初に」は、まったく無視されている。

〔12〕この「覆蔵」のフランス語にも、不必要なアクサンが付されているが、フランクが訳者に送ってきた本の中での手書きの修正が示すように、単なるミスプリである。

〔13〕この *Ereignis* は、ハイデッガーの原典においても、初めからイタリックで強調されている。

〔14〕フランクの訳だと、「なぜなら、*Er-eignis*〔自性 - 性起〕のうちでは、摂 - 立の統べを、或るいっそう始源的な性起せしめることの方へと克服するという可能性が、通告されているからである」というような意味になる。

〔15〕フランクは、「本質の」を訳すことを、忘却している。

Ⅶ　世界における貧困と被造物の待ち焦がれ

〔1〕フランクは、Anwesenden と書いているが、Anwesendem の間違いである。

〔2〕フランクの訳だと、「主要な困難は、*Ereignis*〔性起〕の方から有論的差異を思索するということが、必要になるという点に、由来する」となってしまい、少しおかしい。

〔3〕フランクの訳だと、「始源以来、われわれが決定的と見なしている有論的伝統は――パルメニデスにおいては明示的に――世界という現象を欠いた」となる。

〔4〕フランクは、「身体的親近性」の前に、「われわれの」を補っている。

〔5〕ハイデッガーの原典にあるイタリックによる強調を、フランクは省いている。

〔6〕フランクは、「ちがいない」を、訳していない。

〔7〕フランクは、「形而上学的」を、訳し忘れている。

〔8〕フランクは、「貧困で有ること」を、単に「貧困」と訳し、かつ、イタリックによるこの強調を、省いている。

〔9〕「形而上学が聞き流してはならない、一つの論拠である」の箇所を、フランクは、「形而上学を無視することを許可しない、一つの論拠である」と訳しているが、おそらくは誤訳である。

〔10〕「被造物《ひぞうぶつ》は、神《かみ》の子《こ》たちの現《あらわ》れるのを切《せつ》に待《ま》ち望《のぞ》んでいます」――新共同訳。

〔11〕「そこでこの世界に入る道は狭く、苦痛の多い道となり、しかもこの道は少なく、悪く、危険と困難にみちたものとなったのだ」――関根正雄編『旧約聖書外典』㊦、上掲書、一五二頁。

〔12〕「それ自身」を、フランクは、訳していない。

〔13〕「引きずり込んだ」の複合過去の過去分詞は、女性形にならねばならないはずなのだが、ここでは男性形のままである。

Ⅷ　有と悪

〔1〕「背かせてしまった」のが「創造物の全体」なら、複合過去の過去分詞が女性形になるはずだが、フランクの原典では男性形である。

〔2〕ハイデッガーの原典にある「哲学的問題構制の内部での、キリスト教神学の、ずっと以前からまだラディカルには追い払われていない残部」という表現を、フランクは、一度解体した後に再構成して、「キリスト教神学の残部を、哲学的問題構制の外に、追い払う」と、訳している。

〔3〕ハイデッガーの原典では未来形のこの表現を、フランクは、現在形で訳している。

〔4〕正式な表題は、『人間的自由の本質ならびにそれと連関する諸対象についての哲学的諸研究』（一八〇九）である。

〔5〕フランクは、「ただ……だけ」を、訳していない。

〔6〕フランクは、「判明に」を、「明晰に」と訳している。

〔7〕フランクは、「そもそも」を、訳していない。

〔8〕ハイデッガーの原典では未来形だが、フランクは、現在形で訳している。

〔9〕フランクは、「のみ」を、訳していない。

〔10〕フランクは、「誕生するのではない」と訳している。

〔11〕「悪意による悪であって、欠陥による悪ではない」は、フランクによる意訳である。

Ⅸ　用い（ト・クレオーン）と有論的差異の発生

〔1〕フランクは、「根拠づけ〔Begründung〕」を、「説明〔explication〕」と訳している。

〔2〕フランクは、「振る舞う」を、「有る」と訳している。

〔3〕フランクは、「最初の文章から」の前に「この」を置き、逆に「最後の」を省いている。

〔4〕フランクは、「誰に」を、「何に」と訳している。

〔5〕フランクは、「現前が、すなわち克服が」を、「この克服であるところの現前者の現前が」と訳している。

〔6〕ハイデッガーの原典では、「すでに先行せる」は「歴運」にかかるが、フランクの訳だと、「影」にかかってしまうことになる。

〔7〕フランクの訳だと、「そこへと有が生起したところの言語に、その痕跡で刻印」となってしまう。

〔8〕ハイデッガーの原典にあるのは、「この謎めいた多義的な属格の言語形式は、或る発生を、現前からの現前者の或る由来を、名づけている」という文章だが、フランクはこれを、「或る発生を、現前からの現前者の或る由来を名づけている、この謎めいた多義的な属格」と、再編して訳し直している。

〔9〕フランクは、「そこから」を、「この動詞を通して」と訳している。

〔10〕フランクは、「襲いかかる」を、「手を貸す」と訳している。

〔11〕ハイデッガーの原典にあるイタリックによる強調を、フランクは、省いている。

〔12〕フランクは、《*der Brauch*》の括弧を、省いている。

〔13〕フランクは、「用いることは、まずもって人間の事柄なのではない」と、簡単に訳している。

〔14〕フランクは、「本質」を「有」と訳し、「有している」を「見出す」と訳している。

〔15〕フランクの訳だと、「しかしこの放任は、投げやりや怠慢という無頓着を、意味しているのではない」となってしまう。

〔16〕フランクは、ここでも「本質」を、「有」と訳している。

〔17〕フランクは、「やめさせない」と訳している。

〔18〕原註（25）で指示されているハイデッガー『ニーチェⅡ』の原典によれば、ライプニッツの言葉は、「必然的な有るものは、存在化するものである（***Ens necessarium*** est ***Existentificans***）」である。

〔19〕フランクは、「われらが」を、略している。

〔20〕 フランクは、「ただ……のみ」を、訳していない。

〔21〕 原書では、「いかなるもの」に当たるフランス語の疑問形容詞が、男性複数形になっているが、フランクが訳者に送ってきた本の中での手書きの修正が示すように、ここは女性複数形が正しい。

X 神の使用、有の用い

〔1〕 原書には、dépendre l'avoir-à-disposition と書かれているが、文法的に不可解なので、dépendre と l'avoir-à-disposition の間に、de を補って訳す。

〔2〕 ハイデッガーの原典では、イタリックで強調されているが、フランクは、この強調を省いている。

〔3〕 quelque chose を受ける「それ」が、le でなく la で表されているのは、quelque chose が「何か」の意味ではなく、「或る事物」の意味で用いられているからだという——このことは訳者が、フランク本人から、メールで教わった。

〔4〕 Ⅸの原註（30）を参照。

〔5〕 同じくⅨの原註（30）を参照。ただしここでは、ハイデッガーの原典においてもフランクの訳においても、「有るもの」ではなく、「現前者」となっている。

〔6〕 「そのつどその滞留へと」を、フランクは、「そのつどのその滞留へと」と訳している。

〔7〕 フランクは、「現前」を、「現前者」と訳している。

〔8〕 Ⅷの原註（25）を参照。

おわりに——有の言語と神の言葉

〔1〕 紀元前三 - 一世紀にかけて、当時ギリシア語圏だったアレクサンドリアのユダヤ人共同体で、ヘブライ語から翻訳されて成立したギリシア語訳旧約聖書。書名は、七十二人の訳者により七十二日間で訳された、という伝説に基づく。

解説＆訳者あとがき

ディディエ・フランクは一九四七年パリに生まれ、現在はパリ第十（ナンテール）大学教授である。特にカントからハイデッガーに至るまでのドイツ哲学や、現象学を中心とする現代思想に造詣が深く、本書以前に上梓した著作としても、フッサールにおける「他者」や「時間」の問題を「身体（肉体）」や「欲動」の「元‐事実性」という観点から洗い直した *Chair et corps. Sur la phénoménologie de Husserl*, Paris, Minuit, 1981（『身体と物体。フッサール現象学について』）、「身体（肉体）」や「空間」が「有」や「時」には還元不可能であることをハイデッガーにおいて批判的に論証した *Heidegger et le problème de l'espace*, Paris, Minuit, 1986（『ハイデッガーと空間の問題』）、ニーチェを「西洋の最後の形而上学者」と見なすハイデッガーの解釈には反対して、むしろニーチェ思想はキリスト教の啓示やギリシア起源の形而上学との対決の場であることを、やはり「身体」や「永劫回帰」の視角から論じた大著 *Nietzsche et l'ombre de Dieu*, Paris, P. U. F., 1998（『ニーチェと神の影』、萌書房から近刊予定）、フッサール、ハイデッガー、レヴィナスに関する六本の論文を収め、「身体（肉体）」「他者」「欲動」「生」等についての持論を展開した *Dramatique des phénomènes*, Paris, P. U. F., 2001（『諸現象のドラマ』。邦訳『現象学を超えて』本郷均・米虫正巳・河合孝昭・久保田淳訳、萌書房、二〇〇三年）の四冊があり、その独特の発想と緻密で広範な引証、何よりその圧倒的に凝縮された息詰まるような論理的展開によって、フランスでは、一歳年上のジャン＝リュック・マリオンらとならんで、つとに哲学界の「スター」として知られ、今最も注目される哲学者の一人である。

二〇〇四年公刊の本書は、フランク五冊目の著書ということになるが、例によって、というよりむしろ、今まで以上に晦渋な著作となっている。そこで以下の解説も、主として本書の内容の解明に専心することとし、他のテクストとの関連については、最小限の言及に留めおくことにしたい（フランクの経歴や他の諸著作の概要に関しては、既刊の邦訳『現象学を超えて』所収の「現象学の肉体と存在の彼方としての男／女――解説にかえて」（山形頼洋）や「訳者あとがき」に紹介があるので、併せて参照されたい）。

『ハイデッガーとキリスト教――黙せる対決――』は、ハイデッガーの一九四六年の論攷『アナクシマンドロスの箴言』を題材として、ハイデッガーが西洋形而上学の始源と見なしたアナクシマンドロスの箴言のうちに、あるいはむしろ箴言についての彼の解釈――それは「ギリシア的なもの」についてのハイデッガー自身による現象学的な「構築」もしくは「再構築」と見なされる――のうちに、キリスト教の影を見ようとするもので、全体は、もともとローマ数字しか付されていなかった一〇の章と、やはり無題の短い序と結論部とから成っている（本書の「凡例」でも述べたように、各章の表題はすべて――フランクの同意は得たものの――訳者による補足である）。

全体の構想は、「はじめに――形而上学との対決、キリスト教との対決」に詳しい。ハイデッガーの思索の道に「キリスト教との対決が黙せるままに同行した」ことは、ハイデッガー自身が認めているところである。したがって彼のいわゆる〈有の歴史〉や〈西洋形而上学との対決〉の道にも、キリスト教の神の「沈黙せる現前」が、認められるはずなのである。そこでフランクは、もともとはキリスト教的なものを何一つ含んでいないはずの或る思索についてのハイデッガーの解釈を検討してみることによって、ハイデッガーの思索にとってキリスト教との「暗黙の関係」が持つ意味を、浮かび上がらせようとする。「アナクシマンドロスの箴言についての、すなわちギリシア的始源についての解釈は、何らかの仕様で、キリスト教の啓示の光を要求しているのではないだろうか」。

「I　現前と現前者」は、アナクシマンドロスの箴言の内容に入る前に、その主題を確定しようとする。ハイデッガー自身による最初の逐語訳――その訳語の変遷が、論攷『アナクシマンドロスの箴言』の帰趨を決定する――によれば、箴言は「ところで、諸物にとって、生成がそこからであるところのもの、このものへと、消滅もまた、必然的なものにしたがって生ずる。つまり、それらは、時の定めにしたがって、不正に対して、正当と償いを、相互に与え合うからである」となるのだが、まずアナクシマンドロス自身の真正の語として、「必然にしたがって。なぜなら、それらは、不正に対して、罰と償いを、相互に支払い合うからである」のみが残される。箴言は「有るもの全体」について語っているのであり、また箴言以前からギリシアでは、「有るもの」には「現在的な現前者」と「非 - 現在的な現前者」が含まれている。つまり「有るもの」「現前者」とは、覆蔵性から非覆蔵性へと「生成」し、非覆蔵性から覆蔵性へと「消滅」するような、「そのつど - 滞留的なもの」のことなのであって、「現前者」の「現前」は、常に「不在」を宿しているのである。

Ⅱ以降は箴言の内容に立ち入り、まずⅡからⅧまでは、ハイデッガーの解釈にしたがって、箴言の第二の文章を検討する。「Ⅱ　アナクシマンドロスの箴言――至当、不 - 当、有論的差異」においては、ハイデッガーの解釈にしたがって、「正当」（=「正義」「罰」）が「接合」を経て「至当」へ、「不正」が「非 - 接合」を経て「不 - 当」へ、「与える」が「属せしめる」へ、「償い」が「顧慮」を経て「敬意」へと改訳され、最後に「互いに」が「敬意」にのみ係ることが示される。「そのつど - 滞留的なもの」としての現前者は、それにもかかわらずその現前に「こだわ」り「固執」し「拘執」し、「存立性（恒常性）」に「拘泥」しつつ「蜂起」し、他の現前者に対して「互いに」「顧慮」せず「敬意」を表せず、「反っくり返」って「罰」を受ける。逆に「接合」をはずれていることとしてのこのような「不 - 当」は、「敬意を属せしめる」ことによって克服されるのである――ちなみにフランクは、「現前性の形而上学」などなく、せいぜいのところ「存立性」の形而上学か「現前者の形而上学」があるだけだとか、「有論的差異」は「存立性もしくは固執の冒険」であるとか、「自己自身において自らを示すもの」についての学としての「現象学」ほど形而上学的なものはないなどといった諸注記を挿入して、自らのスタンスを示してもいる。

ⅢからⅤまでは、「敬意」について扱う。「Ⅲ　敬意の問題、アレーテイアとレーテー」は、現前者たちが「ともに滞留する」仕様を明らかにするために、ハイデッガーの一九三五 - 一九三六年の講演『芸術作品の根源』に立ち寄った後、一九四九年の講演『物』において論じられた「四者」（＝「天空」「大地」「死すべき者たち」「神的なものたち」）が「ともに‐滞留する」（すなわち「敬意を完遂する」）仕方に言及する。『アナクシマンドロスの箴言』において現前者は、一方で「不‐当」という仕方で現前しつつ現前に固執し、他方で「至当」を与えつつ他の現前者たちに敬意を表さなければならない。現前者のこのような「ためらい」が「敬意」の完遂を中断してしまうために、箴言は「敬意を完遂する仕方」をつまびらかにすることができなかったのである。ギリシア的なものには、「非覆蔵性（アレーテイア）」の源泉たる「覆蔵性（レーテー）」それ自身が覆蔵されているので、敬意の完遂が禁じられてしまう。それにもかかわらず「敬意」について語ることができたのは、ギリシア人たちが、アレーテイアとレーテーとを思索し抜いていなかったとはいえ、それでも「言葉」によってアレーテイアとレーテーとを経験していたからなのだという。

「Ⅳ　アレーテイアから性起へ（ヘラクレイトスDK一六）」は、ヘラクレイトスの断片一六「決して没することのないものの目を、いかにして誰かが、逃れるというのか」についてのハイデッガーの解釈を追いつつ、ここでハイデッガーが「アレーテイア」について問うているのは「性起（Ereignis）」の方からであり、ヘラクレイトスが「アレーテイア」を見ることができたのも、「性起の控え目な充実」の方からだと説く。すなわち、「決して没することのないもの」とは「立て続けに立ち現れるもの」としての「ピュシス〔自然〕」のことなのであって、「開蔵」（＝あらわならしめること）は常に「覆蔵」（＝隠れていること）の方から理解されている。そしてそのことは、「～の目を逃れる」という表現や、ヘラクレイトスの別の有名な断片（一二三）「自然は自らを隠すことを好む」（＝「立ち現れは、自らを‐覆蔵することに、その寵愛を恵与する」）からも明らかとなる。「決して没することのないもの」が指し示しているのは、〈アレーテイアとレーテーとの緊密さの境域〉であり、断片一六の問いがその意味を受け取るのは、「性起」からなのである。

「Ⅴ　物と四者の世界」においてフランクは、ハイデッガーが「性起」の思索に到達した時、彼は「有」という語を放棄したと考える。もはや「性起」のうちにはギリシア的なものは何もなく、それは「有の歴史と有論的差異の支配との終焉」を意味している。「性起」は「ともに‐滞留すること」として、「敬意」として生起する。それゆえにこそ「敬意の完遂」は、「アレーテイア」のみの支配の下では、不可能だったのである。「四者の交叉」もしくは「四方の鏡映‐遊戯」は、ハイデッガー自身によって「世界」と呼ばれる。したがって「有の本質の真性」（もはやギリシア的ではない〈ギリシア的なものの本質〉）たる「世界」こそが、「敬意が完遂される仕方」なのであって、「物」と「世界」との関係を表す「相‐違」は、「性起」が完遂される仕方でもあるのだという。

Ⅵ からⅧ までは、『アナクシマンドロスの箴言』においてハイデッガーが「現前者と現前との非‐接合」や「有論的差異と形而上学との到来」を記述している諸動詞（「固執する」「反っくり返る」「こだわる」「蜂起する」……）について検討する。まず「Ⅵ　世界と摂‐立」は、奇妙にも箴言は「現今の世界歴運の混乱」がどこに存しているのかをわれわれが熟考する時、初めて語りかけるのだという、ハイデッガーの考えを呈示する。今日は、すべてを「用象（Bestand）」（＝利用対象）として「用立てる（Bestellen）」べく「徴発」する「技術の時代」であり、「技術の本質」が「摂‐立（Ge-Stell）」（＝立てることの集摂）と呼ばれる。「摂‐立の本質」とは「危険」であり、そのような今日的状況においてこそ、「世界」は覆蔵され、「有論的差異」が出来《しゅったい》し、「形而上学」が完成されるのである。逆に「技術の本質」の超克に貢献するためには、人間は形而上学的に「理性的動物」であることをやめて、「死すべき者」にならなければならない。

キリスト教の影が忍び寄ってくるのは、「Ⅶ　世界における貧困と被造物の待ち焦がれ」からである。ハイデッガーは、「動物性」や「生」をも、「世界」の剥奪によって規定する。「世界において貧困的」であるからこそ、動物界全体と生一般とを「或る一つの受苦」が貫くのである。そこで一九二九‐一九三〇年のハイデッガーの講義は、パウロの言葉「被造物の待ち焦がれ」を引証する。「世界における貧困」は、「被造物の待ち焦がれ」の有論的内容なのである。しかし、信仰を捨象しつつパウロの言葉に何かを聞くなどということができるのだろうか。また「待ち焦がれ」（＝見えないものへの希望）を「うかがい」（＝見えるものへの期待）と訳すハイデッガーは、期待の意味を変様してしまったのではないだろうか。

いずれにせよハイデッガーは、動物性や生の本質を「被造物の待ち焦がれ」の方から思索し、「生の有論」を——彼にとっては「事実的生の範型」であった——「堕落した生についてのキリスト教的経験」に基づかせる。一九三六年のシェリング講義が示すように、「罪」をも「反っくり返り」と「蜂起」とによって特徴づけていたのは、ハイデッガー自身なのである。それゆえ『アナクシマンドロスの箴言』において彼が「有論的差異の生起」を記述していた例の諸動詞は、黙せるままに「キリスト教信仰の経験境域」の方から翻訳されていたのだということになる。ただし、アナクシマンドロスの「不‐当」のうちに「悪」を見ることによって、ハイデッガーは「悪の本質」を、キリスト教的な「罪」から「有論的差異」という「悪」へ、つまりは「有の悪しき歴運」へと変様してしまったというのが、「Ⅷ　有と悪」の主張である。

ⅨとⅩは、箴言の最初の文章に立ち返る。「Ⅸ　用い（ト・クレオーン）と有論的差異の発生」においては、まずその文章が「現前それ自身」を名指していることが明らかにされるのだが、問題は、現前者に対して「至当〔罰〕」をも「敬意」をも命令することになるはずの、「現前の本質」たる「ト・クレオーン〔必然〕」を、どう訳すかということである。この翻訳は、「思索の構築もしくは再構築としてのギリシア的なもの」の礎石を構成することになろうが、『アナクシマンドロスの箴言』においてハイデッガーがそれを「用い」と訳す時、彼はアウグスティヌスの言葉《frui〔享受する〕》に訴えている。つまりは「両者とも有の忘却の受取人であるところのキリスト教的思索とラテン語と」に訴えているのである。

この問題は、「Ⅹ　神の使用、有の用い」に継承される。アウグスティヌスにとっては、「享受」とは「神を享受すること」だったのだが、ハイデッガーは、「人間が神に対して持ちうる関わり合い」を「人間が有に対して持ちうる関わり合い」と平行化しつつ、「享受」から「神」を切り離すことによって、「享受」の意味をラディカルに変様している。「ト・クレオーン」を「用い」と訳すことは、「神の使用」から「有の用い」へと移行することなのである。しかし結局のところ、「有についての〔アナクシマンドロスの〕最古の箴言」が「神の言葉」から翻訳され、「始源的にギリシア的なもの」が「キリスト教的なもの」から翻訳されていることに、変わりはない。なぜならすでに見たように、「有論的差異」はキリスト教的な「堕落の状態」から、「有に固有の用い」は「神的な使用」から翻訳され、しかも「用いにおいて、また用いによって完遂される、有への有るものの関係」が「有の悪しき歴運」の起源の場所であるのとまったく同様に、「神に対する創造物の関係」は「悪」の、ただし「罪」という形態の下での「悪」の起源の場所だからある。

「性起」と「有論的差異」の両方へ目配せを送りつつ、アナクシマンドロスの箴言は、その両義性ゆえに、「有の始源的な言葉」である。そして「有論的差異」が「神の言葉」から翻訳されているのであるからには、「性起」もそのことによって関与されるにちがいない。つまり、一方で「現象学的な構築もしくは再構築」たる限りでの「ギリシア的なもの」や「形而上学の総体」が、「キリスト教的なもの」から翻訳され、「有」はギリシア以来、「神の痕跡」を担っている――ちなみにこの翻訳こそは「脱神学化の最もラディカルな形式」なのであって、ハイデッガーは「黙せるまま」に、「神の死」を宣告し続けているのである――。また他方で、もしハイデッガーの「最後の神」が「キリスト教の神」とは「まったく別のもの」であるとするなら、この「他性」の寸法を測るためには、「キリスト教との対決」を「沈黙」から解放すべきだということになる。それでは「言葉の本質」を、どのように思索すればよいのだろうか――かくして「おわりに――有の言語と神の言葉」は、題辞に掲げられていたハイデッガーの言葉「真有の思索は、言葉‐使用のための慮《おもんぱかり》である」を想起せしめることによって、本書全体の円環を閉じるのである。

以上のように概観してみても、本書が現代フランス最高レヴェルの学術研究書であるにもかかわらず、同時にまたきわめて特異なハイデッガー解釈の書であることが、理解されるであろう。そもそもハイデッガーの「有の歴史」にキリスト教の影がつきまとっていることを示すために、キリスト教の成立するはるか以前のギリシアの言葉を検討しようなどとする者がいるだろうか。そしてもしそこで吟味されているのが、ギリシアそのものというより、ハイデッガーが再構築するがままの「ギリシア的なもの」だとするなら、このような吟味の射程はきわめて限定され、われわれはただ再構築の再構築という戯れにつき合わされているだけになってしまうのではないだろうか――しかしこのように問うことは、フランクの真意を誤解することになろう。かつてフランクは筆者に、〈これまでの西洋の思索は哲学ではなく、神学だった。自分は別のことをしたい〉という旨のことを語ったことがある。おそらくフランクが意図しているのは、ハイデッガーとは別様に、ハイデッガーも含めて、西洋の思索の歴史を読み直すことなのであろう。そしておそらくそれはまた、『ニーチェと神の影』からも窺えるように、「神」および「神の死」という観点から西洋の思索の歴史全体を再検討するという途方もない作業を含むものなのだろう。フランクはハイデッゲリアンというより、むしろニーチェの系統に属する人なのである。

しかしその点では本書は、フランク自身の他の諸著作とも著しい対照をなしているとも言えよう。『ニーチェと神の影』も含め、これまでの彼の諸著作が展開してきたのは、「有」や「時」には還元されない「身体（肉体）」「欲動」「他者関係」といった問題構制であった。しかしそのような論点は本書ではほとんど顔を覗かせず、むしろここではフランクは、このような歴史の読み直しという作業に終始する。換言すれば、フランク自身のこのような歴史的解体・再構築の仕事は、まだ始まったばかりなのである。確かに本書に関しては、ハイデッガーの専門家からは、様々な問題点が指摘されうるであろう。筆者自身、例えばハイデッガー自身の思索の道が含むであろう時代区分の問題に関して、フランクは存外無頓着であるように思えた――ちなみにフランク自身にそのことを話した時、彼はリチャードソンのいわゆる「ハイデッガーI」と「ハイデッガーII」の区分を持ち出すのみであった。また日本のハイデッガー翻訳のレヴェルからするなら、フランク自身の仏訳にはまだまだ緻密さが不足していることも否めない。しかし、フランス哲学専門の筆者が言うのもおこがましい話かもしれないが、自らの関心からハイデッガーやキリスト教との対決を試みる、その独特の嗅覚や読解を貫く固有性、歴史意識の深さや批判精神の壮大さには、われわれ日本人にもおおいに学ぶべきところがあるように思う。フランク自身の今後の動向も含め、さらなる研究と対話とが望まれよう。

本書自身の「翻訳」に関しても、一言申し添えておきたい。筆者に翻訳を勧めてくださったのは、今回もまた同志社大学教授の山形頼洋先生であった。フランク自身から手書きの修正を含んだ原書が送られてきたのも、その直後のことである。筆者はまず、ハイデッガーの独語にフランクがどのような仏訳語を当てているかを――ちなみに本書では、彼は既存の仏訳書をまったく用いずに、すべて原典から直接訳している――逐一チェックし、自分なりの邦訳語を含めた独仏日訳語対照表のようなものを作成し、その上でようやく訳し始めたのだが、最初のうちはパズルでも解くような難解さと複雑さに、訳文も混乱をきわめ、とても日本語として読めたものではなかった。結局のところ独仏の原典と突き合わせながら訳稿を手直ししてゆくという作業は六回に及び、それでもまだぎこちなさは、完全には払拭されていないのかもしれない。だがそれは、言い訳がましくなるが、厳密さを旨とするこの種の哲学書の翻訳には、避けえない宿命のようなものであろう。「翻訳」の問題は、本書を底から支える通奏低音のようなものでもあったが、本書では〈ギリシア〉〈キリスト教 - ラテン〉〈ドイツ〉〈フランス〉〈日本〉が、訳文の中で激しくせめぎ合い、それぞれが自己主張する結果となってしまったわけである。訳者の力量の及ばぬところも多々あったとは思うが、識者の御教示を仰ぐことができるなら幸いである。

山形先生からは、いつもながら温かい励ましの御言葉をいただいた。関西大学名誉教授の川崎幸夫先生からは、エックハルトに関する質問に、懇切丁寧な御返事を賜った。萌書房の白石徳浩氏には、難解ではあるが本格的な学術書の出版を快諾していただいた。そして著者ディディエ・フランク本人からは、メールや手紙による御教示のほか、パリの御自宅で直接話し合う機会までいただいた。記して感謝の意を表しておくことにしたい。

二〇〇七年五月　長久手町にて

中　敬夫

■訳者紹介

中　敬夫（なか　ゆきお）

1955年　大阪府に生まれる
1987年　京都大学大学院文学研究科博士課程学修退学
1988年　フランス政府給費留学生としてフランスに留学（ボルドー第三大学博士課程）
1991年　パリ第四（ソルボンヌ）大学博士課程修了（博士号取得）
現　在　愛知県立芸術大学美術学部准教授

著　書

『メーヌ・ド・ビラン——受動性の経験の現象学』（世界思想社，2001年）
『自然の現象学——時間・空間の論理』（世界思想社，2004年）
『歴史と文化の根底へ——《自然の現象学》第二編』（世界思想社，近刊予定）ほか

訳　書

M. アンリ『身体の哲学と現象学』（法政大学出版局，2000年）
M. アンリ『受肉』（法政大学出版局，2007年）ほか

■著者紹介

Didier Franck

1947年　パリに生まれる
現　在　パリ第十（ナンテール）大学教授

著　書

Chair et corps. Sur la phénoménologie de Husserl（『身体と物体。フッサール現象学について』）, Paris, Minuit, 1981.
Heidegger et le problème de l'espace（『ハイデッガーと空間の問題』）, Paris, Minuit, 1986.
Nietzsche et l'ombre de Dieu（『ニーチェと神の影』）, Paris, P. U. F., 1998.（邦訳は萌書房より近刊予定）
Dramatique des phénomènes（『諸現象のドラマ』）, Paris, P. U. F., 2001.（本郷均・米虫正巳・河合孝昭・久保田淳訳『現象学を超えて』萌書房，2003年）

ハイデッガーとキリスト教──黙せる対決──

2007年12月10日　初版第1刷発行

訳　者　中　敬　夫

発行者　白　石　徳　浩

発行所　有限会社　萌《きざす》　書　房

〒630-1242　奈良市大柳生町3619-1
TEL（0742）93-2234 / FAX 93-2235
［URL］http://www3.kcn.ne.jp/~kizasu-s
振替　00940-7-53629

印刷・製本　共同印刷工業・藤沢製本

ISBN 978-4-86065-033-9

ディディエ・フランク 著／本郷均・米虫正巳・河合孝昭・久保田淳 訳

現象学を超えて

A 5 判・上製・カバー装・236ページ・本体2800円＋税

■背景にニーチェを置きつつ，フッサール／ハイデガー／レヴィナスを論究した６本の論文を収載。フランス現象学界における第一人者の待望久しい本邦初訳。

ISBN978-4-86065-006-3　2003年５月刊

山形 賴洋著

声と運動と他者――情感性と言語の問題――

A 5 判・上製・カバー装・366ページ・本体4800円＋税

■身体運動・キネステーゼを知覚・表象の従属から解放し運動そのものとして捉える〈運動の現象学〉の観点から，言葉の成り立ちの一端を発声という身体行為のうちに探る。

SBN978-4-86065-007-0　2004年２月刊

吉永 和加著

感情から他者へ――生の現象学による共同体論――

A 5 判・上製・カバー装・272ページ・本体3800円＋税

■サルトル／シェーラー／ベルクソン／アンリの他者把握の議論を「情感性」という視覚から分析。さらに，情感性に基づく共同体論の可能性と限界をルソーを通して検証。

ISBN 978-4-86065-008-7　2004年３月刊

庭田 茂吉著

ミニマ・フィロソフィア

四六判・上製・カバー装・236ページ・本体2200円＋税

■病院の待合室での老人たちの情報交換に耳をそばだて，電車の中での若い女性の化粧を観察。〈哲学〉の掌から洩れ落ちる日々のありふれた些事を真摯に考え抜いた哲学エッセイ集。

ISBN978-4-86065-001-8　2002年４月刊